V&R

Claudia Schulz / Eberhard Hauschildt
Eike Kohler

Milieus praktisch

Analyse- und Planungshilfen
für Kirche und Gemeinde

Mit 20 Abbildungen und 6 Tabellen

Vandenhoeck & Ruprecht

Bibliografische Information Der Deutschen Nationalbibliothek

Die Deutsche Nationalbibliothek verzeichnet diese Publikation in der Deutschen Nationalbibliografie; detaillierte bibliografische Daten sind im Internet über http://dnb.d-nb.de abrufbar.

ISBN 13: 978-3-525-60007-8

Umschlagabbildung: Versammlung, http://www.pixelio.de

© 2008 Vandenhoeck & Ruprecht GmbH & Co. KG, Göttingen /
www.v-r.de

Alle Rechte vorbehalten. Das Werk und seine Teile sind urheberrechtlich geschützt. Jede Verwertung in anderen als den gesetzlich zugelassenen Fällen bedarf der vorherigen schriftlichen Einwilligung des Verlages. Hinweis zu § 52a UrhG: Weder das Werk noch seine Teile dürfen ohne vorherige schriftliche Einwilligung des Verlages öffentlich zugänglich gemacht werden. Dies gilt auch bei einer entsprechenden Nutzung für Lehr- und Unterrichtszwecke. Printed in Germany.

Druck und Bindung: ⊕ Hubert & Co, Göttingen

Gedruckt auf alterungsbeständigem Papier.

Inhalt

Vorwort 9

Einleitung: Von Zauberbrillen und Visionen 13
   Wie man dieses Buch lesen kann und wie es aufgebaut ist 16

I. Warum Milieuperspektive? 19
  1. Blinde Flecken bei der Wahrnehmung von Kirche   19
    1.1 Kirchennahe und Kirchenferne 19
    1.2 Arbeit für Zielgruppen 22
    1.3 Kirche für alle 24
    1.4 Ideal „Beteiligungskirche" 26
  2. Ortsgemeinde oder funktionale Dienste –
    eine Scheinalternative 30
  3. Warum heute kirchliche Arbeit analysiert und
    geplant werden muss 32
  4. Theologische Herausforderungen durch vielfältige
    Glaubensstile der Milieus 34

II. Was sind Milieus? 37
  1. Milieu – Hintergründe eines soziologischen Begriffs 37
    1.1 Von der „Ständegesellschaft" zum „Milieu" ... 37
    1.2 Milieu- und Lebensstilforschung in Religions-
       und Kirchensoziologie 42
    1.3 Wahl einer Typologie und methodisches
       Vorgehen in diesem Buch 46
  2. Sechs Milieus in der Kirche 49
    2.1 Die Hochkulturellen und die niveauvolle Kirche 50
    2.2 Die Bodenständigen und die Kirche im Dorf ... 55
    2.3 Die Mobilen und die Kirche für die anderen ... 61
    2.4 Die Kritischen und die aufgeschlossene Kirche . 69
    2.5 Die Geselligen und die freundliche Kirche 75
    2.6 Die Zurückgezogenen und die verlässliche Kirche 80

3. Dimensionen des Lebens – Milieuatmosphären
in der Kirche 86
   3.1 Alter als zentrale Dimension des Lebens 88
   3.2 Bildung, Einkommen, Status und Ästhetik 94
   3.3 Persönlichkeit, Hierarchie und
       Eigenverantwortung 101
   3.4 Zwischen Stadt und Land, Dorf und Welt:
       lokale und überlokale Bezüge 105
   3.5 Interaktion und soziale Distanz 110
   3.6 Welche Dimensionen sich auf die
       Kirchenbindung auswirken 114

III. Milieus und kirchliche Praxis 120
   1. Gottesdienste, Feiern und die Gemeinschaft der
     Heiligen 121
     1.1 Allgemein anerkannt und längst
         ausdifferenziert 121
     1.2 Gemeinschaft 123
     1.3 Reizthema: Moderne Gottesdienste 124
     1.4 Heiligkeit und Inhalte 127
     1.5 Kein Bedürfnis nach Gottesdienst? 128
   2. Bibel, Predigt und Zugänge zum Glauben 132
   3. Mitarbeiter/innen, Pfarrer/innen und die
     persönliche Begegnung 145
   4. Medienarbeit, Werbung und die Gelegenheit zur
     Kommunikation 155
     4.1 Gelegenheiten zur Kommunikation über
         Religion und Kirche 156
     4.2 Der Gemeindebrief als milieuübergreifendes
         Medium 159
     4.3 Die unterschiedliche Nutzung von Fernsehen,
         Zeitung und Internet 161
     4.4 Einstellungen zu Werbung und
         Öffentlichkeitsarbeit 163
   5. Ehrenamt, freiwilliges Engagement und der
     Wunsch nach Beteiligung 165
     5.1 Ehrenamt ist nicht gleich Ehrenamt 165
     5.2 Altes und neues Ehrenamt – Ehrenamt als
         Beteiligungsform 171

Inhalt

6. Spenden, Fundraising und der gute Zweck	174
6.1 Warum Menschen spenden	176
6.2 Sinndimensionen des Spendens	179
6.3 Fundraising und Milieus	183
7. Gesprächskreise, Akademien und die Bildung in der Freizeit	185
7.1 Bildung in Gemeinschaft	186
7.2 Zwecke der Bildung	187
7.3 Freizeitaktivitäten	189
7.4 Orte und Diskursformen der Bildung	193
8. Kunst, Musik und die Kultur	195
8.1 Erlebnisgesellschaft	195
8.2 Musik in der Kirche	199
8.3 Kunst und Musik – trennend oder verbindend?	201
9. Citykirchen, Eintrittsstellen und die gute Gelegenheit	203
10. Konfessionslose, Ausgetretene und die Wiederkehr der Religion	211
IV. Rahmenbedingungen und Methoden für Analyse und Planung	219
1. Parochie, Region und funktionale Dienste	219
2. Methoden der Analyse	227
2.1 Auswertung von Mitgliederdatei und lokalen statistischen Daten	228
2.2 Kirchengeographie – kommerzielle Angebote	232
2.3 Eigene Analyse und zugleich Gemeindeentwicklung – ein Workshop	237
3. Leitfaden für die Planung	242
3.1 Grundsatzentscheidungen	243
3.2 Menschen „erreichen" und andere Ziele	247
3.3 Arbeits- und Beteiligungsformen milieugerecht gestalten	250
V. Milieubewusste Arbeit als theologische Herausforderung	256
1. Milieus als Problem und als Reichtum für die Kirche	256
2. Milieubewusste Arbeit und Zielsetzungen kirchlichen Handelns	259

3. Auf dem Weg zu einer milieusensiblen Theologie .. 262
  3.1 Die theologischen Vorlieben der verschiedenen
      Milieus 262
  3.2 Die Weihnachtsbotschaft – der Reiz des
      Glaubens für die Milieus 271
4. Jenseits der Milieus 278

Tabellen 281

Übersicht: Sechs Milieus evangelischer
  Kirchenmitglieder 293

Autoren und Autorin 295

Vorwort

Im Zug von Bremen nach Bonn sitzt eine Frau von vielleicht 25 Jahren, liest die *Süddeutsche* und schlürft ein Bio-Wellnessgetränk. Daneben ein dicker Herr im besten Alter mit Lederjacke, Bierflasche, blättert im Sportteil eines lokalen Anzeigenblatts. Ob die beiden sich etwas zu sagen hätten? Und: ob sie mal einen Gottesdienst besuchen oder den Gemeindebrief einer Kirchengemeinde lesen?

Wir wissen es nicht, aber wir wünschen uns, dass Kirche diesen beiden – und Vielen mehr – etwas zu bieten hat. Wir freuen uns, wenn die, die dafür Verantwortung tragen, es mit uns wagen, genau hinzuschauen und sich zu fragen, was ein Wellnessgetränk mit der Kirche zu tun hat.

Solch ein Blick auf mögliche Gemeindeglieder ist vielleicht ungewöhnlich. Obwohl wir doch alle über entsprechende Erfahrungen verfügen. Wir vermuten, es geht den meisten Leserinnen und Lesern dieses Buch so, dass es ihnen leichter fallen würde, die SZ-Leserin anzusprechen. Vielleicht könnte man über das „Streiflicht" beginnen, miteinander zu reden – jene Kolumne auf der ersten Seite, die geistreich-lustig den Irrwitz von Tagesmeldungen aufspießt: Da ist man schon fast bei der Religion. Und Gott und die Bibel kommen tatsächlich immer wieder vor im Streiflicht, wenn auch ganz anders als in der Predigt. Mit dem Fußballfan und Biertrinker hingegen tun wir uns schwerer, auch dann, wenn wir von der Fussballbundesliga oder von Biersorten sehr wohl eine Ahnung haben. Warum ist das so? Eine Antwort darauf gibt die Milieutheorie.

Die Milieutheorie ist nicht nur etwas für die Bahnfahrt. Wir sind überzeugt davon, dass die Milieutheorie ein besonders hilfreiches Instrument für die Analyse und die Planung kirchlicher Arbeit überhaupt sein kann. Dieses Instrument möchten wir Ihnen in diesem Buch vorstellen. Wir möchten es Ihnen so vorstellen, dass Sie die Milieuperspektive verwenden können in ihrer

Praxis der Gemeindearbeit, der Leitung und Planung in der Kirche. Dieses Buch wendet sich also an Presbyterinnen und Presbyter, an Pfarrerinnen und Pfarrer, an alle, die Verantwortung übernehmen für die Arbeit der Kirche, die sich kümmern um das, was in ihrer Kirche geschieht, die mitplanen, mitgestalten.

Für diese Praxis, so denken wir, ist dieses Buch eine wichtige Hilfe. Sie werden nach der Lektüre Ihre Arbeit anders sehen und auf Ideen gekommen sein, besser zu handeln. Denn Sie haben neue Möglichkeiten erfahren, Ihre Praxis zu sehen. Ihre Handlungsspielräume, die Sie wahrnehmen, sind nun erweitert. Ihnen wird bewusster, was Sie tun und was Sie lassen können. Nicht dass wir Ihnen einfache Rezepte vorsetzen, von denen wir behaupten würden: Das klappt immer. So etwas gibt es nicht. Die kirchliche Praxis ist dazu viel zu vielfältig, und Sie, die Leserinnen und Leser, sind dazu auch viel zu unterschiedlich. Außerdem sind Sie Erwachsene, die nicht von uns an der Hand geführt werden wollen. Sie haben Ihre eigene Urteilskraft. Aber wir stellen Ihnen ein Arbeitsmittel zur Verfügung, mit dessen Hilfe Sie Ihre eigene Praxis selbstbewusster und kreativer für Ihre Situation passend gestalten können.

Wer sind wir, dir wir Ihnen dieses Instrument vorstellen? Wir sind ein Team von einer Autorin und zwei Autoren, die gemeinsam zu den Milieus geforscht haben und die über Erfahrung in Projekten der Umsetzung von Milieuperspektiven verfügen. Prof. Dr. Eberhard Hauschildt, Praktischer Theologe an der Universität Bonn, hat mit als erster die Umsetzung der Milieutheorie für die kirchliche Arbeit und praktisch-theologische Mitgliedschaftsforschung gefordert und selbst in Bonn eine größere Umfrage durchgeführt, deren Ergebnisse in das Buch eingeflossen sind. Von ihm stammt auch die Idee zu diesem Buch. Für die meisten Passagen aus dem Einleitungsteil und einige weitere Passagen aus dem ersten Teil hat er die Grundtexte geliefert. Dr. Claudia Schulz, Theologin und Soziologin aus Bremen, hat in der großen vierten EKD-Mitgliedschaftsstudie mitgearbeitet. Sie ist mit der Auswertung empirischer Daten vertraut und hat mit Presbyterien und Kirchenkreisen in unzähligen Vorträgen und Workshops über die Lebensstil-Gruppen der Mitgliedschaftsanalyse gearbeitet. Sie hat aus den Daten unsere Konstruktion der sechs Milieus erstellt, mit der wir hier arbeiten, und die Grundtexte für fast den gesamten Rest des Buches. Dr. Eike Kohler ist wissenschaftlicher Mitarbeiter am Lehrstuhl von Professor Hauschildt. Er hatte die Bonner Milieu-Umfrage mit konzipiert und ihre Auswertung angeleitet und hat sich neben der Arbeit am Text auch besonders in der weiteren technischen Umsetzung bis hin zum Druckmanuskript engagiert. In den Jahren 2006 und 2007 haben wir drei in einem gemeinsamen Forschungsprojekt an der Universität Bonn die theoretischen und die datenbezogenen und methodischen Grundlagen, die die Basis für dieses Buch bilden, die theologischen Prinzipien und die Hauptlinien der Umsetzung gemeinsam erarbeitet. Der Wortlaut des Buches wird von uns dreien zusammen verantwortet. Jede Zeile ist von uns gemeinsam geprüft worden.

Wir danken vielen anderen Menschen, die sich für dieses Buch engagiert haben. Da sind die Gemeinden und Einrichtungen, die Umfragen erlaubt haben, und Personen, die sich haben befragen lassen. Wir danken denen, die ihre Daten bereitwillig für die Forschung zu Verfügung gestellt haben: dem Kirchenamt der EKD für die Daten der vierten EKD-Mitgliedschaftsumfrage sowie Prof. Dr. Michael Vester und Dr. Helmut Bremer für die Transkripte der „Gruppenwerkstätten" der Studie „Soziale Milieus und Kirche". Hans-Helmut Scharmach hat aus der Sicht eines Gemeinberaters, Dr. Klaus Kohl aus der Sicht eines Gemeindepfarrers und Elke Schulz aus der Sicht eines nicht theologisch vorgebildeten Gemeindemitglieds das Manuskript kritisch gegengelesen. Auch ihre Rückmeldungen waren uns außerordentlich wichtig. Schließlich danken wir dem Verlag Vandenhoeck & Ruprecht. Hier hat man unsere Überzeugung geteilt, dass dieses Buch wichtig ist und seine Leserinnen und Leser finden wird.

So geben wir nun das Buch an Sie, die Leserinnen und Leser, und hoffen, dass Sie es mit Gewinn für sich und ihre Arbeit in der Kirche lesen.

Bonn, im November 2007

Claudia Schulz, Eberhard Hauschildt, Eike Kohler

P.S.: Das Buch soll nach unserem Wunsch keine Einzelveröffentlichung bleiben, sondern einen sich weiter entwickelnden Prozess der Arbeit mit der Milieuperspektive anstoßen. Wenn Sie wissen wollen, was sich in dieser Sache weiter tut, schauen Sie doch unter der Internetadresse www.milieus-praktisch.de nach.

Einleitung: Von Zauberbrillen und Visionen

Vorsorgeuntersuchung beim Kinderarzt. Das vierjährige Kind wird auf seine Sehfähigkeit geprüft. Bei einem Test bekommt es eine Reihe von Blättern mit vielen bunten Punkten vorgesetzt. Nichts Erkennbares, nur die Vielzahl einzelner Farbtupfer. Doch dann gibt man ihm eine „Zauberbrille", wie die Arzthelferin erklärt. Und die Überraschung ist groß: Schaut das Kind durch die Zauberbrille auf das gleiche Blatt, so sind da ganz deutlich die Umrisse eines Elefanten zu erkennen. Auf dem nächsten Blatt: ein Haus. Auf dem dritten: eine Ente.

Die Milieuperspektive, die in diesem Buch vorgestellt wird, ist auch eine solche Zauberbrille. Mit ihr lassen sich in der Fülle der einzelnen Menschen, ihrer Gewohnheiten und Vorlieben Konturen entdecken, die sonst nicht gesehen werden. Die Milieuperspektive hilft dabei, Neues und Anderes zu sehen, genauer: Sie hilft dabei, das, was man tagtäglich sieht, noch einmal besser, neu und anders zu sehen.

Die Milieuperspektive ist eine zauberhafte Sehhilfe. Nicht mehr und nicht weniger. Zauberhaft ist sie, weil sie wie jene Brille beim Kinderarzt dabei hilft, vorher Unsichtbares zu entdecken. Aber wie jene Brille auch, ist sie nicht geeignet, um alles wahrzunehmen. Wir schlagen Ihnen in diesem Buch nicht vor, die Brille ständig zu tragen und zu versuchen, mit ihr alles lesen und alles sehen zu wollen. Sie ist eine Sehhilfe für ganz bestimmte Aufgaben. Wir meinen: Sie eignet sich ganz vorzüglich dann, wenn man kirchliche Arbeit analysiert und wenn man kirchliche Arbeit plant. Denn dann gibt sie einem Bestimmtes zu sehen, was man vorher nicht sah. Und das hilft, bei der Planung etwas mit in den Blick zu nehmen, was sonst übersehen wird. Die Milieuperspektive ist also ein Instrument, nicht mehr und nicht weniger. Erwarten Sie demnach nicht, mit diesem Buch fertige Patentlösungen zu bekommen. Aber wenn Sie sich dieses Instruments bedienen, dann löst das weitere Veränderungen aus: Die

Perspektive wird Ihr Planen und damit Ihre Gemeinde und so auch die Kirche verändern. Jedenfalls hoffen wir das.

Die kinderärztliche Vorsorgeuntersuchung ist getragen von einer Vision: Wenn jedes Kind diese Untersuchung bekommt, dann wird keine kostbare Zeit verloren gehen, bevor Fehlentwicklungen entdeckt werden. Man kann viel früher eingreifen und gegensteuern. Wir sind der Meinung, dass der evangelischen Kirche durch Nicht-Entdecken von blinden Flecken auch Fehlentwicklungen unterlaufen. Und wir denken, dass das oft nicht nötig ist. Wir meinen, es ist möglich, dass die Kirche „gesünder" wird, dass sie sich ihren Sehschwächen und Handlungseinschränkungen stellt. Das ist auch möglich und gerade nötig, wenn die Finanzen noch knapper und die bezahlten Mitarbeiterinnen und Mitarbeiter noch weniger werden.

Für unser Bild von evangelischer Kirche lassen wir uns vom Bild des „Menschen fischen" (Lukas 5) inspirieren. Kirche will etwas: Sie will Menschen gewinnen für das Reich Gottes, d.h. für eine bessere Möglichkeit zu leben. Und so schreiben wir das Bild weiter: Kirche wird sein wie ein Netz, das viele hält, weil es selbst zusammengehalten wird durch viele einzelne Knoten, die miteinander verknüpft sind; die unterschiedlichsten Orte kirchlichen Lebens von der Ortsgemeinde über die Telefonseelsorge bis zur Evangelischen Akademie sind solche Knotenpunkte. Der eine hält die einen, der andere andere Menschen. Als die Kirche im Staat führend geworden war, hatte sie sich über Jahrhunderte auf das „Menschen fischen" mit einer anderen Methode verlegt: Wie Reusen über ein ganzes Gebiet verteilte sie kleine Parochien, jede für das Wohngebiet um sich herum zuständig. Wenn eine Reuse defekt ist, muss das die anderen nicht weiter stören. Doch die Zeiten haben sich geändert. Es ist nicht mehr die Menge an Menschen vorhanden, um alle Reusen zu bedienen. Wir kehren darum zurück zum Netz. Wer mit dem Netz etwas halten will, der muss auf das ganze Netz achten. Jedes Loch im Netz schwächt alle. Jeder Knoten hängt zusammen mit anderen Knoten und dient ihnen mit. Das ist es, was wir erhoffen: Eine Kirche, in der man sich am Erfolg der Nachbargemeinde freut, bei der sich alle auch für das Ganze der Kirche ihrer Region verantwortlich fühlen, bei der man gemeinsam darüber berät und bestimmt, wo und von welcher Art die Knotenpunkte im Netz sein sollen.

Jedes Bild hat auch seine Grenzen – auch das vom Leben der Kirche als ein Fischfang. Es könnte den Anschein erwecken, als wären in der christlichen Gemeinde die einen die Fischer und die anderen die Objekte, die gegen ihren Willen ihre Freiheit verlieren. Dann hätte man aus dem Bild ganz unchristliche Schlussfolgerungen gezogen, was Glauben bedeutet und wie man zum Glauben kommt. Man könnte das Bild vom Netz so missverstehen, dass man meint, die Kirche könne nur aus solchen örtlichen Knotenpunkten bestehen, wie etwa Ortsgemeinden, Akademien oder Zentren der Kirche am Urlaubsort. Im medialen Zeitalter, wo Fernsehen und Internet ihre eigene Rolle spielen, kann das Aufeinander-Einwirken auch anders geschehen als im Zusammentreffen vor Ort.

Wir nehmen ein anderes, neues Bild hinzu – bleiben aber in wässrigen Gefilden. Wir machen aus dem Fangnetz einen Schutzzaun, der einen Raum für Ablaichmöglichkeiten schaffen soll. Kirche ist ein solcher geschützter Freiraum: Alle, die guten Willens sind, sind eingeladen in diesen Raum, umgeben von einem Zaun, der ein Hindurchschwimmen ermöglicht, bei dem die Tiere kommen und gehen können. Kirche, wie wir sie uns wünschen, ist beides: der kleine Knoten der überschaubaren Gruppe vor Ort und der Platz für die Versammlung der Vielen – Geborgenheit gebende Nähe, aber auch ein Ort, der das kurze oder lange Verweilen erlaubt. Zum kirchlichen Netz gehört, dass man hier nicht gefangen genommen wird, sondern reinschlüpfen und rausschlüpfen kann. Erst so ergibt sich das Leben im Netz als ein Leben an einem besonderen Ort in den unendlichen Wassern, weil hier Entscheidendes für das Leben überhaupt weitergegeben wird.

Die Zauberbrille – die Perspektive verschiedener Milieus innerhalb der Kirche – lässt im Gewimmel der Wassertiere Konturen sichtbar werden. Verschiedene Lebensweisen, Situationen und Geschmäcker hängen zusammen mit unterschiedlichen Vorlieben für dichte Netze oder weite Zäune, für Nähe und Offenheit, für Bindung und Freiheit, für Gewohnheit oder Abwechslung. Dass es solche Konturen gibt und wie sie sich messen lassen, haben verschiedene wissenschaftliche Untersuchungen gezeigt. In diesem Buch soll es darum gehen, wie man – mitten in der Praxis – solche Konturen schärfer sehen kann und was sich daraus für das eigene Handeln ergibt.

Wie man dieses Buch lesen kann und wie es aufgebaut ist

Dieses Buch richtet sich an alle, die in der Kirche handeln. Es richtet sich besonders an diejenigen, die in Kirchenvorständen und Synoden damit beauftragt sind, kirchliches Handeln zu planen oder darüber abzustimmen, ob die Planung anderer ihre Zustimmung findet. Damit richtet es sich auch an Pfarrerinnen und Pfarrer, die in der Regel eine wichtige Rolle spielen bei der Analyse und Planung. Wir sind allerdings der Meinung, dass eine Analyse und Planung nur dann gut wird, wenn nicht nur die wenigen offiziell Verantwortlichen daran beteiligt sind. Oft ist es hilfreich, Menschen mit hinzuzuziehen, die „Experten" sind für bestimmte Perspektiven, die im Kirchenvorstand oder in der Synode fehlen.

Wir haben dieses Buch so aufgebaut, dass die meisten Kapitel unabhängig voneinander verständlich sind. *Teil I* richtet sich an die, die unsicher sind, ob denn das Instrument der Milieuperspektive in der Analyse und Planung kirchlicher Arbeit überhaupt nötig ist. Und er soll eine erste Anschauung davon bieten, was für Potential in diesem Instrument steckt. Vier „Leistungen" der Milieuperspektive werden hier vorgestellt. Die Milieuperspektive hilft (1.) dabei, blinde Flecken bei der üblichen Wahrnehmung kirchlicher Arbeit zu entdecken. Sie bietet (2.) Ansätze, um die Scheinalternative von entweder Ortsgemeinde oder funktionalen Diensten zu überholen. Sie ist von Bedeutung, weil sie (3.) bei einer Aufgabe hilft, die heute – anders als früher – bewusst geplant werden muss: erst einmal Kontakte mit den Menschen zu schaffen. Und in der Milieuperspektive steckt (4.) eine theologische Herausforderung. Sie wird auch die Theologie verändern und bereichern. Die Lektüre dieses Kapitels kann ebenso wichtig werden, wenn Sie andere in ihrem Presbyterium/ Kirchenvorstand oder in Ihrer Synode davon überzeugen wollen, dass die Beschäftigung mit der Milieuperspektive etwas bringt.

Teil II beschreibt, was der Begriff „Milieu" meint, was er in den Sozialwissenschaften nützt und auch in Theologie und Kirche nützen kann. Ein methodisches Kapitel erläutert (1.) den Forschungskontext der Milieuperspektive und das Vorgehen in diesem Buch. Eine Typologie von sechs Milieus beschreibt (2.) eine einfache Möglichkeit, von konkreten „Milieus in der Kirche" zu sprechen. Eine Einführung in Dimensionen der Verschiedenheit zeigt (3.), auf welche Weise die Menschen in der Kirche wie auch anderswo sich unterscheiden und wie sich das in „Milieuatmosphären" in der Kirche wiederfinden lässt.

Wer diese zentralen Kapitel II.2 und II.3 gelesen hat, kann jetzt im *Teil III* beliebig in das Kapitel springen, das für die eigene Arbeit am meisten interessiert. Zu den Stichworten (1.) Gottesdienst und Feiern, (2.) Predigt und Glaube, (3.) Mitarbeiter/innen und Pfarrer/innen, (4.) Medien und Öffentlichkeitsarbeit, (5.) Ehrenamt und Beteiligung, (6.) Spenden und Fundraising, (7.) Bildung, (8.) Kunst und Musik sowie (9.) Citykirchenarbeit und (10.) Arbeit für Konfessionslose haben wir verschiedene Erkenntnisse aus der Milieuperspektive und nützliche Hinweise für die Planung kirchlicher Arbeit zusammengestellt. Perspektiven der Ortsgemeinde sind hier ebenso berücksichtigt wie die einer Arbeit in der Region oder in einer spezialisierten Arbeitstelle. Die Stücke sind unabhängig von einander zu nutzen.

Teil IV beleuchtet gewissermaßen quer zu diesen inhaltlichen Schwerpunkten (1.) die speziellen Fragestellungen in der Parochie, der Region und den funktionalen Diensten. Hier ist unterschieden, wie die Milieuperspektive die Arbeit dieser konkreten Erscheinungsform von Kirche bereichern kann. Außerdem bieten wir (2.) methodische Hilfen, um die Situation der eigenen Gemeinde, Region oder Einrichtung zu analysieren. Ein Leitfaden für die Planung (3.) gibt konkrete Hilfestellung und verweist auf grundsätzliche Entscheidungen.

Teil V bündelt das bisher Gesagte auf der Ebene der Praktischen Theologie und der Kirchentheorie: Zunächst steht (1.) die Frage im Mittelpunkt, wie kirchliche Arbeit für und mit Milieus zu bewerten ist: als Problem und Reichtum für die Kirche. Daraus folgen (2.) mögliche Zielsetzungen für die kirchliche Arbeit in der Praxis. Schließlich zeigen wir (3.), wie sich die Milieuperspektive auf die Theologie und Verkündigung der Kirche auswirken – in einer „Theologie der Milieus" und einer „Theologie für Milieus". Der letzte Abschnitt erwägt (4.), was die Aufhebung der Unterschiede vor Gott für die Milieufrage bedeutet.

Am Ende der Kapitel findet sich oft weiterführende Literatur. Damit dieses Buch überschaubar und bezahlbar bleibt, haben wir uns auf einige Werke beschränkt, die wir besonders hilfreich finden. Aus dem gleichen Grund haben wir Verweise und Datenbelege soweit möglich reduziert. Übersichten, Beispiele und biographische Illustrationen sollen der besseren Verständlichkeit dienen, lassen sich aber für eine schnelle Lektüre überspringen. Darum haben wir sie in Kästen gesetzt.

Weiterführende Literatur

Jan Hendricks, Gemeinde als Herberge. Kirche im 21. Jahrhundert – eine konkrete Utopie, Gütersloh 2001.
Ulrike Wagner-Rau, Begrenzen und Öffnen. Perspektiven für das Pfarramt in einer gastfreundlichen Kirche, in: Pastoraltheologie 93 (2004), 450–465.

I. Warum Milieuperspektive?

1. Blinde Flecken bei der Wahrnehmung von Kirche

Wenn man sich in Gemeinde und Kirche Gedanken macht darüber, wie die kirchliche Arbeit aussieht und aussehen soll, dann fließen eine Fülle von Annahmen und Deutungen darin ein. Viele sind zu Selbstverständlichkeiten geworden. Man gewinnt den Eindruck, als sei damit schon das Nötige erkannt. Aber bei genauerer Hinsicht wird das fragwürdig. Es gibt „blinde Flecken" in der Wahrnehmung von Kirche. Wir raten dazu, hier noch ganz anders hinzuschauen.

1.1 Kirchennahe und Kirchenferne

Mit Blick auf die Kirchenmitglieder fällt sofort auf: Es gibt die Kirchennahen und die Kirchenfernen. Die Kirchennahen – das sind die, die man kennt, deren Namen und Gesichter in der Gemeinde bekannt sind. Man trifft sie am Sonntag im Gottesdienst; sie beteiligen sich an den Veranstaltungen in der Woche. Sie sind interessiert an Fragen des Glaubens. Sie sind bereit, sich für ihre Gemeinde einzusetzen. Sie sind nicht unkritisch zu Kirche und Gemeinde, haben auch ihre Fragen an die alten Traditionen und überlieferten Glaubensaussagen. Aber diese Kritik geschieht dann gerade aus der genauen Kenntnis der Verhältnisse und intensiven Erfahrungen mit Kirche. Diese Kirchennahen werden gern als Kerngemeinde bezeichnet.

Anders als die Kirchennahen sind die Kirchenfernen. Auch sie fallen auf in der Gemeinde – vor allem dadurch, dass sie nicht da sind. Sie sind die, auf die die leeren Kirchenbänke warten. Sie sind die, deren Nichtkommen bei Veranstaltungen zu Enttäuschungen führt. Und wenn sie dann da sind, dann fallen sie auch auf, weil sie den Ablauf des Gottesdienstes nicht kennen und verschreckt durch das Gesangbuch blättern oder stumm dasitzen, während die anderen singen und beten. Sie kennen wenig vom Glauben: Lukas ist für sie der Lokomotivführer, und manche treten sogar aus der evangelischen Kirche aus, weil sie sich über Äußerungen des Papstes ärgern. Sie wissen wenig von der Kirche. Was sie glauben, können sie oft kaum sagen. Aber sie denken oft, dass Kirche einiges falsch macht.

Freilich – das ist ein grobes Bild. Die kirchensoziologischen Untersuchungen der letzten Jahrzehnte haben diese Gegenüberstellung aufgebrochen. Bei Umfragen hat sich herausgestellt: Viele der so genannten Kirchenfernen fühlen sich der Kirche grundsätzlich verbunden, man könnte sie als „Christen in Halbdistanz" bezeichnen. Für diese Gruppe sind die volkskirchlichen Verhaltensweisen typisch. Man geht ganz regelmäßig zur Kirche – aber eben einmal im Jahr, an Heiligabend. Man geht darüber hinaus selbstverständlich auch dann auf die Kirche zu, wenn es einen familiären Anlass gibt, bei Bestattungen, zur Taufe oder zur Konfirmation, nicht mehr so häufig zur Trauung. Man schätzt die Diakonie und schickt die Kinder in den Religionsunterricht, damit ihnen beigebracht wird, ein guter Mensch zu werden, aber der sonntägliche Gottesdienst und der genauere Inhalt der Bibel sind fremd. Jesus gilt als vorbildlicher Mensch, aber Trinität ist ein Fremdwort. So leben diese Menschen in einer gewissen Distanz zur Kirche. Stabil daran ist allerdings nicht nur die Distanz, sondern auch die Verbundenheit. Obwohl sie von den Kirchennahen nicht geliebt werden, halten sie an der Kirche fest: „Fremde Heimat Kirche". Diese Gruppe ist nun unter den Kirchenmitgliedern die bei weitem größte. Die wirklich Kirchenfernen sind demgegenüber nur eine Randgruppe. Und die wirklich Kirchennahen sind zahlenmäßig ebenfalls eine Randgruppe.

Allerdings: Dieser in empirischen Studien erhobene Grad der Verbundenheit liefert zunächst nur ein einschichtiges Bild. Was sagt es eigentlich aus? Vergleichen wir einmal die drei folgenden Personen:

Kristina, 45 Jahre, Gymnasiallehrerin

Kristina unterrichtet Deutsch und Kunst. Sie selbst, ihr Mann und ihre Kinder spielen ein Musikinstrument. Musik und Kunst haben mit der Religion viel zu tun: Das Christentum hat große Teile unserer Kultur hervorgebracht, die Bautradition und die Passionsmusiken.

In den Gottesdienst geht Kristina selten, ein schönes Frühstück, danach ein Buch lesen, das ist ihr wichtiger. Aber Kirchenmusik mag sie. So ist sie auf den Organisten an der Hauptkirche aufmerksam geworden. Wenn er im Gottesdienst eine Kantate aufführt, geht Kristina manchmal hin. Zum Glück predigt dann meistens Frau Dr. Degenhardt, nicht der dümmlich-naive Pfarrer Müller.

Bruno, 52 Jahre, arbeitet in einer Gärtnerei

Bruno ist Nachbar der Küsterin. Durch diesen Kontakt kam es dazu, dass Bruno in der Gärtnerei zum Sonderpreis Blumen für die Kirche besorgt. Und er konnte seinen Chef davon überzeugen, zu Weihnachten den Baum für die Gemeinde zu stellen. Selbstverständlich kommt Bruno an Weihnachten mit seiner Familie in den Gottesdienst, um sich „seinen" Baum anzuschauen.

Bruno mag die Geschichten von Jesus, er hat viele Wunder für die Leute getan und hatte ein offenes Ohr für ihre Sorgen.

Melanie, 35 Jahre, Single, MTA

Melanie arbeitet halbtags in einem Labor. Sie hat wenig mit Kirche zu tun. Die traditionelle Haltung der Kirche zu Ehe, Familie und bürgerliche Festlichkeit – das braucht sie nun wirklich nicht.

In der Stadtakademie hat sie einmal an einem Kurs für Frauen-Selbstverteidigung teilgenommen. Eine Pastorin war unter den Teilnehmerinnen, die erzählte etwas von feministischen Gottesbildern. Das hatte Kathrin fasziniert, sie fand die Pfarrerin glaubwürdig und ihren Glauben sehr eindrücklich. Mit Gott kann Kathrin nicht besonders viel anfangen. Die Übervatergestalt empfindet sie als moralisierend und eng. Da ist Jesus interessanter, der sich um die damaligen Konventionen nicht kümmerte und seinen eigenen Weg ging.

Kristina, Bruno und Melanie – drei Personen mit mittlerer Kirchenverbundenheit. Personen, für die die Kirche Fremde und Heimat zugleich ist. Und doch sind sie so völlig verschieden! Die Messung an allgemeiner Kirchennähe und Kirchdistanz ist sehr unbefriedigend. Sie erfasst nicht, wie für bestimmte Menschen die Fremdheit zur Kirche und die Nähe zu ihr aussieht. Das, was fremd ist an der Kirche und was vertraut und attraktiv, das ist offensichtlich für Kristina, Bruno und Melanie etwas ganz Unterschiedliches. Die Unterscheidung der Milieus wird dazu helfen, genauer in den Blick zu bekommen, von welcher Art typischerweise Kirchennähe und Kirchenferne sein kann. Sie wird erklären, warum die drei Beispielpersonen, die doch alle in Halbdistanz zur Kirche leben, sehr wenig miteinander verbindet. Melanie fühlt sich da ihrer Freundin Sylvie viel näher, die längst aus der Kirche ausgetreten ist und Sympathien zur Hexenkultur hat. Und Kristina findet an der Kirche zu vieles so schrecklich naiv.

Kirchengemeinden wünschen sich, dass mehr Menschen ihre Halbdistanz verlassen und in größere Kirchennähe kommen. Doch in den verschiedenen Milieus, so wird sich zeigen, gibt es ganz unterschiedliche Arten, kirchennah oder kirchenfern zu sein. Später, in Kapitel II.2, stellen wir verschiedene Milieus ausführlich vor. Folgt man der Typologie, die wir hier verwenden, gehört Bruno dem Milieu der Bodenständigen an, Melanie dem Milieu der Mobilen und Kristina dem Milieu der Kritischen. Ein Veranstaltungsangebot zu konzipieren, das zugleich Kristina, Bruno und Melanie ansprechen könnte, wird in der Umsetzung auf große Probleme stoßen, solange es die Unterschiedlichkeit der Ausgangslage der drei nicht beachtet.

1.2 Arbeit für Zielgruppen

Wenn man darauf schaut, welche Menschen in die Sonntagsgottesdienste, Gruppen und Kreise kommen, dann fällt auf: Es sind vor allem die Alten und die Jungen, die mit der Gemeindearbeit erreicht werden. Kinderarbeit und Seniorenkreis blühen, mit der Jugendarbeit wird es schon schwieriger und der Altersdurchschnitt anderer Gemeindekreise liegt bei 65. Und so kommt dann die Idee auf: „Wir sollten mal etwas für die Menschen im mittleren Alter tun." Dabei wird vorausgesetzt, dass diejenigen im mittleren Alter eine Gruppe von Menschen bilden, die sich aufgrund ihres Alters für ähnliche Angebote interessieren. Die Kinder- und Jugendgruppen sind ja nach Alter geordnet. Und die herkömmliche Altenarbeit setzt darauf, dass sie es mit einer durch die Gebrechlichkeiten der letzten Lebensjahrzehnte geprägte Gruppe von Menschen zu tun hat. Die so genannten „jungen Alten", etwa zwischen 55 und 70, bilden inzwischen in vielen Gemeinden eine aktive, neue Seniorengeneration, für die gemeinsame Unternehmungen im Vordergrund stehen. So müssten doch auch die Menschen im mittleren Alter durch ihre alterstypischen Lebensumstände geprägt sein und gerne miteinander im Kontakt sein. Doch dies ist eine Illusion.

Was verbindet denn Kristina, Bruno und Melanie miteinander – die 45-jährige Gymnasiallehrerin, den 52-jährigen Gärtner und die 35-jährige MTA? Immerhin haben alle drei Kinder, was man inzwischen längst nicht mehr als Regelfall beschreiben kann. Darüber hinaus verbindet die drei jedoch wenig. Sie hätten sich möglicherweise nicht viel zu sagen, wenn sie aufeinander treffen würden. Nun könnte man ja meinen, das liegt an ihrem unterschiedlichen Alter, den Jahren, die Kristina und Melanie voneinander trennen.

Wäre das Problem also zu lösen, wenn der Kirchenvorstand beschließt, getrennte Angebote für mehrere kleine Altersgruppen zu machen? Wohl kaum. In Melanies Kurs „Selbstverteidigung für Frauen" waren auch einige Teilnehmerinnen über fünfzig Jahre alt, und das hatte überhaupt kein Problem dargestellt. Und Bruno mit seiner Familie hat besten Kontakt zu einer Nachbarsfamilie. Mit dem Familienvater, dem 42jährigen Helmut, der bei der Stadtreinigung arbeitet, geht er oft gemeinsam auf den Fußballplatz. Kristina interessiert das Alter anderer Leute wenig, wenn sie nur interessante Gesprächspartner sind, zum Beispiel über Musik, Literatur, Stadtentwicklung oder Bildungspolitik.

Die Einteilung der Kirchenmitglieder nach Lebensalter ist ebenso wie die Einteilung der Kirchenmitglieder nach ihrer Verbundenheit zu grob. Die wichtigsten Unterschiede zwischen Kristina, Bruno und Melanie, ihre weit voneinander entfernten Lebenswelten, kommen so nicht in den Blick. Die drei – so werden wir zeigen – leben in unterschiedlichen Milieus. Wenn Menschen hingegen zum gleichen Milieu gehören, dann macht es nicht so viel, wenn ihr Alter um Jahrzehnte auseinanderliegt – es gibt trotzdem viel Verbindendes.

Viele Gemeinden sprechen nicht mehr von Altersgruppen, sondern von Zielgruppen ihrer Arbeit: Gruppen von Menschen, die aufgrund bestimmter Merkmale anders sind als andere – und mit denen man darum auch anders als mit anderen ins Gespräch kommen muss. Das Alter ist hier ein mögliches Merkmal. Aus der Milieuforschung können wir lernen: Es gibt weitere Merkmale, die oft viel mehr über die Menschen aussagen: ihre Bildung, ihr Lebensstandard, ihr Geschmack, ihr Bedürfnis nach Kommunikation, nach spannenden Erlebnissen oder nach harmonischem Beisammensein.

1.3 Kirche für alle

Nun könnte man doch sagen: Kristina, Bruno und Melanie mögen zwar unterschiedliche Interessen haben – die eine liest anspruchsvolle Bücher, der andere geht auf den Fußballplatz und die dritte macht gern Sport – aber das hat doch nichts zu tun mit dem Angebot, das die Kirche den Menschen macht. In der Kirche geht es doch um das allen Menschen Gemeinsame. Vor Gott sind doch alle gleich. Sollte man dann nicht aufhören, überhaupt verschiedene Gruppen unterscheiden zu wollen, wenn doch die christliche Botschaft für alle gilt? Eine Gemeinde sollte doch ausstrahlen: „Wir wenden uns an alle Menschen. Unsere Kreise und Gruppen, unsere Gottesdienste und Angebote sind offen für alle."

Wir fragen kritisch zurück: Sind sie es wirklich? Da wäre zum Beispiel das Predigtnachgespräch. Wendet es sich tatsächlich an alle? Was passierte, wenn Kristina da hinein geriete? Und wie erginge es Bruno und Melanie?

Wie es Kristina im Predigtnachgespräch ergeht

Ja, so etwas findet Kristina prima, da kann sie der Predigerin rückmelden, wie ihre Rede angekommen ist. Mit Pfarrerin Dr. Degenhardt mag sie gern diskutieren. Neulich bei der Predigt war ihr aufgefallen, wie ein Gedicht von Hermann Hesse den Gedanken noch viel klarer ausdrückt. Daraus ergab sich dann ein sehr anregendes Gespräch. Bei Pfarrer Müller allerdings ist da kaum etwas zu machen. Der predigt eine Dogmatik, die er selbst noch nicht geistig durchdrungen hat.

Wie es Bruno im Predigtnachgespräch ergeht

Der Pfarrer hatte ziemlich lange geredet. Ehrlich gesagt war Bruno beim Zuhören ziemlich müde geworden in der überheizten Kirche. Gefreut hatte er sich allerdings über das Lied, das er noch aus dem Religionsunterricht kennt: „Großer Gott, wir loben Dich!"

Bruno wusste kaum, wie er zur Predigt einen schlauen Kommentar abgeben sollte. Er fand es eher langweilig, aber ist das nicht normal? Und da hatte schon ein alter Herr das Wort ergriffen und erklärt, dass der Pfarrer doch auf den Vers 14 aus dem Predigttext etwas mehr hätte eingehen sollen, dann wäre auch die These im dritten Teil der Predigt nicht so einseitig geworden. Fast drei Minuten hatte sein Nachbar geredet, einen richtigen Vortrag hatte er gehalten. Und der Pfarrer hatte dann erklärt, dass er Vers 14 nicht in seine Predigt einbezogen habe, weil der ja bekanntlich ein sekundärer Vers sei. Was er wohl damit meinte?

Nein, das Reden war nicht seine Sache, auch sprach man über etwas, was Bruno eigentlich nicht interessierte. Und hätte er da sagen sollen, dass er während der Predigt seine Blumen betrachtet hatte und ihm aufgegangen war, wie schön doch so eine Rose ist – wie aus dem Paradies. Doch das gehört wohl hier nicht her.

Wie es Melanie im Predigtnachgespräch ergeht

Anzumerken hätte Melanie schon einiges. Und sie würde sich auch nicht scheuen, dem Pfarrer da deutlich ihre Meinung zu sagen. Es wäre aber sehr grundsätzlich geworden. Das fing schon an beim Hineinkommen in die Kirche. Warum so düster? Warum so eine Sitzordnung wie früher in der Schule? Sie würde lieber im Kreis sitzen und mitreden.

Und dann der Pfarrer mit seiner Rede von Gott, dem Vater, und von unserem Herrn Jesus Christus. Von Männern, die sich als Herren aufspielen, hatte sie eigentlich genug. Melanie war auch aufgefallen, dass der Pfarrer für die Kinder gebetet hatte und für die alten

> Menschen und für die Familien. Sie selbst war im Gebet nicht vorgekommen.
> Und die Predigt: Er hatte sich ja redlich bemüht, Jesus einen etwas progressiveren Anstrich zu geben. Aber er war doch vorsichtig geblieben, um die ganzen Konservativen, die hier saßen, nicht zu verärgern. Melanie hatte auf solch eine Leisetreterei keine Lust. Und nun kam diese Lehrertype mit Vers 14 und der Ausgewogenheit von These 3. Nein, dafür war ihr der Sonntagvormittag wirklich zu schade.

Liegt es an den Persönlichkeiten von Bruno und Melanie, dass sie sich im Predigtnachgespräch nicht wohl fühlen? Liegt es an Brunos Vorliebe für Blumen und Melanies kritischer Haltung zur Kirche? Wahrscheinlicher ist, dass die Schwierigkeiten von Bruno und Melanie typisch sind für Menschen in ähnlichen Lebensumständen, für Menschen mit ähnlicher Bildung und ähnlichen Erlebnisvorlieben.

Schon seit Längerem wird diskutiert: Die Kirche verbreitet eine kleinbürgerliche Atmosphäre. Sie ist auf die Mittelschicht orientiert. Hingegen sind die Arbeiter (aber auch die spezialisierte Intelligenz) in ihr wenig zuhause. Dieser Abstand mag für die Beschreibung der Distanz von Bruno auch weiterhin einigermaßen zutreffend sein, für Melanies Fall aber ergeben sich Deutungsprobleme. Hier reicht die alte Vorstellung von Unter-, Mittel- und Oberschicht nicht mehr aus. Ob man ein Predigtnachgespräch mag, liegt auch nicht einfach nur an der Bildung. Die Unterscheidung von Milieus wird sich da als geeigneter erweisen.

1.4 Ideal „Beteiligungskirche"

Es genügt nicht, wenn Menschen Kirchenmitglied sind und nicht austreten. Aus der Perspektive von Gemeinden jedenfalls ist das wenig zufriedenstellend. Schon allein, weil es ja um den Glauben geht und nicht ums formale Dazugehören. Nun lässt sich der Glaube aber nicht überprüfen. Wer weiß schon, wie intensiv jemand wirklich sein Leben mit dem Glauben verbindet? Es lässt sich aber sehr wohl genau beobachten, wie jemand sein Interesse an religiösen Dingen in der Gemeinschaft der Glaubenden zeigt, in die Gemeinde kommt und an ihren Veranstaltungen teilnimmt. Man möchte meinen: Wem es ernst ist, der kommt wenigstens alle paar Jahre zur Kirchenwahl, ab und zu mal zum Basar und auch sporadisch zu einem Konzert oder einem Fest.

Aus den EKD-Untersuchungen zur Kirchenmitgliedschaft wissen wir, dass diese Zusammenhänge so einfach nicht sind. Es gibt hochverbundene Kirchenmitglieder, die niemals am Leben einer Kirchengemeinde teilnehmen – ebenso wie es zahlreiche Hochaktive gibt, die im Grunde mit den Inhalten und dem tieferen Sinn der kirchlichen Gemeinschaft wenig anfangen können.

Was aber schwerer wiegt: Offenbar haben es gerade Menschen, die erwerbstätig sind und dadurch ins gesellschaftliche Leben stark integriert, besonders schwer, in der Kirche Fuß zu fassen. Wer erwerbstätig ist, geht mit geringerer Wahrscheinlichkeit zum Basar und zur Kirchenwahl als jemand, der im Ruhestand ist oder sich als Hausfrau um die Familie kümmert. Und: All dies gilt besonders für Männer. Die haben es besonders schwer, als Erwerbstätige in der Kirche Fuß zu fassen. Die Milieuanalyse wird zeigen, dass dies vermutlich zum großen Teil an der Lebensweise der Milieus liegt, nicht daran, dass diese Menschen wirklich keine Zeit haben, an einem Adventssonntag den Basar zu besuchen oder ihre Stimme bei der Wahl abzugeben.

Manche halten es für verständlich, dass sich in der Kirche eher Menschen treffen, die dafür auch Zeit haben, zum Beispiel weil sie nicht erwerbstätig sind. Kein Wunder also, wenn die Rentnerin häufiger beim Basar erscheint als der 40-jährige Familienvater. Betrachtet man jedoch die Ergebnisse der Umfragen über die Aktivitäten von Freiwilligen in anderen Bereichen als der Kirche, dann trägt dieses Argument nicht wirklich: In Ehrenämtern engagieren sich bundesweit gerade die besonders oft, die sowieso mit ihrer Berufstätigkeit und ihrer Familie ausreichend andere Herausforderungen hätten. Im ehrenamtlichen Engagement gibt es offenbar einen bestimmten Anreiz, der gerade auf die Aktiven wirkt und dazu führt, dass sie sich noch stärker engagieren. Warum aber bindet dann die Kirche vor allem die, die ins Erwerbsleben wenig integriert sind?

Vielleicht wäre es anders, wenn nicht der Basarbesuch gefragt wäre, sondern vor allem die Mitarbeit. Wenn etwa Bruno nach Feierabend noch in der Gemeinde gefragt wäre, als Fachmann die Gestaltung des Gartens zu begleiten oder anderen Ehrenamtlichen zu zeigen, wie man mit einfachen Mitteln eine Blumen-Dekoration macht. Vielleicht scheitert die Beteiligung nicht selten daran, dass die Rollen beschränkt sind, die eine Gemeinde vergeben kann und möchte. Die „drinnen", die Fachleute und die Engagierten in Ehrenämtern tun die Arbeit, die „draußen" sollen kommen und sie nutzen.

Kirche, wenn sie gut ist, soll „Beteiligungskirche" sein, soll Menschen aktivieren, einbeziehen und auf diese Weise auch im Glauben stärken, so lautet das Ideal. Wir vermuten: Auch die Lust auf Beteiligung und die Art und Weise der Beteiligung sind eine Frage des Milieus. Schauen wir uns die Angelegenheit noch einmal aus der Sicht von Bruno, Melanie und Kristina an.

Kristina und ihre Beteiligung in der Kirche

Als Jugendliche hat Kristina mal eine Weile beim Kindergottesdienst mitgeholfen. Aber heute hat Kristina mit der Gemeinde wenig zu tun. Kristina ist in der Musikschule Elternsprecherin und organisiert jedes Jahr ehrenamtlich das Weihnachtskonzert.

Kristina liest ab und zu den Gemeindebrief und findet es gut, dass die Kirche viel für die Kinder und die Alten macht. Auch der Erntedankumzug, der macht den Stadtteil lebendig und bewahrt die schönen Traditionen, für Leute mit kleinen Kindern ist das ein tolles Angebot. Kristina hat das Gefühl: Kirche ist eine gute Sache und es lohnt sich, sie zu unterstützen. Am besten kann sie das wohl mit ihren Kirchensteuern und gelegentlichen Spenden, wenn etwa die Orgel der Hauptkirche überholt werden muss oder die Gemeinde ein Obdachlosenprojekt macht.

Bruno und seine Beteiligung in der Kirche

Was soll Bruno in der Kirche denn machen? Es gibt doch den Pfarrer, der hat sein Fach gelernt, da muss Bruno nicht reinreden. Für das Gemeindefest backt seine Frau immer Kuchen, den er dann morgens rüberbringt. Ansonsten hat Bruno mit den Gemeindeaktivitäten nichts zu tun, er kennt dort auch kaum jemanden.

Im Fußballverein ist das etwas anderes, da müssen einfach alle mit anpacken, darum kümmert er sich im Vereinshaus bei Feiern

> um die Getränke, er hat auch schon mal beim Renovieren mitgemacht. Wenn man sich kennt und an einem Strang zieht, kann man eine Menge auf die Beine stellen.
>
> *Melanie und ihre Beteiligung in der Kirche*
>
> Letztes Jahr kam eine Benachrichtigung zur Kirchenwahl mit der Post. Es war interessant, zu schauen, was das für Leute sind, die sich da zur Wahl stellen. So ganz hat Melanie aber nicht verstanden, welchen Zweck diese Wahl hat, denn entscheiden nicht der Pfarrer und die Leute, die da immer hingehen, was in der Kirche passiert? Vielleicht könnte sich etwas verändern, wenn die richtigen Leute dabei wären und Druck machen würden. Aber das ist wie in der Politik: Für echte Neuerungen gibt es selten eine Mehrheit. Dann werden es wieder Kompromisse, und am Ende bleibt alles beim Alten.

Warum ist Bruno in seiner Gemeinde nicht stärker beteiligt? Er besorgt die Blumen und bekommt ziemlich viel mit, aber er gehört deswegen „gefühlt" noch nicht dazu und er vermisst es auch nicht. Für ihn würde das bedeuten, wirklich einbezogen und für seinen Bereich verantwortlich zu sein. Das hat er bei der Kirche noch nicht erlebt, aber das gehört für ihn auch nicht zu seinem Bild von Kirche.

Melanie ist überdurchschnittlich informiert und interessiert. Dennoch macht sie nicht mit, gibt ihre Stimme bei der Wahl nicht ab, meldet sich nicht zu Wort. Die Kirche ist nicht ihre Welt. Melanie freut sich, wenn es angenehme Berührungspunkte gibt, aber die sind fast immer zufällig.

Kristina ist ehrenamtlich engagiert. Für sie liegen die Aktivitäten in der Musikschule, in der Kirche oder im Beruf ganz nah beieinander. Kirche ist ein wichtiger Bereich des Lebens, aber nichts, wofür sie sich ausschließlich engagieren würde. Und da sie an die Gemeinde wenig Anknüpfungspunkte hat, bleibt sie dort meist unsichtbar.

Wir sehen: Eine hohe Wertschätzung für die Kirche führt noch lange nicht zur Beteiligung. Der Wunsch nach Zugehörigkeit zu einer Gemeinde, die Bereitschaft, sich einzubringen oder auch nur an etwas teilzunehmen, hängt ganz wesentlich davon ab, wie das gesamte Leben verläuft, welche Fragen im Vordergrund stehen, welche Werte überzeugen, welche Atmosphären ansprechen. Die Milieuanalyse soll zeigen, wie sich solche Unterschiede verstehen und erklären lassen, aber auch, was die verschiedenen Menschen unter Beteiligung und Zugehörigkeit verstehen und was sie daran schätzen.

Weiterführende Literatur

Gerhard Wegner, Alltägliche Distanz. Zum Verhältnis von Arbeitern und Kirche, Hannover 1988.
Klaus Engelhardt/Hermann von Loewenich/Peter Steinacker (Hg.), Fremde Heimat Kirche. Die dritte EKD-Erhebung über Kirchenmitgliedschaft, Gütersloh 1997.
Wolfgang Huber/Johannes Friedrich/Peter Steinacker (Hg.), Kirche in der Vielfalt der Lebensbezüge. Die vierte EKD-Erhebung über Kirchenmitgliedschaft, Gütersloh 2006.

2. Ortsgemeinde oder funktionale Dienste – eine Scheinalternative

Kirchliche Synoden sind zur Zeit nicht zu beneiden. Immer wieder muss darüber beraten werden, wo und wie Kosten einzusparen sind. Dabei kommt es dann nicht selten zu einem Gegenüber zweier Kirchenideale. Die einen sagen: Es ist doch die Ortsgemeinde die eigentliche Kirche. Von dort her ist die (evangelische) Kirche aufgebaut, hier kennt man einander, hier finden Menschen noch eine Heimat in der so anonym und funktional gewordenen Welt. Hier treffen noch die verschiedensten Menschen aus der Nachbarschaft aufeinander und erleben Gemeinschaft unter dem Vorzeichen des Glaubens. Und wenn es Mitglieder mit mittlerer Verbundenheit – die so genannten Kirchenfernen – einmal für eine Taufe oder Beerdigung mit der Kirche zu tun bekommen, ist es ebenfalls meist die Ortsgemeinde, die dann gesehen wird.

Und dann stehen andere in der Synode auf und sagen: Die übergemeindliche Arbeit ist die Kirche der Zukunft. Wir sind es, die in der Schule, im Krankenhaus, in der Citykirchenarbeit die Menschen erreichen, wo sie sind. Wir müssen uns auf die spezialisierten Interessen der Menschen einstellen. Und so stehen sich dann die „eigentliche Kirche" und die „Kirche der Zukunft" als Alternativen gegenüber. Wie würden Bruno und Melanie das sehen?

Warum Bruno vor allem die Ortsgemeinde braucht

Die Kirche, die Bruno kennt, ist die seiner Nachbarschaft. Jeden Tag kommt er an ihr vorbei. Sie gehört zum Zentrum des Ortes. Bruno wurde dort getauft und konfirmiert. Er kennt den Pfarrer und sieht ihn hin und wieder auch beim Einkaufen.

Bruno bewegt sich meistens in seinem Wohnviertel – außer zum Einkaufen und zum Fußball-Bundesligaspiel. Andere Kirchen kennt er von innen nicht. Dreißig Minuten mit dem Auto fahren, um zu einer kirchlichen Veranstaltung zu gehen – so etwas hat Bruno noch nie gemacht.

Warum Melanie die nicht-parochiale Kirche näher liegt

Melanie wüsste nicht zu sagen, zu welcher Ortsgemeinde sie gehört. Sie ist vor vier Jahren zugezogen, weil die Wohnung ihr gefiel. Melanie identifiziert sich mit der Stadt, in der sie lebt, aber nicht mit dem Ortsteil, in den sie zufälligerweise zog. Ihre Arbeitsstelle liegt im Zentrum. Von ihren Freundinnen haben viele eine Arbeit in anderen Städten bekommen. Mit dem Auto ist Melanie schnell da. So ist es eigentlich nur die Bäckerei für frische Brötchen, die sie in ihrer Wohnumgebung braucht.

Wenn überhaupt, dann würde sie sich die Kirche suchen, die für sie am besten passt. Als es im letzten Sommer so heiß war, ist Melanie in der Mittagspause in die kühle Stadtkirche gegangen. Jemand hatte auf der Orgel gespielt – eigentlich nicht ihr Stil, aber es hatte doch ganz gut gepasst. Und dann gibt es noch die evangelische Stadtakademie.

Bruno und Melanie haben einen unterschiedlichen Bezug zum Lebensraum, der sie umgibt. Sie zeigen mit ihren verschiedenen Erfahrungen und Zugängen zur Kirche die doppelte Chance, die

Kirche mit ihren Raumbezügen hat. Die Ortsgemeinde hat ihre Stärken im Kontext von Familien mit kleinen Kindern und von älteren Menschen, deren Leben im Ort oder im Stadtviertel verankert ist. Sie repräsentiert den lokalen Bereich und die biographisch gewachsene Heimat. Die funktional spezialisierte Kirche, deren Angebot für eine größere Region gedacht ist, hat ihre Stärken bei spezialisierten Interessen und Menschen, die auch sonst es gewohnt sind, sich das für sie Passende in der Region zu suchen. Es wird sich zeigen, dass unterschiedliche Milieus auch andersartiges Raumverhalten zeigen, weshalb bestimmte Milieus die Kirche vor Ort besonders brauchen, andere Milieus eher die spezialisierte Kirche irgendwo in der Region. Die Modelle der Ortsgemeinde und der funktionalen Dienste gegeneinander auszuspielen, scheint in der Milieuperspektive nicht sinnvoll zu sein.

Weiterführende Literatur

Uta Pohl-Patalong, Ortsgemeinde und übergemeindliche Arbeit im Konflikt. Eine Analyse der Argumentationen und ein alternatives Modell, Göttingen 2003.
Uta Pohl-Patalong (Hg.), Kirchliche Strukturen im Plural, Hamburg 2004.

3. Warum heute kirchliche Arbeit analysiert und geplant werden muss

Die Milieuperspektive mag ja neue Erkenntnisse bieten und für die Wissenschaft interessant sein – aber braucht man denn so etwas für die kirchliche Arbeit? Die ist doch auch bisher ohne Milieuanalyse und Milieuplanung ausgekommen. Muss, ja darf überhaupt kirchliche Arbeit geplant werden? Ist Glaube nicht das Unplanbare, ein Geschenk des Heiligen Geistes?

Es geht die Zeit zu Ende, in der Kirche eine in der Gesellschaft selbstverständliche Institution war, so fest vor Ort verankert, dass jeder Mensch automatisch mit ihr in Kontakt kam: von der Wiege bis zur Bahre und ständig im Rhythmus – wenn nicht der Sonntage, so doch jedenfalls der Feste – von Kindesbeinen an und von einer Generation an die nächste weitergegeben. So lange das zur Verbreitung des Evangeliums ausreichte, war es angemessen, dass die Gesamtkirche nur gewisse organisatorische Rahmenbedingungen regelte (z.b. Agenden für den Gottesdienst, Pfarrerausbildung und -besoldung, Kirchbau) und Aufsicht führte, die vor Abweichungen von der rechten Lehre schützte. Alles andere geschah durch das überzeugende Handeln und Reden vor Ort.

Das ist heute anders geworden. Pluralisierung, Privatisierung und Individualisierung, Mobilität, Flexibilisierung und Traditionsabbruch sind Schlagworte, die zu erfassen versuchen, wie die Gesellschaft sich in den vergangenen Jahrzehnten verändert hat. Weil die Zahl der verfügbaren Angebote ständig steigt, haben Menschen sehr verschiedene Kriterien dafür entwickelt, nach denen sie entscheiden, was für sie in Frage kommt und was nicht. Oft entscheiden sie dann in Bruchteilen einer Sekunde, also schon nach dem ersten Eindruck, ob sie sich mit einem Angebot näher befassen möchten. Die Kirche muss sich nun bewusst organisieren, um in den veränderten Lebensräumen der Menschen auf sie auch zu treffen – vor Ort, aber auch in größeren Gebieten wie Städten und Großstädten. Dazu muss die Kirche entscheiden, wo und wie sie in der Region auftreten will. Sie muss klären, wer wo sich auf was konzentriert und anderes dafür lässt. Sie muss klären, warum sie sich in welchen Projekten engagiert und in welchen nicht.

Die „neue Organisiertheit" und das strategische Planen kirchlicher Arbeit wird für ganze Regionen wichtig. Kirche muss planen, welche Angebote sie wo und für wen macht – dafür ist die Milieuanalyse bedeutsam. Sie hilft zu einem Verständnis für die Menschen und ihre veränderten Situationen. Auf diese Weise nützt sie denen, die Kontakte schaffen wollen, damit Menschen überhaupt auf Menschen und Inhalte der Kirche treffen. Das ist die Aufgabe und die Verantwortung aller, die sich für die Kirche engagieren. Es reicht nicht aus, sich einfach auf zufällige Kontakte zu verlassen, wenn man hier mehr tun kann.

Aber es ist auch nötig, sich die Begrenztheit dieses Handelns deutlich zu machen. Die Kontakte selbst schaffen nicht den Glauben. Die Angebote schaffen Kontakt, sie dienen dazu, das Wirken des Heiligen Geistes zu befördern, damit Christus geglaubt wird und damit aus dem Glauben Gottesliebe und Nächstenliebe fließen. Dieses geistliche Geschehen lässt sich nicht direkt machen und auch nicht direkt organisieren. Aber es lassen sich eben bewusst – zum Beispiel mit Hilfe der Milieuperspektive – Zugänge zu diesem Geschehen bahnen und Zugangshindernisse beseitigen.

Weiterführende Literatur

Gerhard Wegner, Leiden als Bedingung der Freiheit. Kirchliche Organisation und geistliche Entscheidung, in: Pastoraltheologie 92 (2003), 403ff.

4. Theologische Herausforderungen durch vielfältige Glaubensstile der Milieus

Das Instrument der Milieuperspektive ist nicht an eine bestimmte theologische Schule gebunden. Es sagt nicht, welches Verständnis der christlichen Botschaft richtig ist und was den Glauben ausmacht. Es hat Bedeutung für ein missionarisches Konzept von Kirche ebenso wie für eines, das auf Bildung oder Kasualien setzt. Aber in diesem Instrument steckt sehr wohl eine theologische Herausforderung.

Die Milieuperspektive setzt voraus: 1. Menschen leben je nach ihrem Milieu in sehr unterschiedlichen Welten, und es ist nicht einfach die Welt des einen Milieus besser als die andere des anderen. 2. Glauben kann sich nicht anders ausdrücken als in milieuspezifischer Weise: Wer das Evangelium nicht in seiner „Sprache" hören kann, wer nicht sieht, welche Bedeutung es für seine Lebenswirklichkeit hat, wird es vermutlich kaum verstehen.

Wenn das stimmt, dann ergibt sich eine erste Herausforderung für die Theologie: Sie muss darüber nachdenken, wie der Glaube der einzelnen Milieus aussieht. Und dafür ist es hilfreich, Theologie einmal so zu verstehen, dass nicht nur die eigene Art und Weise, über den Glauben nachzudenken, als Theologie bezeichnet werden kann. Wenn andere Menschen mit einer ganz anderen Perspektive auf das Leben über den Glauben reden, muss das prinzipiell gleichwertig sein. Für alle, die missionarisch leben und arbeiten wollen – so dass auch Menschen anderer Milieus außer dem eigenen der Zugang zum Glauben erleichtert wird –, ist es außerdem erstrebenswert, die „Sprachen" fremder Milieus zu kennen, zu verstehen und zu klären, wer in der Kirche diese „Sprachen" sprechen kann.

Wie also sieht die Theologie der Milieus aus? Dazu ist es sinnvoll, zuerst das Bild der einzelnen Milieus zu betrachten. Später im Buch wird ausführlicher von der Theologie der Milieus die Rede sein. Aber schon die bisherige Beschreibung von Kristina, Bruno und Melanie liefert erste Hinweise:

> ***Theologie in den Augen von Kristina, Bruno und Melanie***
>
> Die Theologie von Kristina hat viel zu tun mit dem intellektuellen Verstehen, aber auch mit der Fähigkeit, Erkenntnis und Gefühle in künstlerische Form umzusetzen, dabei den Reichtum der Tradition fortzuführen. Hier geht es dann um Werte und ein Engagement für die Gesellschaft.
>
> Die Theologie von Bruno hat viel zu tun mit Familie und mit Tradition, mit ehrlichem und nützlichem Verhalten. Glaube zeigt einem, was (immer noch) gilt, was gut und richtig ist. Und die Natur, wie Gott sie geschaffen hat, ist das Material, mit dem er arbeitet.
>
> Die Theologie von Melanie hat viel zu tun mit dem Kampf gegen die Tradition und mit der Befreiung von Zwängen. Glaube gibt in einem oft unüberschaubaren Leben die Ermutigung, den eigenen Weg zu suchen. Oder ist es umgekehrt? Wer sich auf die eigene innere Mitte besinnt, kann etwas von Gott spüren.

Wenn aber Glaubens- und Theologiewelten so unterschiedliche sein können wie die von Kristina, Bruno und Melanie, und doch die christliche Botschaft sich an alle Menschen gleichermaßen wendet, dann stehen wir vor einer zweiten theologischen Herausforderung: Wie ist der Zusammenhang zwischen diesen milieuspezifischen Formen des Glaubens zu denken? Zerfällt die Kirche eben dann doch in Milieukirchen? Oder kann die Botschaft für alle so spürbar werden, dass das kirchliche Leben sich jenseits aller Milieus abspielen kann?

Eine Analyse und Planung kirchlicher Arbeit wäre unvollständig, wenn sie zur Beantwortung dieser Fragen nicht auch

Antworten liefern würde. Aber es dürften keine vorschnellen und unsorgfältigen Antworten sein, die so tun, als ließe sich damit die Erkenntnis wieder zurücknehmen, dass unsere Gesellschaft und mit ihr die Kirche sich in Milieus ausdifferenziert. Deswegen werden wir diese Fragen erst zum Schluss des Buches wieder aufnehmen.

II. Was sind Milieus?

1. Milieu – Hintergründe eines soziologischen Begriffs

Den Begriff „Milieu" verwenden wir hier als soziologischen Fachbegriff. Die Wissenschaft der Soziologie untersucht, in welchen sozialen Beziehungen Menschen zueinander stehen. Wie bezieht man sich aufeinander in einem Dorf, einer Stadt, einer Gesellschaft? Wie bezieht man sich aufeinander in der Arbeit, in der Freizeit? Dabei ist ein wichtiger Umstand, dass die Menschen selbst Unterscheidungen vornehmen und diejenigen, die sie treffen, bestimmten sozialen Typen und Großgruppen zuordnen. Im Laufe der Geschichte haben sich nicht nur die einzelnen Großgruppen verändert, es hat sich auch verändert, was die Zugehörigkeit zu einer Großgruppe bedeutet und wie das Verhältnis der Großgruppen zueinander aussieht. Die Begriffe „Stand", „Schicht", „Klasse" und „Milieu" stehen in diesem Sinne für eine jeweils ganz bestimmte Weise des Zusammenlebens von Großgruppen.

1.1 Von der „Ständegesellschaft" zum „Milieu"

Die vormoderne und vorindustrielle Gesellschaft war eine Ständegesellschaft. Auch Martin Luthers Bild von der Gesellschaft war von dieser Sicht geprägt. Ganz unten der Stand der Bauern, darüber die Bürger und darüber der Adel. Schon bei der Geburt war festgelegt, zu welchem Stand man gehört. Die Rechte eines Standes und die dem angemessenen Verhaltensweisen waren ganz unterschiedlich. Der Adel hatte die Aufgabe, zu herrschen und zu besitzen. Die Bürger durften „frei" sein und selbständig arbeiten. Die Bauern hatten zu dienen. Die oben waren die Reichen und die unten die Armen. Die oben sprachen ganz wörtlich oft eine andere Sprache – erst Latein, später Französisch – als die Untertanen, die meist ihren regionalen Dialekt sprachen.

Auf der Straße erkannte man schon von weitem, welchem Stand derjenige zugehörte, der einem begegnete. Entsprechende Kleidungsvorschriften schafften Eindeutigkeit. Auch innerhalb der Gruppen gab es feststehende und einschneidende Differenzierungen, so im Stand der Bauern Knechte, Leibeigene und freie Bauern, in der bürgerlichen Stadt Handwerker, Kaufleute und Bildungsbürger, im Adel den höheren und niederen Adel. Allein beim Klerus gab es eine gewisse Durchlässigkeit, vor allem zwischen Bürgertum und Adel. Die Pfarrer hatten nicht selten auch die Aufgabe, zwischen den Ständen zu vermitteln, und es wurde von ihnen erwartet, die ständische Ordnung zu legitimieren: Gott selbst habe die Stände geschaffen.

Im Bürgertum regte sich je länger je mehr der Widerstand gegen die strengen Fesseln dieser Ordnung. Schon Luthers Satz, dass die Magd, die Strohhalme auflese, ein ebenso gutes Werk tue wie ein Mönch, hatte die Wertigkeiten des Tuns relativiert: Vor Gott sind diese Unterschiede nicht von Bedeutung. Die ökonomischen, technischen und geistigen Veränderungen im 17. und 18. Jahrhundert brachen dann die Ständegesellschaft auf. Die neuen Industrien schafften für ihre Besitzer viel größere Einkommenszuwächse als der Grundbesitz des Adels. Gesucht wurden Arbeiter, egal ob sie aus der ehemaligen Schicht der Bauern oder den Handwerksberufen kamen. In den rasant wachsenden Städten gingen die übersichtlichen Verhältnisse zu Ende, in denen man einander über die Ständegrenzen hinweg persönlich kannte.

So kam es im 19. Jahrhundert zur Herausbildung eines Klassenbewusstseins in der neuen gesellschaftlichen Großgruppe dieser Zeit, der Arbeiterklasse. Das Arbeiterbewusstsein war ein Protestbewusstsein, geprägt vom Wissen, ohne Verfügung über Produktionsmittel und trotz aller formaler Freiheit dem Arbeitgeber schutzlos ausgeliefert zu sein. Das Arbeiterbewusstsein war auch ein Solidarbewusstsein, gestärkt von dem Ziel, gemeinsam eine Verbesserung der sozialen und rechtlichen Situation zu erreichen. Es zeigte sich in solidarischen Hilfskassen oder Streiks. Ziel war entweder eine ganz andere, das Elend der Arbeiterklasse aufhebende Gesellschaft oder die Anteilhabe an den ökonomischen Standards und Bildungsstandards der bürgerlichen Welt. In jedem Fall galt: Nicht mehr der Stand der Geburt, sondern die faktische Arbeitstätigkeit prägte nun die Zugehörigkeit zur Großgruppe.

Die Kirche erlebte die Formierung der Arbeiterklasse vor allem als Gefahr. Sie fürchtete, mit dem Ende überschaubarer Verhältnisse könne sich auch der Einfluss der Kirche und ihre Bindungskraft auflösen. Sie kritisierte die moralischen und sittlichen Verhältnisse des Arbeiterlebens und setzte auf individuelle Versittlichung und religiöse Rückführung. Das Projekt „Innere Mission" war von diesem Geist beseelt. Insgesamt hat die Kirche aber die Distanz zur Arbeiterklasse nicht überbrücken können.

Die prekäre Situation der Arbeiterklasse erzeugte einen hohen Druck, der die Gesellschaft verändert hat. Eine durchgreifende Demokratisierung setzte ein, staatliche soziale Sicherungssysteme wurden entwickelt, der Schutz des Rechts auf die Arbeitsverhältnisse ausgeweitet. Immer mehr Menschen waren abhängig beschäftigt, ohne einen nennenswerten Besitz zu haben, über den man auf eine bestimmte Klassenzugehörigkeit schließen könnte. Jetzt spielte endgültig nicht mehr der Besitz, sondern die Qualifikation, der Beruf des Menschen die entscheidende Rolle.

Die Bundesrepublik der 50er Jahre wird in der Sozialstrukturanalyse, der Wissenschaft von der sozialen Ungleichheit, jetzt häufig mit dem Begriff der „Schichten" dargestellt und stellt sich so dar: eine kleine reiche Oberschicht, eine breit gewordene und ausdifferenzierte Mittelschicht von Beamten und Angestellten und eine zunehmend ausdifferenzierte Unterschicht von angelernten Hilfsarbeitern bis Facharbeitern. Noch gilt die Differenz zwischen „Blaumann" und weißem Kragen. Die Gesellschaft ist nach oben hin ausgerichtet: Vorankommen und Aufsteigen, den Kindern eine bessere Zukunft ermöglichen. An dem Maß, in dem man sich die neuen technischen Geräte wie Auto, Kühlschrank oder Fernseher leisten kann, wird die Stufe, die man durch Berufstätigkeit auf der ökonomischen Leiter erklommen hat, recht genau abgebildet. An manchen der Aufstiegsgeschichten ist die Kirche stark beteiligt, vor allem in den diakonischen Berufen, wo aus den Mädchen vom Lande gut ausgebildete Krankenschwestern oder bürgerlich wirkende Gemeindeschwestern wurden und aus Handwerkern mit Heimleitung betraute Diakone. Insgesamt ist die Kirche zu dieser Zeit ein Ort, an dem Gemeindegliedern in Kreisen und Gottesdiensten bürgerliche (religiöse) Bildung zugänglich werden sollte.

Mit abnehmender Bedeutung der Industrie arbeiten immer mehr Menschen im Bereich der Dienstleistungen. Die Wochenarbeitszeit nimmt ab. Immer mehr Menschen verfügen über ein Einkommen, das einen gewissen Luxus erlaubt. Jetzt gewinnt der Bereich der Freizeit an Bedeutung. Es geht nicht mehr nur um die Sicherung der Existenz, sondern es kommen neue Dimensionen in den Blick wie beispielsweise die Lebensform, die persönlichen Ressourcen oder die Wohnbedingungen. In der Soziologie entwickeln sich Konzepte von „sozialen Lagen", um aus solchen „neuen" Dimensionen Gruppen in der Gesellschaft zu unterscheiden.

Die Annahme, dass Menschen mit gleichen Voraussetzungen bei Bildung oder Besitz sich auch in ihrer Lebenssituation, ihren Sichtweisen oder Verhaltensmustern ähnlich sind, wird durch die sich ausdifferenzierende und individualisierte Gesellschaft immer stärker widerlegt. Berufliche Stellung und Lebensstandard bestimmen nicht mehr in dem Maße die äußere Erscheinung, wie es früher der Fall war. Daran, ob einer mit dem Mercedes zur Post fährt oder mit dem Fahrrad, lässt sich nicht mehr mit Sicherheit erkennen, wer der Abteilungsleiter und wer der Hilfsarbeiter ist. Ob jemand sich Jeans leistet oder einen Anzug, ist oft keine Frage des Geldbeutels. Der Wunsch, sich „etwas leisten" und „den Kindern etwas bieten" zu können, ist oft besonders bei denen ausgeprägt, die sich mit ihrem Konsum stark einschränken müssen. Das führt dann zu umgekehrten Verhältnissen, zum Beispiel dort, wo Second-Hand-Läden für Kinderkleidung vor allem von besser Verdienenden genutzt werden. So entscheiden über den Kauf einer Videokamera oder die Lektüre eines Buches nicht primär ökonomische Unterschiede. Vorbei ist auch die eindeutige Hierarchie von unten und oben. Es ist nicht mehr ausgemacht, ob es „besser" ist, mit dem Fahrrad oder dem Mercedes zu fahren, in den Jazz-Club oder in das Orgelkonzert zu gehen, ob bei Goethe oder mit Häuptling Seattle tiefere Weisheit zu erlangen ist. Hier können wir beobachten, dass „objektive" Lebensbedingungen manchmal typische Folgen haben – etwa indem der Abteilungsleiter mit einer höheren Wahrscheinlichkeit den Mercedes fährt –, manchmal aber auch nicht. In der Lebensführung kommen zu den „objektiven" auch immer „subjektive" Faktoren hinzu.

Aus dieser Erkenntnis hat sich die Analyse von Milieus und Lebensstilen entwickelt. Sie beschreibt soziale Großgruppen anderer Art. Hier geht es nicht mehr darum, wer sich einen Mercedes leisten kann, sondern eher darum, was Menschen damit verbinden, was sie damit ausdrücken möchten. Es geht um die Frage, was Menschen beeinflusst in der Wahl eines Fortbewegungsmittels oder beim Kauf eines Produkts. Jetzt geht es nicht mehr nur um „objektive Faktoren", sondern auch ums Image, um einen bestimmten Stil, um Gruppen, zu denen man gehören oder von denen man sich abgrenzen möchte. Alter, Einkommen und Bildung spielen hier oft eine Rolle, aber ebenso die Werte und Normen, Überzeugungen, Lebensziele oder Sehnsüchte.

Für eine solche Analyse von gesellschaftlichen Gruppen anderer Art sind verschiedene Forschungsansätze entwickelt worden, die gewissermaßen miteinander verwandt sind, sich aber in Detailansichten deutlich unterscheiden. Hierzu gehören die Milieuanalyse, die Lebensstilanalyse, aber auch Konzepte der Lebensführungstypologie. Die Milieuforschung hat soziale Gruppen nach Faktoren wie Alter, Bildung, Einkommen, Lebensform oder Geschlecht gebildet und dabei Werthaltungen und Mentalitäten der Menschen untersucht. Sie geht in der Regel davon aus, dass sich Milieus als reale Gruppen, etwa als soziale Netzwerke im Stadtteil finden lassen. Die Lebensstilforschung beschreibt ihre Typen meist unabhängig von den tatsächlichen sozialen Gruppierungen und erfasst vor allem Dimensionen der Alltagsgestaltung, typisches Handeln und geschmackliche Vorlieben. In der Forschungspraxis lassen sich oft Mischtypen dieser Ansätze beobachten. Der kommende Abschnitt zeigt, wie sich die Beschreibung von Milieus und Lebensstilen für die Arbeit in der Kirche verwenden lässt.

Weiterführende Literatur

Max Weber, Wirtschaft und Gesellschaft. Grundriss der verstehenden Soziologie, Tübingen 1980 [1. Aufl. 1922], 177–180; 531–540.
Pierre Bourdieu, Die feinen Unterschiede. Kritik der gesellschaftlichen Urteilskraft, Frankfurt 1982.
Stefan Hradil, Soziale Ungleichheit in Deutschland, [8]Opladen 2001.
Gunnar Otte, Sozialstrukturanalysen mit Lebensstilen. Eine Studie zur theoretischen und methodischen Neuorientierung der Lebensstilforschung, Wiesbaden 2004.

1.2 Milieu- und Lebensstilforschung in Religions- und Kirchensoziologie

Inzwischen sind eine ganze Reihe Untersuchungen zur Milieuperspektive erschienen. Weil in diesem Buch der Verweis auf die Literatur nur summarisch erfolgt, sei an dieser Stelle die wichtigste Literatur und der Gang der Diskussion wenigstens kurz charakterisiert. In den Literaturhinweisen finden Sie die vollständigen Titel, die in den folgenden Kapiteln zur besseren Übersicht mit Hilfe von Kürzeln zitiert sind. Die Literatur enthält die ausführlichen methodischen Konzepte und forschungsgeschichtlichen Einordnungen, auf die wir hier zugunsten der Hinweise für die praktische Nutzung der Milieuperspektive verzichten.

1992 erschien ein Buch, das viel beachtet und diskutiert wurde und das für die Beschreibung des Wandels der Gesellschaft in der Gegenwart ein neues Schlagwort lieferte. Sein Titel: *Die Erlebnisgesellschaft. Kultursoziologie der Gegenwart.* Gerhard Schulze, Professor für Methoden der empirischen Sozialforschung, hatte eine Umfrage durchgeführt und daraus eine Charakteristik von fünf Milieus entwickelt. Schulze konzentrierte sich auf das ästhetische Erleben und erhielt so Milieutypen, die durch ästhetische Erlebniswelten charakterisiert sind. Gerade darin sind diese Milieutypen in der Kirche als Ausgangspunkt der Milieuperspektive wahrgenommen worden.

Schulzes Einteilung unterscheidet sich von der damals schon bestehenden Einteilung in den Sinus- bzw. SIGMA-Milieus. Diesen beiden Konzepten liegt die gleiche Ursprungsstudie zugrunde, für die Ende der 70er Jahre etwa 1400 mehrstündige Einzelinterviews geführt und 1982 zum ersten Mal in ein Modell mit acht Milieus verarbeitet wurden. Seither haben sich die Verantwortlichen getrennt und zwei Unternehmen gegründet, die heute „Sinus-Sociovision SA" und „SIGMA Gesellschaft für internationale Marktforschung und Beratung mbH" heißen. Beide Gesellschaften haben regelmäßig weitere repräsentative Erhebungen durchgeführt, bei denen auch Alltagsästhetik und Stilpräferenzen abgefragt und teilweise fotografisch dokumentiert wurden. Weil beide Gesellschaften ihre Dienste vor allem der Marktforschung anbieten, halten sie die Details ihres empirischen Instrumentariums unter Verschluss und präsentieren lediglich ausgewählte

Ergebnisse. So ist es für Außenstehende unmöglich, Milieuzugehörigkeiten zu bestimmen, ohne die Dienste eines der Institute in Anspruch zu nehmen. Momentan gibt es eine Reihe von kommerziellen Kooperationspartnern, die beispielsweise die Milieuverteilung unter den Konsumentinnen bestimmter Medien oder Konsumartikel oder unter den Anwohnern eines bestimmten Straßenabschnitts bestimmen.

In den Milieulandkarten der beiden Unternehmen sind die gesellschaftlichen Veränderungen der letzten Jahrzehnte deutlich auch als eine Veränderung in der Milieustruktur ablesbar. Dabei rühmt sich SIGMA, stärker die Kontinuität zu den ursprünglichen Milieubestimmungen zu wahren, während bei Sinus-Sociovision die einschneidende Veränderung durch die Integration der neuen Bundesländer in den 90er Jahren zunächst zu einer Bildung neuer Milieus führte. Beide Gesellschaften gehen heute von zehn Milieus aus, was gegenüber der Studie von Schulze eine Differenzierung vor allem der kaufkräftigen, jungen und gebildeten Gruppen bedeutet.

In Theologie und Kirche ist zunächst vor allem Schulze rezipiert worden, so etwa in der Arbeit von Hartmut Becks, der das Erleben im Gottesdienst in der Erlebnisgesellschaft untersucht und den Milieus unterschiedliche Gottesdiensttypen zuordnet. Die Evangelische Akademie Loccum regte ein Forschungsprojekt an, das von einer sozialwissenschaftlichen Forschungsgruppe der Universität Hannover unter der Leitung von Michael Vester durchgeführt und seit 1999 in Veröffentlichungen dokumentiert worden ist. In diesem Projekt hat das Team verschiedene Milieus und ihr Verhältnis zur Kirche im sozialgeschichtlichen Entstehungskontext beschrieben: Die heutigen Milieus haben sich aus früheren Milieus entwickelt. Weil Menschen sozial mobil sind, zum Beispiel in der Hierarchie des gesellschaftlichen Status auf- und absteigen, entstehen neue Nähen und Distanzen zwischen Milieus. Manchmal lassen sich Übereinstimmungen zwischen Milieus feststellen, die in vergangenen Jahrzehnten wenig verbunden hat. Helmut Bremer und Christel Teiwes-Kügler haben nun im Rahmen der „Vester-Studie" acht dieser Milieus durch Analyse von Gruppendiskussionen wie in einer „Nahaufnahme" charakterisiert und typische Zugangsmöglichkeiten zur Kirche und entsprechende Schwierigkeiten oder Hemmnisse geschildert.

Eberhard Hauschildt nutzt die Untersuchung von Schulze seit 1995 für seine Arbeit in der praktisch-theologischen Lehre. Sein Aufsatz „Milieus in der Kirche" war 1998 als Reflexion der dritten EKD-Mitgliedschaftsstudie „Fremde Heimat Kirche" konzipiert und machte die Milieuperspektive auf kirchliche Arbeit einer breiten Öffentlichkeit zugänglich.

Dadurch angeregt ist diese Perspektive in die 2002 durchgeführte vierte EKD-Studie „Kirche in der Vielfalt der Lebensbezüge" aufgenommen worden. Friederike Benthaus-Apel hat dafür auf der Datenbasis der Repräsentativbefragung von Kirchenmitgliedern und Konfessionslosen und methodisch angelehnt an H.-P. Müller eine Lebensstiltypologie entwickelt. Hier sind drei Dimensionen von Lebensstilen berücksichtigt: das expressive Verhalten, das mit Fragen zu Freizeitverhalten und Musikgeschmack erhoben wurde, das interaktive Verhalten, berücksichtigt durch eine Frage nach dem Kontakt zu Nachbarn bzw. im Wohngebiet, und die evaluativen Aspekte der Lebensführung, einbezogen mit Fragen nach der Wert- und Normorientierung. In einer ersten Faktorenanalyse zeigen sich schon, noch bevor eine Typologie von Lebensstilen erstellt ist, bestimmte Muster der Freizeitgestaltung, des Musikgeschmacks oder der Vorliebe für bestimmte Lebensziele. Mit einem statistischen Verfahren sind daraus sechs Typen errechnet worden, die jetzt anhand der für sie typischen Muster der Lebensgestaltung und der Perspektiven beschrieben werden können. Im Unterschied zu reinen Milieuanalysen wurden sozialstrukturelle Merkmale wie Alter, Bildung oder Lebensform erst nachträglich den „fertigen" Typen zugeordnet.

Am Lehrstuhl von Eberhard Hauschildt in Bonn wurde im Jahr 2000 eine Studie durchgeführt mit insgesamt 900 Befragten. Hier lag der Schwerpunkt darauf, zu erheben, welche Idealbilder und Feindbilder von Kirche die Milieus haben und für welche Arten von kirchlichen Veranstaltungen sie sich interessieren. Indem die Fragebögen an unterschiedlichen Orten innerhalb der Kirche verteilt wurden, in Gemeinden, Citykirchen etc., ist diese Befragung zwar nicht repräsentativ, zeigt aber interessante Zusammenhänge zwischen dem Bezug zu kirchlichen Orten, konkreten Interessen und Vorlieben in Bezug auf Kirche und Faktoren der Milieuzugehörigkeit.

Auch in der Katholischen Kirche hat die Milieuperspektive vorsichtig Einzug gehalten. Im Jahr 2005 ist eine an die Sinus-Typologie von zehn Milieus angelehnte qualitative Studie zu religiösen und kirchlichen Einstellungen fertiggestellt worden. Hier sind Milieus als potenzielle Zielgruppen der Katholischen Kirche befragt worden. In den persönlichen Perspektiven und Zitaten werden typische Zugänge und Abstoßungseffekte sichtbar.

Es handelt sich bei Milieus also um Idealtypen von Menschen, die sich in den berücksichtigten Aspekten mit einer hohen Wahrscheinlichkeit sehr ähnlich sind, also ähnliche Wertvorstellungen haben, ähnliche stilistische Vorlieben und meist auch einen ähnlichen Status in der Gesellschaft. Das Verfahren ist eine Art „Schubladendenken auf Zeit", das vertretbar ist, weil es nicht die tatsächlich existierenden Menschen in Schubladen steckt, sondern lediglich Typen beschreibt, die sich dann überall wiederfinden lassen. Diese statistische Arbeit bedeutet auch: Nicht jeder reale Mensch entspricht einem dieser Idealtypen. Wie die Graphiken im dritten Abschnitt zeigen, unterteilen Milieus den sozialen Raum, in dem es für jeden Milieutyp Randfiguren gibt und Menschen, die einem Typ ziemlich genau entsprechen. Dieses Buch soll dazu anregen, Typisches in der eigenen Umgebung wiederzuentdecken und diese Entdeckungen für die Planung der Arbeit zu nutzen.

Im Vergleich der Untersuchungen fällt auf: Die Zahl der Typen, mit denen die Untersuchungen die Gesamtheit der Menschen beschreiben, variiert deutlich. Jede Studie hat „ihre eigenen Milieus" errechnet. Manche Milieutypen ähneln sich, es gibt Überschneidungen und Unterschiede. Dazu muss man wissen, dass die Forschenden bei den Berechnungen selbst vorgeben, wie viele Typen sie erhalten möchten. Je feiner man das Raster ansetzt, zu umso mehr Typen gelangt man, umso detaillierter kann man Milieus beschreiben, aber umso größer werden auch die Schwierigkeiten, Typen eindeutig voneinander zu unterscheiden. Es gibt also keine „richtige" Anzahl von Milieus. Weil die Milieuperspektive aber in diesem Buch als Instrument dienen soll, das zur Analyse und Planung kirchlicher Arbeit nützt, ist es hilfreich, wenn man die Charakterisierung der Milieus einigermaßen im Kopf behalten kann. Mit einer kleineren Zahl von Milieus kann man häufig aus eigener Erfahrung Milieuzugehörigkeiten einschätzen, ohne auf statistisches Material völlig angewiesen zu sein oder gar erst eine eigene Befragung organisieren zu müssen.

Weiterführende Literatur und grundlegende Studien

Gerhard Schulze, Die Erlebnisgesellschaft. Kultursoziologie der Gegenwart, Frankfurt a.M. 1992.
Hans-Peter Müller, Sozialstruktur und Lebensstile, Frankfurt a.M. 1992.
Eberhard Hauschildt, Milieus in der Kirche. Erste Ansätze zu einer neuen Perspektive und ein Plädoyer für vertiefte Studien, in: Pastoraltheologie 87 (1998), 392–404.
Wolfgang Vögele/Helmut Bremer/Michael Vester (Hg.), Soziale Milieus in der Kirche, Würzburg 2002.
Hartmut Becks, Der Gottesdienst in der Erlebnisgesellschaft, Waltrop 2002.
Carsten Wippermann/Isabel de Magalhaes, Zielgruppen-Handbuch. Religiöse und kirchliche Orientierungen in den Sinus-Milieus 2005. Eine qualitative Studie des Instituts Sinus Sociovision zur Unterstützung der publizistischen und pastoralen Arbeit der Katholischen Kirche in Deutschland im Auftrag der MDG GmbH und der Katholischen Sozialethischen Arbeitsstelle, München 2005.
Wolfgang Huber/Johannes Friedrich/ Peter Steinacker (Hg.), Kirche in der Vielfalt der Lebensbezüge. Die vierte EKD-Erhebung über Kirchenmitgliedschaft, Gütersloh 2006.
Jan Hermelink/Ingrid Lukatis/Monika Wohlrab-Sahr (Hg.), Kirche in der Vielfalt der Lebensbezüge. Die vierte EKD-Erhebung über Kirchenmitgliedschaft. Analysen zu Gruppendiskussionen und Erzählinterviews, Gütersloh 2006.

1.3 Wahl einer Typologie und methodisches Vorgehen in diesem Buch

Wir haben uns entschlossen, für dieses Buch die Typologie der vierten EKD-Mitgliederstudie als Ausgangspunkt zu nehmen. Die sechs Typen beschreiben die Vielfalt der Menschen auf eine Weise, die auch für in der Milieuperspektive Ungeübte leicht nachvollziehbar ist. Dass Elemente des Lebensstils, des Geschmacks und der konkreten Lebensgewohnheiten berücksichtigt sind, macht es leicht, die Typen in der Gemeinde „wiederzufinden". Außerdem stehen mit dieser Studie die Daten der Repräsentativbefragung unter Mitgliedern der evangelischen Kirche zur Verfügung, so dass sich die Milieus nach bestimmten Vorlieben in Bezug auf die kirchliche Arbeit „befragen" lassen. Ein Vergleich der Milieus von Kirchenmitgliedern mit denen Konfessionsloser hat ergeben, dass wir auf der Basis der EKD-Befragungsdaten zwar von Milieus innerhalb der Kirche sprechen, aber große Ähnlichkeiten mit den Milieus Konfessionsloser bestehen. So haben wir im dritten Teil dieses Buches eine solide Grundlage dafür, mit der Milieuperspektive konkrete Arbeitsbereiche unter die Lupe nehmen und dabei die Bedürfnisse und Interessen vieler Menschen beschreiben zu können.

Allerdings behandeln wir die sechs Typen der EKD-Studie außerhalb ihres Entstehungszusammenhangs der Lebensstiltypen und berücksichtigen die sozialstatistischen Merkmale der Typen: ihr Alter, ihre Bildung, ihre Lebensform oder ihr Einkommen, als den originären Merkmalen der Lebensführung gleichwertig. So behandeln wir diese Typen als Milieus, auch wenn wir damit die Forschungslogik dieser Studie zum Teil verlassen. Wir markieren das, indem wir die Reihenfolge der Typen übernehmen, den Typen aber andere Namen zuordnen. Im folgenden zweiten Kapitel stellen wir die sechs Milieus und ihre typischen Merkmale vor und beschreiben, wie sich diese Milieus in der Kirche „finden" lassen, wo und wie sie auftreten oder was sie an der Kirche reizt oder eher abschreckt.

Im Zentrum dieses Buches stehen aber nicht die Milieus selbst, mit denen sich die kirchliche Welt „erklären" ließe. An guten Beschreibungen von Milieus mangelt es in der Literatur nicht, sehr wohl aber an praktischen Hinweisen, wie sich Differenzen und Gemeinsamkeiten auswirken und in der Planung kirchlicher Arbeit berücksichtigen lassen. Um zu beschreiben, wie Milieuatmosphären wirken, wie sich Vorlieben, Einstellungen und Mentalitäten mit kirchlichen Angeboten vereinbaren lassen, geht es im Wesentlichen um Dimensionen der Lebensführung, in denen sich ein Mehr oder Weniger darstellen lässt. So arbeiten die meisten Milieutypologien mit den Dimensionen „Status" und „Alter". Diese beiden Dimensionen bilden die Horizontale und Vertikale des sozialen Raums, in dem sich Milieus anordnen lassen. Genauso ergeben aber auch Werthaltungen, die gesellschaftliche Integration oder ästhetische Vorlieben solche Rahmen für das Verständnis von Milieus. Je nach Perspektive zeigt sich ein anderes Bild – je nach der aktuellen „Frage" an die Milieus ergeben sich „Antworten" und wichtige Hinweise für die Praxis. Diese Dimensionen sind im dritten Kapitel dieses Teils dargestellt. In verschiedenen Anordnungen der Typen in unterschiedlichen Rahmen für den sozialen Raum wird sichtbar, wie Milieuatmosphären wirken und welche Wirkungen einzelne Merkmale auf die kirchliche Arbeit haben.

Anhand der Arbeit mit Dimensionen lassen sich nun Ergebnisse weiterer Studien, die unter anderen Forschungslogiken entstanden sind, zu konkreten Themen mit den Ergebnissen der EKD-Studie verbinden. So können wir beispielsweise die Umfrage im Bonner Raum daraufhin untersuchen, welche Zusammenhänge von Bildung und Geschmack sich dort zum Thema „Gottesdienst" ergeben. Oder wir können zum Thema „Pfarrer" aus dem Material der Gruppendiskussionen von Bremer/Teiwes-Kügler die Meinungen von Befragten heranziehen, die in ihrem Alter und ihren Freizeitgewohnheiten eine große Nähe zu einem der Milieus aus der EKD-Befragung aufweisen – ohne zu behaupten, dass hier zwei Typen deckungsgleich seien. Dieses Vorgehen bereichert, ergänzt und kontrastiert die Ergebnisse der EKD-Studie. Mit ihm lassen sich möglichst viele Studien dafür nutzen, Chancen der Milieuperspektive in Bezug auf konkrete Arbeitsbereiche so plastisch wie möglich werden zu lassen. Dieses Vorgehen ist zugleich in vieler Hinsicht unscharf. Es wäre darum nicht legitim, wollten wir uns anmaßen, hiermit ein Einheitsmodell für bestehende Milieustudien zu bieten.

Die Studien werden mit Hilfe von Kürzeln zitiert, so dass jederzeit deutlich ist, worauf sich Aussagen beziehen. Wir verzichten aber um einer guten Lesbarkeit und Übersichtlichkeit willen auf konkrete Seitenangaben. Die zitierten Stellen sind in den jeweiligen Studien bzw. ihren Materialien leicht aufzufinden. Die Eigennamen der Befragten aus den Gruppendiskussionen wurden von den Durchführenden durch Phantasienamen ersetzt, die wir beibehalten haben. Ansonsten entsprechen bei den von uns außerhalb der Gruppendiskussionen angeführten Beispielen die Anfangsbuchstaben der Namen den Buchstaben des betreffenden

Milieus. Details zur Berechnung von Ergebnissen sind auf den unbedingt nötigen Umfang reduziert.

(EKD)   Quantitative und qualitative Daten der vierten EKD-Erhebung über Kirchenmitgliedschaft
(VBV)   Gruppendiskussionen aus „Soziale Milieus und Kirche", herausgegeben von Vögele, Bremer und Vester
(GS)   Material aus *Die Erlebnisgesellschaft* von Gerhard Schulze
(Sinus) Material aus dem „Zielgruppen-Handbuch" mit Bezug auf die Katholische Kirche

2. Sechs Milieus in der Kirche

Hier beschreiben wir nun sechs Milieus, wie sie sich in der Kirche beobachten lassen. Wir tun es mit Hilfe verschiedener Merkmale, die möglichst viele Facetten vom jeweiligen Milieu vermitteln sollen. Die meisten dieser Beschreibungen sind empirisch gewonnen. Diese Typologie, die sich an die EKD-Studie anlehnt, ist um Informationen aus anderen Studien bereichert. Wo sich hier vorsichtig Analogien finden lassen und wie entsprechend Informationen aus weiteren Studien verwendet sind, ist jeweils in einem grau unterlegten Kasten zur Methode festgehalten. Aus der EKD-Studie und der Vögele-Bremer-Vester-Studie lassen sich zusätzlich zu den Sozialdaten der Milieus etliche Aussagen zur religiösen Dimension ableiten.

Die Beschreibungen der Milieus haben folgende Struktur: Wir beginnen mit einem Beispiel, das die Erscheinung dieses Milieus in der Kirche anschaulich machen soll. Dem folgen eine Beschreibung typischer Kennzeichen wie Alter, beruflich-sozialer Konstellation und der Einkommens- und Wohnsituation. Schließlich schildern wir typische Freizeitvorlieben, Erlebnis- und Kommunikationsmuster und beschreiben die Lebensphilosophie und religiösen Deutungen der Milieus. Jedes Milieu wird zusätzlich durch Ausschnitte aus Gruppendiskussionen oder andere Texte charakterisiert. Die wichtigsten Merkmale sind in einem Steckbrief zusammengefasst.

Die Angaben für die Milieus sind Durchschnittswerte, typische Kennzeichen, die nicht immer erfüllt sein müssen und darum nicht objektiv, sondern idealtypisch verstanden sind. Am Beispiel des Alters sei dies noch einmal verdeutlicht: Für jedes Milieu kann man ein Durchschnittsalter angeben. Häufig stammen sehr viele Menschen in einem Milieu aus derselben Altersgruppe. Dennoch gibt es Abweichungen und Streuungen: Wer 65 Jahre alt ist, gehört mit einer hohen Wahrscheinlichkeit zu den „Hochkulturellen" oder den „Bodenständigen", kann aber auch – das ist weniger wahrscheinlich – zu den „Zurückgezogenen" oder den „Kritischen" gerechnet werden. Darum sprechen wir bei Milieus von einem Bündel der Kennzeichen, von komplexen Atmosphären und Lebensweisen. Für die Milieuzugehörigkeit spielt eher die biographische Situation eines Menschen eine Rolle als sein Alter, aber das Alter ist etwa beim Blick auf eine Gemeinde ein leicht zugängliches Merkmal. Deshalb geben wir für jedes Milieu auch die Verteilung auf Altersgruppen an, die dann zumindest eine grobe Orientierung leisten kann.

2.1 Die Hochkulturellen und die niveauvolle Kirche

Die kultivierte, niveauvolle Kirche der Hochkulturellen zeigt sich zum Beispiel im Universitätsgottesdienst. Plakate in der Innenstadt und die seriöse Tageszeitung der Stadt kündigen ihn an, nennen schon das Thema, den Hochschullehrer, der die Predigt halten wird, die Orgelliteratur, die gespielt, die Werke, die vom

Alter:	ab Mitte 50, Durchschnitt bei 63 Jahren
Geschlecht:	65% Frauen
Bildung/Berufsstatus:	eher hoch
Normorientierung:	traditionell
Wichtig im Leben:	für andere da sein, Leben in gleichmäßigen Bahnen, gesellschaftliches Ansehen, gehobener Lebensstandard
Freizeitinteressen:	klassische Musik, Theater, Literatur

Steckbrief: Die Hochkulturellen

Chor gesungen werden. Dunkelblaue Autos stehen am Sonntag um elf vor der Kirche. Gesetztere Damen und Herren entsteigen ihnen, von denen nur ein geringer Teil selbst an der Universität arbeitet. Der Gottesdienst verläuft in der Form traditionell. Bestimmt wird man hier nicht Wünsche auf einen Zettel schreiben und ihn vorne an einen Gebetsbaum hängen. Hier geht es um innere Werte, ums Bewusstsein, ums Verstehen, aber auch um kulturellen Genuss. In der Predigt sind die europäische Geschichte, die moderne Literatur und Themen wie Gentechnik, Säkularisierung und multireligiöse Gesellschaft präsent. Nach dem Gottesdienst steht man noch ein Weilchen beieinander, man bespricht, wie gelungen die Predigt und besonders auch die musikalische Darbietung waren: Die Fuge sei die Organistin doch ein wenig zu

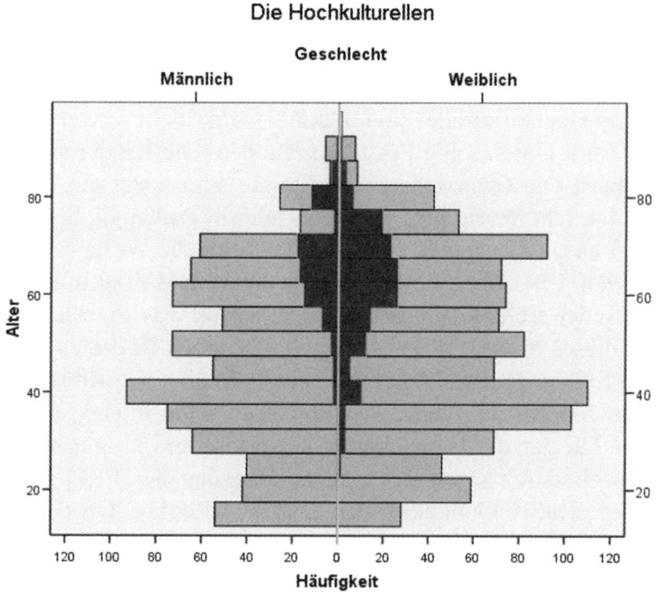

Abbildung 1: Die Hochkulturellen im Vergleich mit der Gesamtheit der Kirchenmitglieder nach Alter und Geschlecht
Der Abbildung liegen die Befragungsdaten der EKD-Studie zugrunde. Sie geben in Prozent an, wie groß der Anteil einer Altersgruppe an der Gesamtzahl der Hochkulturellen ist – im Vergleich mit der Gesamtheit aller Befragten.

schnell angegangen, wenn sie auch andererseits die Registrierung wirklich geschickt gewählt habe.

Die Hochkulturellen sind in der Regel über 55 Jahre alt. Unter jüngeren Menschen findet sich der Typ selten und fast nur bei Frauen. Auch im Durchschnitt dieses Milieus finden sich besonders viele Frauen – 65% im Vergleich zum Anteil der Frauen in der Kirche, der bei 55% liegt. Typischerweise sind die Hochkulturellen recht gut ausgebildet. Sie sind oder waren meist in mittleren und oft auch leitenden Stellungen tätig. Viele Frauen waren viele Jahre Hausfrau und „konnten sich das leisten". Das öffentliche Leben in Bildung, Politik und Wirtschaft und die klassischen akademischen Professionen (Medizin, Jura) sind noch stark von diesem Typ geprägt. Man ist es gewohnt, sich selbständig sein Urteil zu bilden, für andere Verantwortung zu tragen, sich zu engagieren. Körperliche Arbeit im Beruf ist ebenso wie ein Acht-Stunden-Arbeitstag für die Hochkulturellen kaum vorstellbar.

Viele Hochkulturelle sind bereits nicht mehr erwerbstätig. Man hat im Leben seine Position gefunden. Die Kinder sind aus dem Haus. Die finanziellen Verhältnisse sind meist gut und sicher. Man lebt häufig im Eigenheim oder in großzügig bemessenen, gut ausgestatteten Wohnungen. Traditionelle Werte und Vorstellungen, etwa über die Rollen von Mann und Frau in der Familie, finden sich bei Hochkulturellen häufig, was angesichts des Alters dieses Milieus nicht überrascht. Dennoch ist dieses Milieu eher aktiv, der Radius ist hoch. Man macht eine Kunstreise nach Danzig, Madrid oder auch San Francisco. Man interessiert sich für das Theater der benachbarten Großstadt und nimmt als Kirchenmitglied Aussagen des Ratsvorsitzenden der EKD ebenso wahr wie Entwicklungen in der gesamten Region. Ob der interessante Gottesdienst oder die anspruchsvolle Musik im eigenen Ort oder Stadtteil zu finden sind, spielt für dieses Milieu eine untergeordnete Rolle.

Besonders die Freizeitvorlieben kennzeichnen dieses Milieu: Die Hochkulturellen findet man bei Konzerten klassischer Musik, im Theater und bei den großen Kunstausstellungen. Sie lesen die überregionalen oder auch internationalen Tageszeitungen, verfolgen im Fernsehen gern politische Diskussionen und sehen Sendungen auf 3-Sat, Phoenix oder Arte. Für dieses Milieu ist eine Informationssendung ein Erlebnis: Bildung ist wichtig, weil sie an sich etwas Wertvolles ist – nicht weil man sie konkret für etwas bräuchte. Man erlebt hier eine Art innerer Resonanz: Das Neue verbindet sich mit dem bereits Verstandenen. Von der Jugendkultur – beim dritten Typ näher beschrieben – grenzen sich die Hochkulturellen ab, denn dort geht es um Spaß, hier geht es um echte Werte.

Was den Hochkulturellen wichtig ist und wie sie darüber reden

Monika: Für mich sind von oberster Priorität Kommunikation und Kontakte. Menschliche Kontakte auf einer Ebene, die Gespräche zulassen, Geselligkeit, geistigen Austausch.
Helmut: Ich bin Steuerberater gewesen. Das ist ein Beruf, der sehr viel Kontakte vermittelt, sehr viele Kenntnisse, was aber nicht hindert, dass ich mit meiner Frau zusammen großes Interesse an künstlerischen Dingen habe, vor allen Dingen an Musik. Ich kann selbst zwar nicht singen, das würde fürchterliche Konsequenzen haben, aber diese Konzerte hier in der Kirche sind für mich ein starker Anziehungspunkt. (...) Es ist nicht nur die Vereinszugehörigkeit oder die Zugehörigkeit zu dieser Körperschaft, sondern es ist auch die Frage, die auf die Weise eine bestimmte Façon kriegt, was ist wichtig im Leben. Und es besteht für mich kein Zweifel, dass in der Bibel sehr viel Lebensweisheit steckt. Sehr viel Klugheit unabhängig von den reinen Glaubensdingen. (...) Zur Kirche gehören Predigten. Und ich würde mir wünschen, dass bei diesen Predigten in der Vorbereitung gerade auf diese Schätze mehr zurückgegriffen wird ...
Ulrich: Das ist ein sehr komplexes Thema. (...) Die wesentlichen Dinge gelten für mich auch. Das ist Anstand und Ethik und Glaubwürdigkeit. (EKD: Kunstverein)

Die Welt der Hochkulturellen kennt ein Oben und Unten. Der eigene Ort ist im oberen Teil dieser Hierarchie. Die Hochkulturellen sind optimistisch: Wer gut ausgebildet und fleißig ist, wer nach Verbesserung bis zur Perfektion strebt, findet immer eine gute Arbeit und kann sich eine sichere berufliche Position und den entsprechenden Lebensstandard erarbeiten. Wer klug vorsorgt, den bringt das Leben nicht aus dem Gleichgewicht. Politisches, kulturelles oder soziales Engagement sind diesem Milieu wichtig: Die Hochkulturellen sehen sich als Bürgerinnen und Bürger. Staatliches Handeln soll für sie und alle anderen da sein, während sie ihrerseits ihre Pflichten sehr ernst nehmen und bereit sind, für Schwächere und Benachteiligte da zu sein. Fast alle Hochkulturellen gehen zur Wahl. Sie melden sich zu Wort, tragen das Ihre zum gesellschaftlichen Miteinander bei – und erwarten das auch von anderen.

Auch die Religion ist etwas, das sich in hochkultivierter Weise auszudrücken hat. Sie gilt als tief, geistreich, kulturbestimmend. Es geht um die Spitze des Schönen, Wahren und Guten. Es geht darum, dieses mit dem entsprechenden Geschichtsbewusstsein zu erkennen und differenziert zum Ausdruck zu bringen. Die Hochkulturellen haben durchaus eine kritische Distanz zu den herrschenden gesellschaftlichen Verhältnissen, dennoch ist Religion hier eher etwas, das Beständigkeit garantiert oder zumindest symbolisiert.

Die Kirche hat die Aufgabe, die niveauvollen Gehalte der christlich-abendländischen Kultur zu pflegen. Man distanziert sich dabei von der simplen und volkstümlichen Kirche, von kirchlichem Kitsch, vom Gottesdienst mit Anfassen oder unreflektierten Abweichungen von der Liturgie. Ein Blockflötenvorspiel der Kindergruppe steht man nur durch, wenn die eigenen Enkel beteiligt sind. Eine Faschingsfeier in der Gemeinde bedeutet für die Hochkulturellen ebenso ein Grauen wie die Gemeinde-Tombola. Man verabscheut aber auch eine Radikalisierung der Religion und hält sich von einem Pietismus der Gefühlsausbrüche ebenso fern wie von am Rande der Legalität durchgeführten sozialpolitischen Protestaktionen.

Typologische Einordnung

Die Hochkulturellen entsprechen dem hochkulturell-traditionsorientierten Lebensstil (E1) der EKD-Studie und haben eine sehr große Ähnlichkeit mit dem nach Rang strebenden Niveaumilieu (GS). Außerdem lassen sich Analogien herstellen zur Konservativen Elite und vermutlich zum älteren Teil der Humanisten (VBV), entsprechend zu den Konservativen und vermutlich zu älteren Teilen der Milieus der Etablierten und Postmateriellen (Sinus).

2.2 Die Bodenständigen und die Kirche im Dorf

Ihre „Kirche im Dorf" treffen die Bodenständigen sehr häufig dort, wo sie über Jahre schon eine Beziehung zur Gemeinde, zum Pfarrer, zu den Gebäuden und Traditionen haben. Einen besonderen Höhepunkt bilden jedoch Familienfeiern und traditionelle Feste, besonders kirchliche Trauungen. Sie sind nicht gerade an der Tagesordnung – schließlich können manche jungen Leute mit der schönen Tradition nicht mehr viel anfangen. Wenn aber am Samstag die Glocken läuten und eine Braut in Weiß mit ihrem Vater auf die Kirche zusteuert, dann schlägt das Herz der Bodenständigen höher. Die Orgel intoniert Mendelssohns Hochzeitsmarsch, man zieht ein in die geschmückte Kirche, kleine Kinder streuen Blumen, die traditionellen Lesungen erfolgen, man singt: „So nimm denn meine Hände", der weise Pfarrer stellt die bekannten Traufragen, Blitzlichter und Videos halten alles fest.

Der Schleier wird gelüftet zum Kuss, es folgt ein rauschender Abmarsch unter Orgelmusik, draußen wird Reis geworfen, die Gläser klingen, die Hochzeitskutsche steht vor der Tür. Hier begegnen sich Traum und Wirklichkeit – das Glück des Paares und der Traum vom vollkommenen (kleinbürgerlichen) Glück: sinn-

Alter:	ab Ende 40, Durchschnitt bei 63 Jahren
Geschlecht:	63% Frauen
Bildung/Berufsstatus:	eher niedrig
Normorientierung:	stark traditionell
Wichtig im Leben:	für andere da sein, Leben in gleichmäßigen Bahnen, Sparsamkeit, naturverbundene Lebensweise
Freizeitinteressen:	Geselligkeit, Nachbarschaftskontakte, Volksmusik

Steckbrief: Die Bodenständigen

licher Überfluss, glückliche Familie und Geborgenheit in der Tradition. Die Bodenständigen sind meist über 55 Jahre alt, nur wenige sind jünger. Auch dieses Milieu ist durch einen hohen Anteil von Frauen geprägt. Das kann man nur zum Teil mit der grundsätzlich größeren Zahl weiblicher Kirchenmitglieder in dieser Altersgruppe erklären. Es hat auch etwas zu tun mit dem Status, der in diesem Milieu am geringsten ist: Die Bodenständigen haben typischerweise eine geringe Schulbildung – fast 90% haben einen Volks- bzw. Hauptschulabschluss. Sie haben als Arbeiter, einfache Angestellte und Beamte gearbeitet. Häufiger als in anderen Milieus haben sie keine Ausbildung abgeschlossen, sondern waren in ihrer jeweiligen Arbeit angelernt worden. Die meisten sind jetzt schon im Ruhestand und im Vergleich mit

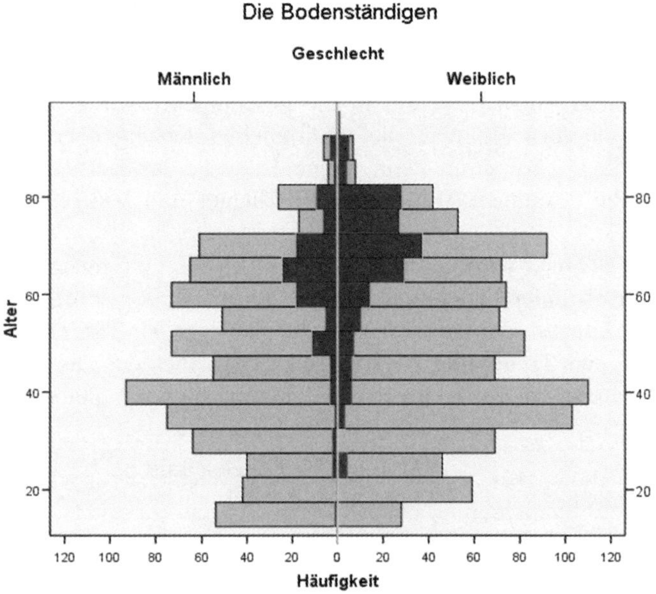

Abbildung 2: Die Bodenständigen im Vergleich mit der Gesamtheit der Kirchenmitglieder nach Alter und Geschlecht
Der Abbildung liegen die Befragungsdaten der EKD-Studie zugrunde. Sie geben in Prozent an, wie groß der Anteil einer Altersgruppe an der Gesamtzahl der Bodenständigen ist – im Vergleich mit der Gesamtheit aller Befragten.

anderen Milieus einkommensschwach. Die Bodenständigen haben ausgesprochen selten Zugang zu Computer und Internet. Sehr viele Bodenständige wohnen in dörflicher Umgebung oder in der Kleinstadt, meist zur Miete oder im bescheidenen Eigenheim. Sie wohnen in der Regel sehr lange an einem Ort. Sie sind auch im Alltag nicht sehr mobil, ihr Radius ist klein. Eher selten gehen sie aus, besuchen Kneipen oder Restaurants. Meist sind solche Besuche Höhepunkte des Jahres, man geht am Geburtstag oder Hochzeitstag essen, aber nicht einfach so. Die Bodenständigen verbringen ihren Urlaub im Thüringer Wald oder in der Lüneburger Heide. Fast 90% der Bodenständigen treiben selten oder nie Sport. Dass das nicht nur eine Frage des Alters ist, zeigt der Vergleich mit den Hochkulturellen, von denen sich nur etwas über 60% nicht sportlich betätigen. Der eigene Körper steht für die Bodenständigen nicht im Mittelpunkt des Interesses. Beweglichkeit ist hier selten als Wert verstanden – man schätzt Veränderungen im eigenen Leben ebenso wenig wie den Wandel von Verhältnissen. Dies drückt sich auch „am eigenen Leibe" aus, in Behäbigkeit, oft auch im Übergewicht. Während die Hochkulturellen das Freizeitideal der „Kunstreise" pflegen, ist es hier das Ideal von „sitzen und Kaffee trinken".

> *Die Werte der Bodenständigen*
>
> Sei wie das Veilchen im Moose, bescheiden, sittsam und rein, und nicht wie die stolze Rose, die immer bewundert will sein.

Typisch für dieses Milieu ist eine große Wertschätzung für die eigene Wohnumgebung: Die Wohnung wird ausgestaltet, Räume werden ausgefüllt, Setzkästen bestückt. Fotografien und Andenken demonstrieren familiäre Harmonie, Erfolge und Träume. Aber die Bodenständigen sind nicht nur mit sich selbst beschäftigt: Es interessieren die aktuellen Themen im Ort, zum Beispiel die Debatte um eine Neugestaltung des Marktplatzes oder die Schließung der Sparkassenfiliale. Auch eine lokale, politische Arbeit, zum Beispiel im Ortsverein einer großen Volkspartei, findet in diesem Milieu Widerhall. Kleine Parteien, Bündnis 90/ Die Grünen, die FDP und noch viel stärker die kleinen Parteien aus dem rechten Spektrum gewinnen unter den Bodenständigen kaum Anhänger.

Man bleibt beim Bewährten, fürchtet Experimente und Veränderungen. Man erwartet jedoch auf überregionaler oder gar landesweiter Ebene nicht viel von der Politik und empfindet sich selbst als kaum verantwortlich für das politische Geschehen, denn am Drücker sind „die da oben". Diesen „Oberen" begegnen die Bodenständigen jedoch mit Respekt und einem gewissen Neid. Man grenzt sich nicht selbst von ihnen ab, sondern pflegt den Traum von einem höheren Status: Als Pendant zur Hochzeit in Weiß im eigenen Dorf erhalten Eheschließungen der Prominenz größte Aufmerksamkeit: Charles und Diana, Paul McCartney und Heather Mills, Klausjürgen Wussow und Sabine Scholz, Stefanie Hertel und Stefan Mross. Dass es hier nicht immer friedlich zugeht, beschäftigt dieses Milieu deutlich stärker als Menschenrechtsverletzungen im US-Militärstützpunkt Guantánamo auf Kuba. Bevorzugt werden Zeitungen, Zeitschriften und Fernsehprogramme, in denen man über Stars, Prominenz und Königshäuser interessante Einzelheiten erfährt.

Die Bodenständigen sind in ihrer Freizeit stark auf andere Menschen, die Familie, die Nachbarschaft oder auch Vereine bezogen. Hier sind sie aufgeschlossen und engagiert, schätzen die Gemeinschaft, die geteilten Erfahrungen. Hier sind sie gern für andere da, mögen die Harmonie, die Natur und die Gleichförmigkeit und Berechenbarkeit des Lebens. Dazu gehört eine Vorliebe für Volksmusik und eine Abneigung gegenüber der klassischen Musik, wie sie die Hochkulturellen hören, aber auch gegenüber der „Negermusik" der jüngeren Generationen. Dieses Milieu ist traditionsorientiert wie kein anderes. Die Tradition ist ein hohes Gut, und zwar ein Gut der Gemeinschaft am Ort, in der Familie und in der Kirche. Sparsamkeit ist ein Wert: Man beschränkt sich – nicht nur, weil man es muss, sondern auch, weil das bescheidene Leben das bessere ist.

Was eine Gruppe von Bodenständigen über ihr Miteinander denkt

Agnes: Die Frauenhilfe ist ja nicht so ein elitärer Club wie meinetwegen Golf oder Tennisclub, wo ich wirklich Geld ha-

> ben muss, um da rein zu können, zu uns können auch Leute kommen mit bescheidenen Mitteln ...
> Charlotte: Und wir haben schon sehr vielen geholfen. Also wenn ich weiß, eine Frau ist sehr krank, die erzählt mir immer ihre ganze Krankheitsgeschichte. Und da wird die das los, was sie 'n halbes Jahr aufgesammelt hat.
> Agnes: Es ist doch ein Plus für eine Gemeinde, wenn ältere Frauen wissen, einmal im Monat hab ich ein Ziel, wo ich hingehen kann, wo's schön warm ist, wo ich schön sitze, Tisch gedeckt, Kaffee und Kuchen, in einer Gemeinschaft bin, erzählen kann. Ich finde das ist doch auch schon was.
> Charlotte: Und wenn Sie sehen, Leute, die sich nie kannten, dass die sich duzen, dass sie sich jetzt in der Altenstube treffen und Karten spielen oder Mensch-ärger-dich-nicht, da haben wir viel beigetragen zu. *(EKD: Frauenhilfe)*

Die Bodenständigen schätzen die Kirche so, wie sie immer war, man möchte eben die Kirche im Dorf lassen. Die kirchlich-religiösen Haftpunkte sind Taufe, Konfirmation, Trauung und Beerdigung, außerdem die Traditionsfeste Weihnachten, Karfreitag und Ostern, Erntedank, Kirchweih, Volkstrauertag. Man wünscht Stimmungsmusik: „Stille Nacht", „Großer Gott, wir loben dich", „Ein feste Burg", (Gounods) „Ave Maria". Zur religiösen Welt gehören Dürers betende Hände, der Sinnspruch „Wenn du glaubst, es geht nicht mehr, kommt von irgendwo ein Lichtlein her". Richtige Kirche ist der vollgefüllte Kirchenraum aus Barock, Rokkoko oder Historismus, im Gegensatz zum Gemeindehaus-Neubau aus Beton.

Man beteiligt sich in der Kirchengemeinde gern an geselligen Aktivitäten sinnlicher oder handwerklicher Ausprägung: Basteln und Stricken für den Basar, Würstchen braten, Video drehen, Tannenbaum aufstellen, Blumenschmuck bringen. In Distanz wissen sich die Bodenständigen einerseits zur stolzen Kirche, also zu den Hochkulturellen: der Pfarrer, der nicht grüßt und keine Zeit hat, die Predigt, die so wenig feierlich ist, sich dafür aber mit der Scheidungsrate und Umweltzerstörung befasst. In Distanz weiß sich dieses Milieu aber auch zu einer Kirche, die Konventionen übergeht: die gottlosen jungen Leute, die neumodischen Gottesdienste, der schlabberig gekleidete Pfarrer.

Religiöses Erleben liegt hier im Wunsch nach Harmonie. Die stellt sich ein als ein Erleben von ästhetischen Reizen wie Orgelmusik, Kirchengebäude oder ein Pfarrer im Talar, oder auch von Familienfest-Situationen (also dezidiert unpolitisch). Gott gilt als der segensspendende, himmlische Übervater.

Kirche ist dazu da, das Gefühl zu vermitteln: Hier ist die Welt noch in Ordnung. Dieses Milieu ist eher kirchenverbunden. Man definiert den eigenen Kirchenbesuch über Amtshandlungen und Festtage. Hier lässt sich die Kirche in den Horizont von Familie und Nachbarschaft integrieren. Die Bodenständigen übernehmen selten Verantwortung in der Gemeinde, und wenn, dann im Hintergrund: als Austrägerin des Gemeindeblattes oder als ehrenamtlicher Küster.

Auch wenn für Menschen aus diesem Milieu ein Austritt aus der Kirche nicht in Frage kommt, ärgern sie sich ab und zu kräftig über ihre Kirche, vor allem dort, wo diese für die Bedürfnisse der Bodenständigen kein Verständnis zeigt: Damals bei der Taufe hatte die Pfarrerin das Fotografieren verboten. Letztes Jahr wollte der Pfarrer bei der Beerdigung des Großvaters nicht, dass sein Lieblingslied von Freddy Quinn gespielt wurde. Seit neuestem reden alle davon, dass in der Kirche im Ort nur noch alle zwei Wochen Gottesdienst stattfinden und die Gemeinde sich mit zwei Nachbardörfern die Pfarrerin teilen soll. Hier hat mal wieder niemand die kleinen Leute gefragt. Irgendjemand hat alles über ihre Köpfe hinweg bestimmt.

Sehr ärgerlich ist für die Bodenständigen auch, wenn für das Gemeindehaus neue Stühle angeschafft werden, obwohl die alten durchaus noch nicht kaputt waren. Ein neuer Bezug hätte hier ausgereicht. Die alten Stühle waren aus Holz und hatten einen schönen Stoffbezug in warmen Grüntönen. Die neuen Stühle sind aus Metall und mit einer Kunstfaser in Grau-lila bespannt. Da ist alle Gemütlichkeit dahin, fehlt nur noch, dass jetzt auch noch die Gardinen weg sollen. Menschen aus diesem Milieu werden hier aber nicht laut, sie legen keinen Widerspruch ein oder sammeln Unterschriften für ihre Interessen. Sie sind selten an der Macht, der Respekt vor dem Pfarrer verbietet jede Kompetenzüberschreitung des „einfachen Gemeindegliedes".

Dafür treten an die Stelle der Religion für die Bodenständigen zuweilen weltliche Erlösungsmotive wie das, einmal viel Geld im Lotto zu gewinnen oder einmal der große Star zu sein. Hier steht die Sehnsucht nach häuslichem Glück eben auf einem anderen Blatt als die Kirche und ihre Verkündigung.

> ***Typologische Einordnung***
>
> Die Bodenständigen entsprechen dem gesellig-traditionsorientierten Lebensstil (E2) der EKD-Studie und haben eine große Ähnlichkeit mit dem nach Geborgenheit strebenden Harmoniemilieu (GS). Außerdem lassen sich Analogien herstellen zu den aus dem kleinbürgerlichen Milieu stammenden Traditionellen Kirchenchristen und vermutlich zum älteren und traditionsorientierten Teil der Alltagschristen, die aus dem leistungsorientierten Arbeitnehmermilieu hervorgegangen sind (VBV). Entsprechend gibt es Analogien zu den Traditionsverwurzelten (Sinus).

2.3 Die Mobilen und die Kirche für die anderen

Mit der Wertschätzung der Kirche ist das für die Mobilen so eine Sache. Es gibt einfach zu viele Dinge, die das Leben füllen, um die man sich kümmern muss: Die Ausbildung oder der Job, die Partnerin, Freundinnen und Freunde, Eltern und Familie, Sport und andere Freizeitaktivitäten, Geld, Wohnung, Reisen, Träume. Überall ist Aktion gefragt, Entscheidungen müssen getroffen werden, man muss informiert sein und am besten schnell handeln. Mit der Kirche ist das ganz anders: Mit Kirche oder Religion muss man sich nicht befassen. Man ist einfach in der Kirche, oder aber man will sich lieber das Geld sparen, wenn man dann mal arbeitet. Man tritt aber selten aus Überzeugung aus, etwa weil man religiös eine andere Position hat. Eher wird es zum Problem, dass die Mobilen mit Kirche oft wenig anfangen können, nicht mehr recht wissen, wozu sie da ist. Die Kirche passt nicht so gut zum Leben. Das ist nicht so schlimm, weil sie ja auch nicht ins alltägliche Leben gehört. Kirche darf sich durchaus jenseits der Mode bewegen. Und manchmal ist es eben auch ganz schön, wenn Kirche eine andere Welt ist, in der sich wenig verändert hat.

So eine andere und doch vertraute Welt eröffnet sich an Heiligabend im Weihnachtsgottesdienst. Man war schon ewig nicht mehr hier. Letztes Jahr das Praktikum in Spanien, davor der Ferienjob. Aber es hat was, das Feiern mit der Familie. Und der Gottesdienst gehört dazu. Da wird wie jedes Jahr das Krippenspiel aufgeführt, die Formulierungen sind immer die gleichen, nur sind es jetzt andere Jugendliche, die sich in die Hirten- und Engelkostüme geworfen haben. Wie immer passt die Krippe kaum neben den Weihnachtsbaum im schmalen Altarraum, die Hirten stolpern unbeholfen durch den Mittelgang, die schüchterne Konfirmandin mit Flügeln verpasst ihren Einsatz. Die Predigt ist zu lang und der Bibeltext ein bisschen schräg. Aber so ein Abstecher in die alte Welt ist klasse, das kann man ab und zu durchaus mal machen, am besten mit der Familie oder alten Freunden. Hinterher mit dem Handy ein Foto von der Krippe machen und per MMS an die Freundin nach Leipzig schicken, die so eine Heiligabend-Atmosphäre gar nicht kennt.

Zu den Mobilen können Jugendliche gehören, aber ebenso Menschen bis etwa vierzig Jahren. Jenseits dieser Altersgrenze passt die Zugehörigkeit zu diesem Milieu oft nicht mehr so gut zur eigenen Lebensführung. Diese weite Altersspanne für dieses Milieu, das doch das jüngste von allen ist, überrascht auf der einen Seite: Welche Gemeinsamkeiten haben Menschen von vier-

Alter:	14–40, selten älter, Durchschnitt um 30 Jahre
Geschlecht:	52% Männer
Bildung/Berufsstatus:	eher höher
Normorientierung:	modern
Wichtig im Leben:	Lebensgenuss, gutes, attraktives Aussehen, Unabhängigkeit
Freizeitinteressen:	Rock- und Popmusik, Kino, Disko, Computer, Aktivsport, stark unterdurchschnittliche Nachbarschaftskontakte

Steckbrief: Die Mobilen

zehn und Menschen von vierzig Jahren? Auf der anderen Seite lehrt die Soziologie, dass das Gefühl, zur „Jugend" zu gehören, nicht selten von Vierzigjährigen geteilt wird. Und eben darum geht es: um das Gefühl, einerseits als erwachsener Mensch sein Leben selbst gestalten zu dürfen, andererseits noch nicht von Ehe, Eigenheim und Kindern, von Rentenversicherungen und beruflichen Verpflichtungen eingezwängt und zu einer bestimmten Form von Lebenswandel genötigt zu werden. Man plant alle diese Dinge möglicherweise, die eigene Familie und Kinder sind der Traum auch dieses Milieus, aber auf keinen Fall sollen sie momentan die Gestaltungsfreiheit und den Spaß am Leben beeinträchtigen.

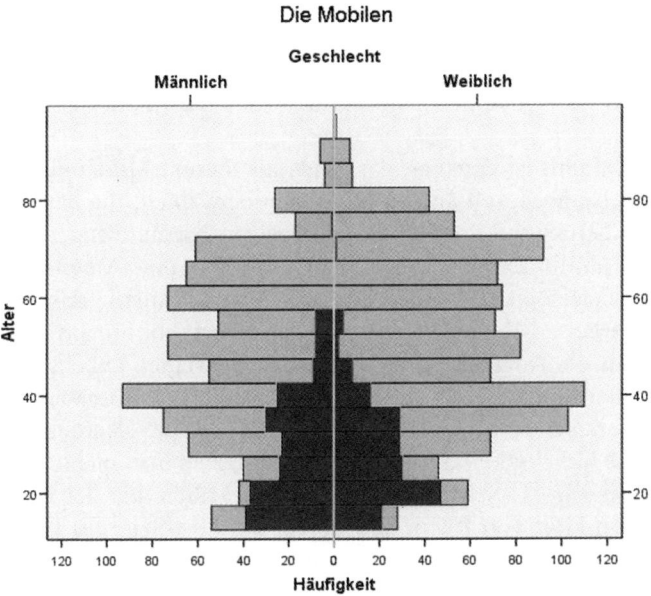

Abbildung 3: Die Mobilen im Vergleich mit der Gesamtheit der Kirchenmitglieder nach Alter und Geschlecht
Der Abbildung liegen die Befragungsdaten der EKD-Studie zugrunde. Sie geben in Prozent an, wie groß der Anteil einer Altersgruppe an der Gesamtzahl der Mobilen ist – im Vergleich mit der Gesamtheit aller Befragten.

Der Bildungsstand der Mobilen ist so uneinheitlich wie ihre Einkommenssituation. Einerseits deshalb, weil die Jüngeren oft noch in der Ausbildung sind oder studieren; hier sind Bildungsstand und Status schwer messbar. Andererseits deshalb, weil die familiäre Herkunft der Mobilen und damit auch die Haltung gegenüber Bildung und Karriere sehr uneinheitlich ist: Einige sind zum Beispiel Kinder der Hochkulturellen oder der Kritischen. Bei aller Distanz zum geregelten Leben denken sie natürlich schon an ein Ende dieser Genussphase und planen einen „richtigen Aufstieg", nur eben noch nicht jetzt. Sie sind zum Teil schon im Beruf, können sich aber ein Leben ohne Tanznächte und Partys, dafür mit freiwilligem Aufstehen vor acht Uhr noch nicht vorstellen. Dann gibt es die Kinder der Bodenständigen oder auch der Zurückgezogenen. Für viele von ihnen haben Bildung und Information, Karriere und Aufstieg keinen hohen Stellenwert. Ein Leben voller Spaß sehen sie nicht als Lebensphase, sondern als eigene Lebensform, die denen der Eltern gleichwertig ist.

In Zukunft ist denkbar, dass sich aus diesem Milieu eine Lebensweise auch von älteren Menschen entwickelt, die dauerhaft andere Strukturen von Arbeit und Freizeit haben, als sie es aus ihrer Familie kennen, etwa durch ein mobiles Arbeitsleben, durch Telearbeit und einen deutlich höheren Anteil freiberuflicher Arbeit. Möglicherweise ist der Sport im Fitness-Studio mehr als ein Angebot für die Phase des „bewegten Lebens": Das Ausdauertraining kann jenseits der zeitlichen Vorgaben von Sportvereinen stattfinden, und man spart sich die „Vereinsmeierei", die Geselligkeit mit Menschen, mit denen man nichts zu tun hat. Das Fitness-Studio passt zu diesem Milieu wie der Beach-Club am Ufer von Rhein und Spree, die Flirt-Seite im Internet oder ein Outdoor-Training für die Software-Abteilung in der Medien-Firma.

Wie man es von Menschen in dieser Altersgruppe erwartet, ist hier die Vertrautheit mit Computer und Internet am größten, vor allem dient das Internet nicht nur zur Information, sondern auch zur Kommunikation und Unterhaltung. Man kann dort eine Nacht zubringen, im Chat mit interessanten Leuten, sich Musik herunterladen, mit Menschen in anderen Städten Spiele spielen. Die Mobilen sind das Milieu der Kneipen- und Restaurantbesuche, ebenso das Milieu des Aktivsports. Dagegen ist eine eigene musikalische oder künstlerische Betätigung nirgends so wenig zu finden wie hier.

Die Mobilen haben aus verschiedenen Gründen eine große Distanz zu Staat und Politik. Zum einen sehen sie sich als selbst verantwortlich für ihr Leben, fürchten Begrenzungen, lieben das störungsfreie Leben in der eigenen Jugend-Welt. Gremiensitzungen und zähe politische Prozesse sind das Ende des „mobilen" Lebensgefühls. Eine Steuererklärung ist Symbol für das reizlose bürgerliche Leben. Das Dickicht staatlicher Renten-Systeme von Riester bis Rürup erscheint unsinnig, man sorgt sich möglichst wenig um die Zukunft und fühlt sich stark genug, später einmal eigene Sicherheiten aufzubauen. Dass sich da Leute um das Land kümmern, um Außenpolitik und Grundlagen des Zusammenlebens, ist grundsätzlich wichtig, hat aber mit dem eigenen Leben wenig zu tun. Man erwartet das Heil nicht von besseren Bestimmungen oder Konzepten, man kümmert sich selbst oder eben nicht. Man lebt auch selten mit festen Überzeugungen sozialer, moralischer oder ökonomischer Art. Im Prinzip müssen doch alle für sich selbst entscheiden, den eigenen Weg finden, die eigenen Maßstäbe entwickeln. So finden sich unter den Mobilen die meisten Nichtwähler – ein Drittel von ihnen geht nicht zur Wahl. Die Sympathie für die großen Volksparteien, vor allem für die CDU, ist hier deutlich geringer als in anderen Milieus. Erhöht ist dagegen die Zustimmung zu Bündnis 90/Die Grünen und zur FDP.

Die Mobilen haben viele Kontakte – zu Bekannten, Kollegen, Freunden und zur Herkunftsfamilie. Man kann sie aber kaum „gesellig" nennen, weil für sie Gemeinschaft und Zusammensein mit anderen keinen besonderen Wert hat. Sie haben meistens durch Ausbildung, Beruf, Sport und andere Freizeitinteressen keinen Mangel an Kontakten. Sie telefonieren, schreiben Mails und SMS, sie kommunizieren auf vielfältige Weise und kaum begrenzt von räumlichen Distanzen. Sie fühlen sich mobil, unabhängig und frei. Sie lieben dieses Lebensgefühl – auch wenn sie faktisch nicht häufiger umziehen als die Kritischen und in ihrer Normorientierung nicht unbedingt moderner sind als viele Menschen im mittleren Lebensalter.

Wie Mobile über das ethische Problem der Sterbehilfe sprechen

Jochen: *Also ich find, jeder sollte selbst über sein Leben entscheiden dürfen, und nicht umsonst ist auch der Selbstmord straffrei in Deutschland (Gelächter), hätt ich gar kein moralisches Problem damit, die Problematik liegt dann darin, dass möglicherweise irgendwelche Erbschleicher umherhüpfen, (Gelächter) die Interesse haben, dass der von uns geht, und dass möglicherweise die Leute so vernebelt sind durch Medikamente ...*

Stefanie: *Die Schwierigkeiten drum rum sind das eigentliche Problem, weil wenn du im Bett liegst und kannst nichts mehr machen außer zu sagen, ich möcht jetzt sterben. Wer ist jetzt derjenige, der den Stecker zieht?*

Bernd: *Also ich hab da auch so ein kleines moralisches Problem, ich mein, wer darf sich anmaßen, über ein anderes Leben zu entscheiden?*

Jochen: *Es wird ja nicht über ein anderes Leben entschieden, sondern jeder entscheidet über sein eigenes Leben. (...) Es kann natürlich nicht sein, dass es im stillen Kämmerlein zwischen vier Augen beratschlagt wird, und dann wird derjenige sanft zur Ruhe gebracht, sondern es muss natürlich irgendwie eine übergeordnete Stelle geben, über die muss es laufen. Eine objektive, unabhängige Stelle, die kein persönliches Interesse hat ...*

Bernd: *Also ich bin jetzt nicht der supergläubige Mensch, aber ich glaub, diese Stelle gibt's eigentlich, diese höchste Instanz, die über Leben und Tod entscheidet. Und warum wir als Menschen da jetzt eingreifen müssen, ist mir nicht so ganz ersichtlich.*

Michael: *Dann kannst du genau so sagen, diese göttliche Instanz hat entschieden, dass derjenige Selbstmord machen muss. Der Gott hat entschieden, dass derjenige, wenn er morgens zur Arbeit fährt, tödlich verunglückt ...*

Özkan: *Ich denke, ich kann nur für mich sagen: (...) Ich möchte Manipulation verhindern, dass man in dieser Situation von anderen manipuliert werden kann. (...) Deswegen wenn ich Herr meiner Kräfte bin und selber entscheiden kann, wer soll mich da dran hindern, irgendeine Entscheidung zu treffen. (EKD: Trainees)*

Die Beziehung der Mobilen zu Kirche und Religion ist mehrschichtig. Von außen erscheint dieses Milieu als am stärksten kirchenfern und bereit, aus der Kirche auszutreten. Zugleich haben diese Menschen einen Sinn für Traditionen: Auch wenn das eigene Leben nicht von ihnen behindert werden soll, soll es sie geben. Und die Kirche ist nicht zuletzt ein kräftiges Symbol für das Gute, für die heile Welt, für Familie, Menschlichkeit und Geborgenheit. Man braucht das als Rückhalt. Nur weil die Welt zuhause noch so ist wie immer, nur weil das Ritual des alljährlichen Krippenspiels so verlässlich bleibt, kann man derart frei leben und sich um Fragen der Weltanschauung nur kümmern, wenn es gerade anliegt.

Momente, in denen man Religion wichtig findet, gibt es durchaus, allerdings finden sie sich selten im aktuellen Alltagsleben. Man würdigt das Engagement der Kirche für Kinder und Jugendliche und bewertet die christliche Erziehung als sinnvoll, nur hat man eben derzeit noch keine Kinder. Man lobt das Beratungsangebot für Krisenfälle und schätzt das Engagement der Kirche für die Schwachen und Benachteiligten, nur ist man eben selbst nicht in der Krise, jedenfalls nicht in einer derart starken, dass man ein solches Angebot nutzen würde. Kirche trifft die Weltanschauung der Mobilen also dort, wo es um soziale Werte, um Idealismus und Symbole für das stabile Leben geht. Sie alle gehören jedoch nicht in den Alltag, wo man die Kirche darum kaum verortet. Es kann darum eine Nähe zur Kirche geben, die keine aktuell-praktische ist, die sich nicht durch Teilnahme an Angeboten einer Kirchengemeinde ausprägt, sondern die eher als ein Rahmen das Leben bereichert. Christliche Werte werden von den Mobilen oft als allgemein-ethische empfunden.

Explizit christliche Glaubensüberzeugungen können darum von diesem Milieu abgelehnt werden, ohne dass hier tatsächlich eine persönliche Ablehnung des christlichen Glaubens stattfindet. Weil jeder seine eigene Überzeugung hat, ist eine kirchlich-vorformulierte bei der kleinsten Abweichung vom eigenen Empfinden eben schon nicht mehr stimmig. Das erwarten die Mobilen aber auch nicht. Ihnen geht es darum, dass Kirche und ihre Vertreter authentisch sind, dass die Pfarrerin selbst nachgedacht hat, dass man sich bei Bedarf durch deren Überzeugung anregen und weiterbringen lassen darf in der „Arbeit" an der eigenen Überzeugung.

Die Mobilen fühlen sich von vielen Erscheinungsformen von Kirche abgestoßen. Glücklicherweise erleben sie viele davon nur selten, wie etwa einen hochkulturellen Vortragsabend ohne jeden Bezug zur aktuellen Situation oder ein Vorspiel der Blockflötengruppe, bei dem Bodenständige und Gesellige in begeisterter Gemeinschaft ihren Angehörigen lauschen, auch wenn Rhythmus und Intonation manchmal aus dem Gleis geraten. Schwerwiegender ist jedoch die Abstoßungskraft eines Gemeindebriefs, aus dem deutlich wird, dass Kirche eine Gruppe von meist älteren Insidern ist, zu der man gehören muss, um wirklich dabei zu sein, und dass es nicht in Ordnung ist, Kirche nur zu „nutzen" oder nach Belieben zu kommen oder wegzubleiben.

Wo Kirche auf eine Teilnahme der Mobilen an Veranstaltungen wartet, wird es für die „Kerngemeinde" oft frustrierend. Jugendliche würdigen etwa einen Raum im Gemeindehaus, an dem sie sich ungestört treffen können. Viele ältere Angehörige dieses Milieus würdigen außerdem, dass in der Kirche Menschen grundsätzlich ansprechbar sind. Aber Kirchen-Disco und geistliche Events müssen oft gegen den Widerstand der konservativen Kräfte durchgesetzt werden, meist ohne dass sich ein Erfolg in Form einer Beteiligung von Mobilen am Gemeindeleben einstellt. Denn wo es um Freizeitbeschäftigungen geht, gerät Kirche in Konkurrenz mit dem Fitness-Studio und dem Computer – ein Kampf um Aufmerksamkeit, der sich kaum gewinnen lässt. Die Mobilen gehen „auf einen Gottesdienst" wie „auf ein Konzert", sie vergleichen den Unterhaltungswert und fragen nach dem Spaßfaktor. Einzigartig bleibt Kirche aber da, wo sie sich der sich verändernden Gesellschaft angemessen verhält, wo zum Beispiel die EKD die Verwendung von Kirchensteuern auf ihrer Homepage transparent macht, und auch da, wo sie sich jenseits von Moden bewegt, verlässlich bleibt und darum eine sinnvolle, wenn oft auch nur potenzielle Stütze für das eigene Leben.

Typologische Einordnung

Die Mobilen entsprechen dem jugendkulturell-modernen Lebensstil (E3) der EKD-Studie und haben teilweise Ähnlichkeit mit dem nach Stimulation strebenden Unterhaltungsmilieu (GS), das sich hier jedoch im Durchschnitt gebildeter und niveaubewusster zeigt.

> Es lassen sich Analogien herstellen einerseits zu den Idealisten, die teilweise (mit akademischer Herkunft) aus der progressiven Bildungselite, teilweise aus dem modernen Arbeitnehmermilieu stammen, andererseits zu den Scheinbaren Rebellen (VBV). Entsprechend gibt es mehrschichtige Analogien zu den Modernen Performern und teilweise auch zu den Experimentalisten (als „oberem" Bereich des Milieus) sowie zu den Hedonisten und Konsum-Materialisten, die am ehesten dem Unterhaltungsmilieu Schulzes entsprechen (Sinus). Die Vielzahl der Beschreibungen zeigt, dass dieses jüngere Milieu kaum noch einheitlich zu erfassen ist und in kommenden Untersuchungen weiter differenziert werden sollte.

2.4 Die Kritischen und die aufgeschlossene Kirche

Eine Kirche, die gegenüber den aktuellen gesellschaftlichen Fragen wirklich aufgeschlossen ist, alte Wahrheiten immer wieder neu durchdenkt, ihre Verantwortung wahrnimmt und sich engagiert – das ist ganz nach dem Geschmack der Kritischen. So wird Kirche auch erlebbar beispielsweise in einem Gottesdienst zum Thema „Aid(s)". Nur wenige wohnen im Gebiet der Gemeinde, in der dieser Gottesdienst statt findet. Die meisten sind weit gefahren, sie haben über Bekannte davon gehört, über die monatliche Publikation der Citykirche oder über den Freundeskreis der

Alter:	zwischen 25 und 65 breit gestreut, Durchschnitt bei Mitte 40
Geschlecht:	66% Frauen
Bildung/Berufsstatus:	sehr hoch
Normorientierung:	Modern
Wichtig im Leben:	Engagement für andere, Reflexion, Lebensgenuss
Freizeitinteressen:	breiter Musikgeschmack von Klassik bis Rock- und Pop, keine Volksmusik, Interesse an Theater, Kino, Aktivsport, Bücher, Weiterbildung, Kunst und Musik

Steckbrief: Die Kritischen

Aids-Seelsorge. Die Kirche ist voll bis auf den letzten Platz. Betroffene sind gekommen, Angehörige, Freunde, Interessierte und Engagierte. Viele der Anwesenden sind gar nicht in der Kirche, ihnen fällt zum Thema Aids erstmal nicht die Religion ein oder die Kirche als moralische Instanz. Aber die Idee ist gut: einmal innehalten in einem schönen Raum, stillstehen bei einem Problem, das sonst keinen Raum im Alltag hat, das totgeschwiegen wird, unter den Tisch fällt. Reden über ein Tabu – oder eher: gar nicht so viel reden, sich vielmehr anrühren und stärken lassen. Die Leiterin der Aids-Seelsorge begrüßt, ein Saxophonist spielt meditative Musik auf hohem Niveau, der Pfarrer spricht nachdenkliche Worte, jemand liest ein Gedicht, am Schluss ein Gebet. Das tut gut und verbindet die Anwesenden auf eigene Art.

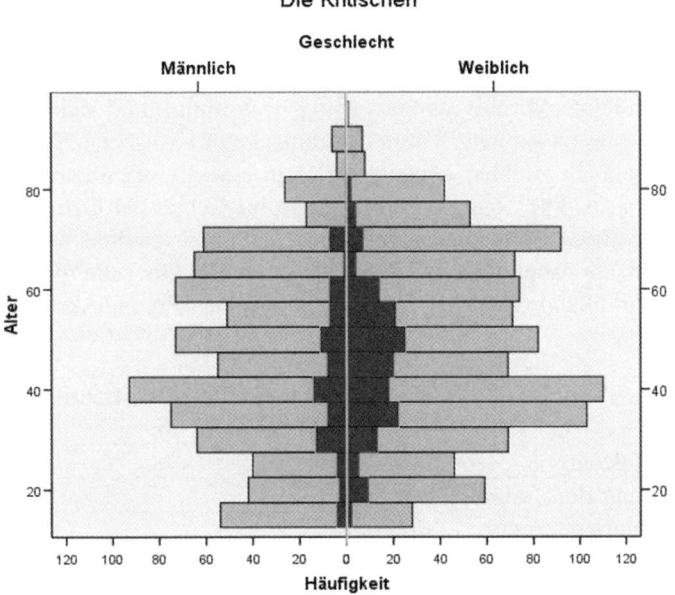

Abbildung 4: Die Kritischen im Vergleich mit der Gesamtheit der Kirchenmitglieder nach Alter und Geschlecht
Der Abbildung liegen die Befragungsdaten der EKD-Studie zugrunde. Sie geben in Prozent an, wie groß der Anteil einer Altersgruppe an der Gesamtzahl der Kritischen ist – im Vergleich mit der Gesamtheit aller Befragten.

Die Kritischen sind Menschen verschiedener Altersgruppen, im Kern zwischen 25 und 65. Der Altersdurchschnitt liegt bei 44 Jahren, und in vielerlei Hinsicht passt das Milieu gut zum mittleren Lebensalter: Man ist hier gut bis sehr gut ausgebildet. In diesem Milieu gibt es die meisten Menschen mit Abitur, besonders viele leitende Angestellte und die höchsten Monatseinkommen. Zu den Kritischen zählt die Krankenschwester, die im Bioladen einkauft und einen Yoga-Kurs besucht, aber auch der Lehrer, der mit einer sozialen Initiative ein Fotoprojekt für Jugendliche begleitet. Die häufigste Lebensform der Kritischen ist die Familie, aber es finden sich unter ihnen auch viele (Ehe-)Paare ohne Kinder, Singles und Menschen in alternativen Lebensformen. Auch wenn immerhin noch ein Drittel der Angehörigen dieses Milieus in Gemeinden unter 20.000 Einwohnern lebt, gehören die Kritischen typischerweise in eine urbane Umgebung. Sie sind mobil, fahren mit der Bahn und denken in Regionen und über sie hinaus. Sie nehmen aus beruflichen Gründen oder um eine Freundin zu besuchen lange Fahrtwege in Kauf. Sie schreiben Briefe und pflegen alte Beziehungen, auch wenn sich die Wege schon lange getrennt haben.

Kontakte zu Nachbarn sind dagegen deutlich geringer ausgeprägt. Das liegt daran, dass die Kritischen nicht die unmittelbare Gemeinschaft (verstanden als Geselligkeit) suchen, sondern die inhaltliche Übereinstimmung mit anderen. Ob diese anderen dann in der Nähe wohnen oder eine ähnliche Lebensform haben, spielt eine geringere Rolle. Gleichzeitig finden die Kritischen es aber interessant, mit Menschen anderer Einstellung, Lebensweise oder Nationalität zu tun zu haben. Das bietet ihnen einen Reiz, man lernt dazu, erlebt etwas Neues und kommt ins Nachdenken. So findet auch die Milieuperspektive in diesem Milieu die meiste Sympathie.

Was den Kritischen wichtig ist und wie sie darüber reden

Yvonne: Für mich ist es schon [wichtig], dass ich 'n Leben führen kann, wo ich glücklich bin, wo meine Umgebung glücklich leben und wo die Bevölkerung der Welt glücklich leben kann.

> *Ruth: Also mir ist unheimlich wichtig, Menschen zu verstehen, in ihren ganzen Widersprüchlichkeiten, diese gegensätzlichen Seiten im Menschen zu verstehen und zu begreifen. Und dann wirklich mich zu beteiligen, Rahmenbedingungen zu schaffen, in denen Menschen menschenwürdig leben können.*
> *Dieter: Das Wichtigste im Leben ist eigentlich, dass es mir gut geht. Damit es mir gut geht, muss ich auch anderen Gutes tun. Das heißt, ich muss natürlich für meine Familie sorgen. Ich muss auch zusehen, dass die Umwelt stimmt. Da dürfen keine krassen Gegensätze sein. Das heißt, es muss 'n sozialer Ausgleich stattfinden. Damit es mir gut geht.*
> *Gunda: Das würd ich jetzt auf mich ganz persönlich beziehen und dazu sagen, dass für mich am wichtigsten ist, wenn ich's schaffe, mit mir selber im Inneren im Einklang zu sein und vielleicht auch nach dem Motto leben zu können, weniger ist mehr. Also zu achten auf die kleinen Sachen, die so im Leben passieren, nicht auf Geltung und Glanz und Erfolg und diese ganzen Sachen. (EKD: Attac)*

In ihrer Freizeit haben die Kritischen durchaus Interesse an Sport, Kinobesuchen, Computer und Internet. Vor allem aber haben sie hochkulturelle Vorlieben, sie gehen ins Theater und zu Ausstellungen, hören anspruchsvolle Musik und lesen Bücher. In diesem Milieu finden sich die meisten Menschen wieder, die sich künstlerisch betätigen, malen oder musizieren. Kaum ein Drittel der Kritischen tut dies nie. Bei den Bodenständigen und den Zurückgezogenen sind 85% bzw. 75% niemals künstlerisch aktiv. Wie die Hochkulturellen schätzen auch die Kritischen Bildung um ihrer selbst willen. Für manche von ihnen ist Weiterbildung geradezu ein Hobby geworden oder „ein Stück weit" Lebensaufgabe. Sie fahren im Winter zum Qi Gong-Urlaub in die Schweiz oder an die Nordsee. Sie tun etwas für sich, sind auf der Suche nach sich selbst, entwickeln ihre Persönlichkeit.

Die Kritischen sind keineswegs egoistisch: Unter ihnen finden sich die meisten ehrenamtlich Aktiven. Sie denken mit, sie helfen, sie spenden und sie haben das Gefühl, die Gesellschaft zu tragen. Sie sind kritisch gegenüber Institutionen, aber erwarten viel von der Politik, von der Kirche und anderen Organisationen.

Unter den Kritischen gibt es wenige Nichtwähler, dafür gibt es hier die höchste Zustimmung für Bündnis 90/Die Grünen und die FDP.

Mit diesen beiden politischen Parteien lassen sich zwei Richtungen innerhalb des Milieus der Kritischen unterscheiden: Bei den einen mischen sich Bildung und Status mit einem Anspruch – gegenüber sich selbst und anderen. Infolgedessen lassen sich in der Gesellschaft Leistungsträger ausmachen, zu denen man sich selbst zählt. Freiheit bedeutet den nötigen Gestaltungsraum für das eigene Können. Besitz oder auch der Begriff der „Elite" werden hier positiv verstanden. Bei den anderen ist der Idealismus ausgeprägter, als religiöse, meist aber eher als gesellschaftskritische Überzeugung, gepaart mit einer harten Kritik an Hierarchien und mit einer Affinität zu alternativen Lebensformen und zu denen, die „ganz unten" stehen. Dies zeigt ein Auszug aus einem Gesangbuchlied, das markanterweise 1968 gedichtet wurde:

Die Kritischen beten für eine bessere Welt

Komm in unsre stolze Welt, Herr, mit deiner Liebe Werben.
Überwinde Macht und Geld, lass die Völker nicht verderben.
Wende Hass und Feindessinn auf den Weg des Friedens hin.
Komm in unser reiches Land, der du Arme liebst und Schwache,
dass von Geiz und Unverstand unser Menschenherz erwache.
Schaff aus unserm Überfluss Rettung dem, der hungern muss.
Komm in unsre laute Stadt, Herr, mit deines Schweigens Mitte,
dass, wer keinen Mut mehr hat, sich von dir die Kraft erbitte
für den Weg durch Lärm und Streit hin zu deiner Ewigkeit.
Komm in unser festes Haus, der du nackt und ungeborgen.
Mach ein leichtes Zelt daraus, das uns deckt kaum bis zum Morgen;
denn wer sicher wohnt, vergisst, dass er auf dem Weg noch ist.
(Hans von Lehndorff 1968 – EG 428)

In diesem Lebenskonzept kann Kirche eine wichtige Rolle bekommen: Sie beheimatet viele Intellektuelle und stark engagierte Menschen. Unter ihrem Dach lassen sich gesellschaftspolitische Diskussionen führen, Projekte entwickeln und Experimente wagen. Wo die Kritischen in der Kirche aktiv sind, da sind sie anspruchsvoll und wollen dem eigenen Anliegen Gehör verschaffen. Thematische Anknüpfungspunkte für Kirche sind beispielsweise die „Eine Welt", Asyl, Behinderte, Obdachlose, Homosexualität oder moderne Kirchenmusik. Die Kritischen machen sich nach außen sichtbar, stellen private Telefonnummern und Mailadressen allen Interessierten zur Verfügung, sind durch Kleidung oder Buttons erkennbar und bilden überregionale Netzwerke Gleichgesinnter. Ihre Gruppen oder Initiativen sind nicht für die Ewigkeit gedacht, sie lassen sich, verglichen mit anderen Gemeindegruppen, leicht auflösen oder in ihren Zielen verändern. So wird aus der „Lila Pause", einem feministischen Treff, jetzt eine Gruppe, die spirituellen Tanz ausprobiert. Die Kirchenasyl-Initiative der Gemeinde ist jetzt zusammen mit zwei anderen Initiativen in der Stadt ein sozialpolitischer Aktionskreis geworden.

Die Kritischen grenzen sich ausgeprägt ab von der veralteten, spießigen Kirche, der Hierarchie und der Amtskirche der Hochkulturellen, dem kirchlichen Traditionalismus und vom Kasualchristentum der Bodenständigen, von Posaunenchören und normalen Gottesdiensten. Religiöses Erleben ist ein Erleben von Selbstverwirklichung, sie geschieht durch kritisches Mitdenken, authentischen Selbstausdruck, durch aktive Mitarbeit, durch Gefühlsarbeit. Im Gottesbild der Kritischen spielt Jesus als aktiver Mitstreiter eine wichtige Rolle. Kirche ist dazu da, hier mit Gleichinteressierten sich selbst zu finden. Wo die Kritischen mit der „ideologischen" Ausprägung der Kirche wenig anfangen können und sie der Weltfremdheit verdächtigen, kann der Abstand groß werden bis hin zum Austritt. Das Gutmenschentum, das Moralische und Leistungsfeindliche, die „Naivität" vieler Kirchenleute werden dann als unerträglich erlebt. Eine solche Distanz gegenüber der Kirche findet sich häufig unter Aktiven der linken Parteien oder bei Intellektuellen ohne Kirchenbezug. Sie brauchen in ihrem Engagement für die Gesellschaft keinen moralischen oder religiösen Überbau. Es geht um allgemeine Werte, die man je nach persönlicher Vorliebe mit der Kirche teilen kann oder auch nicht.

> **Typologische Einordnung**
>
> Die Kritischen entsprechen dem hochkulturell-modernen Lebensstil (E4) der EKD-Studie und haben eine große Ähnlichkeit mit dem Selbstverwirklichungsmilieu (GS). Außerdem lassen sich Analogien herstellen zu den oft schon aus akademisch geprägten Familien stammenden Humanisten und den aus dem leistungsorientierten Arbeitnehmermilieu hervorgegangenen Anspruchsvollen (VBV). Entsprechend gibt es Analogien zu den Postmateriellen, den Etablierten und möglicherweise Teilen der Experimentalisten (Sinus).

2.5 Die Geselligen und die freundliche Kirche

Eine freundliche Kirche nach ihrem Geschmack erleben die Geselligen zum Beispiel beim Einschulungsgottesdienst. Der junge Pfarrer hat über die Schule Einladungen verteilt. Es machen auch einige Eltern mit. Ein Gottesdienst zur Einschulung hat im Ort schon fast eine Tradition. Alle gehen hin, auch die, die nicht in der Kirche sind oder schon ewig nicht mehr da waren. Eine türkische Familie ist mit dabei – da fragt auch keiner, schließlich ist Kirche für alle da, und der Gottesdienst gehört doch zur Einschulung dazu. Die Stimmung ist gut an diesem Morgen, die meisten sind früh da, um gute Plätze zu bekommen. Ein paar Väter tragen noch eine bunt gestrichene Holzwand durch die Kirche. Was das wohl ist? Die Kulisse für ein kleines Theaterstück, die Vorrichtung für ein Kasperle-Spiel? Auf jeden Fall wird es eine schöne Stunde. Hier kann man als ganze Familie kommen, Kinder müssen nicht nur stillsitzen, alle bekommen etwas: Die Kinder kennen die meisten Lieder schon aus dem Kindergarten, sie fühlen sich hier wohl. Der Pfarrer erzählt eine Geschichte, hinterher gibt es für alle ein kleines Geschenk. Für die Erwachsenen gibt es einen Liederzettel als Andenken und eine kurze Predigt mit ernsten, sehr ermutigenden Worten. Schließlich ist es eine Umstellung, wenn ein Kind in die Schule kommt. Schön, dass Kirche hier dabei ist.

Die Geselligen sind meistens zwischen dreißig und fünfzig Jahre alt mit geringen Abweichungen nach oben und unten. Diese Altersspanne ist tatsächlich sehr stark verknüpft mit der Lebensphase, in der man eine Familie gründet oder sich sonst etwas aufbaut: ein Haus, eine Firma, ein stabiles Leben jenseits der Ausbildung und der wilden Zeiten, Beziehungen jenseits der Familie, aus der man stammt. Unter den Geselligen finden sich überdurchschnittlich viele Männer: 56% sind es in diesem Milieu, im Durchschnitt aller Evangelischen sind es nur 45%. Vielleicht ist dieses Lebensgefühl der „Gründerphase" etwas, mit dem Männer besonders viel anfangen können: Man stabilisiert und sichert das eigene Leben aus eigener Kraft, man erntet die Früchte aus den Jahren des Lernens und sich Unterordnens, zum Beispiel in Form einer bestimmten beruflichen Position, eines guten Einkommens und eines guten Lebensstandards. Auch die Beziehung zur Partnerin wird gleichförmiger: Jetzt geht es nicht mehr in erster Linie um den gemeinsamen Genuss. Man möchte zusammen etwas ent wickeln, Kinder bekommen, die Zukunft gestalten. Ein eigenes Heim gehört zu diesem Entwurf, verlässliche Rollen in der Familie, das Gefühl, selbst etwas erreichen zu können.

Die Geselligen haben typischerweise eine Berufsausbildung abgeschlossen oder auch ein Fachhochschulstudium absolviert.

Alter:	30–50 Jahre, Durchschnitt bei Anfang 40 Jahren
Geschlecht:	56% Männer
Bildung/Berufsstatus:	durchschnittlich oder höher
Normorientierung:	modern
Wichtig im Leben:	Lebensgenuss, Leben in gleichmäßigen Bahnen, Familie
Freizeitinteressen:	Kontakte mit Nachbarn/Freunden/Familie, Do-it-yourself, Gartenarbeit, Aktivsport, Kino, Rock- und Popmusik

Steckbrief: Die Geselligen

Sie finden sich als Facharbeiter, mittlere Angestellte oder Selbständige, selten in leitenden Positionen. Ihr Einkommen ist leicht überdurchschnittlich. Eine dörfliche oder kleinstädtische Wohnumgebung scheint zu diesem Milieu besser zu passen als das Leben in einer großen Stadt. Dort zeigt es sich dann in solchen Menschen, die das „Dorf in der Stadt" schätzen, den Wochenmarkt im Stadtteil, den Kontaktpolizisten, den kleinen Fahrradladen. Sie mögen es, wenn sie die Verkäuferin beim Bäcker kennen, auf jeden Fall aber kennen sie die Nachbarn, die anderen Eltern im Kindergarten, die Leute aus dem Sportverein. Die Geselligen wohnen oft schon länger an einem Wohnort, viele seit ihrer Geburt. Die Familie ist die häufigste Lebensform, einige leben als Paar (noch) ohne Kinder, nur wenige sind in Rente oder leben allein.

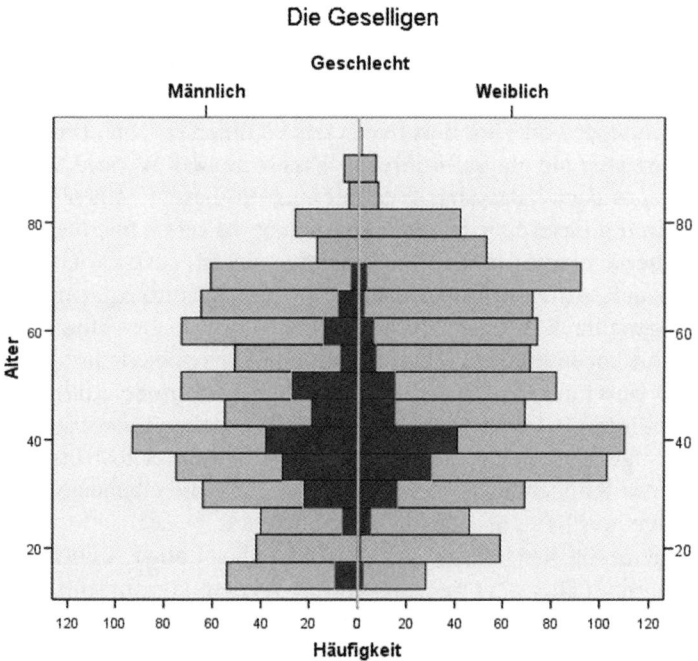

Abbildung 5: Die Geselligen im Vergleich mit der Gesamtheit der Kirchenmitglieder nach Alter und Geschlecht
Der Abbildung liegen die Befragungsdaten der EKD-Studie zugrunde. Sie geben in Prozent an, wie groß der Anteil einer Altersgruppe an der Gesamtzahl der Geselligen ist – im Vergleich mit der Gesamtheit aller Befragten.

In ihrer Freizeit sind die Geselligen damit beschäftigt, ihr Leben zu gestalten oder zu verbessern: Sie befassen sich mit ihrer Wohnung, ihrem Haus oder Garten. Sie pflegen ausgiebig die Kontakte in der Wohnumgebung, im Stadtteil, aber auch mit Kollegen. Sie treiben Sport, möchten das Leben genießen, das sie sich aufgebaut haben. Sie sind eine dankbare Zielgruppe für Bausparverträge und für Lebensversicherungen, für Bonusprogramme oder Rabattsysteme. Dafür, dass das Leben in einer überschaubaren Umgebung lebenswert bleibt, setzen sie sich durchaus ein: in Elterninitiativen, bei Spendenaktionen für soziale Belange in der Wohnumgebung oder als Trainer der Jugendmannschaft im Fußballverein.

Die Geselligen sind bereit, etwas Neues zu lernen und sich weiterzubilden. Vor allem dort, wo es sich lohnt, weil man zum Beispiel im Urlaub in Spanien oder Frankreich die Landessprache verstehen oder im Beruf vorwärts kommen möchte. Das Lernen ist aber nie ein Selbstzweck, Wissen um des Wissens willen ist kaum nachvollziehbar. So sind auch in diesem Milieu Besuche in der Oper oder in einer Ausstellung so selten wie die Teilnahme an einem Literaturkreis. Interessant ist, dass die Geselligen, anders als die Bodenständigen oder die Zurückgezogenen, aufgrund ihres Bildungsniveaus durchaus mit solchen Dingen etwas anfangen könnten. Hier spielen nun Unterschiede in Mentalität, Geschmack oder auch Gewohnheit eine große Rolle. Die Geselligen sind eher pragmatisch auf ihr eigenes Leben und die jeweilige Umgebung ausgerichtet. Man besucht selbstverständlich das Kirchenmusik-Konzert im Advent – die eigenen Kinder spielen hier Flöte und singen im Kinderchor.

Bietet die Kirche eine Vortragsreihe über Luther, Calvin und Zwingli an oder ein Orgelkonzert mit Werken von französischen Meistern des 19. und 20. Jahrhunderts, kommen die Geselligen nicht darauf, sie zu besuchen, denn hier gibt es kaum eine Verbindung zur gewohnten und geschätzten eigenen Lebensweise. Attraktiver wäre ein Computerkurs für Frauen, eine sportliche oder handwerkliche Herausforderung oder ein Vortrag über die Pflege von Angehörigen und Möglichkeiten, sich hierin von sozialen Einrichtungen unterstützen zu lassen.

> ***Was eine Gemeindegruppe von Geselligen zusammenhält***
>
> *Carola: Wir haben so doch im Großen und Ganzen 'ne gemeinsame Linie, 'n bestimmten Blick auf die Welt (...) und es gibt viele gemeinsame Interessen.*
> *Armin: War gestern in Hamburg, da dacht ich, wenn du jetzt hier wohnen sollen müsstest, keinen Menschen kennste ...*
> *Katja: Ja, wir haben gemeinsam erlebt, wie die Kinder groß werden. Und wir nehmen auch teil am Schicksal des anderen. (...) Es ist auch der Wunsch, nicht alleine irgendwas zu machen, sondern das in Gemeinschaft zu machen ...*
> *Gaby: Man kann sich aufeinander verlassen, wenn man zum Beispiel 'n Problem hat oder 'n Fest organisieren will oder irgendwelche Jubiläen, jeder bringt was mit. (...) Konrad ist handwerklich, und das schätz ich so an dieser bunten Truppe, dass also die Berufe und so das Ganze so unterschiedlich ist, dass man eigentlich immer, wenn man irgendwas hat, kann man zu irgendeinem gehen. (EKD: Gesprächskreis Ost)*

Die Geselligen können in vieler Hinsicht mit Kirche viel anfangen: Sie gehört zum Leben und ist eine Art freundliche Begleiterin. Man kann sich darauf verlassen, dass im Notfall jemand da ist. Man genießt, dass es zu besonderen Tagen im Jahr feierliche Gottesdienste gibt, vor allem an Weihnachten, Ostern oder Erntedank, aber auch dort, wo es in der Familie etwas zu feiern gibt. Manchmal finden die Geselligen in Kirchengemeinden Anknüpfungspunkte: Sie kennen jemanden, finden Gleichgesinnte, treffen sich in Gruppen, nicht zu oft, aber regelmäßig. Hier erleben sie dann Gemeinschaft und ein Miteinander, in dem alle für die eigenen Interessen oder die Interessen des Ortes mit anpacken. Dies kann ein Chor sein, der im Advent auch im Seniorenheim singt oder auf dem Basar Glühwein verkauft zugunsten eines Projekts für sozial schwache Kinder. Es kann auch eine Gruppe von Vätern sein, die zweimal im Jahr einen Kletterausflug mit ihren älteren Kindern macht. Gibt es dann ein Gemeindefest, sind sie leicht zu begeistern: Eltern backen Kuchen und bedienen den Grill. Sie können aber oft nicht viel anfangen mit Fragen der Liturgie, mit der Hierarchie innerhalb der Kirche, mit der Welt der

„Kerngemeinde" oder frommen oder zu gesellschaftskritischen Gruppen. Kirche darf auf keinen Fall weltfremd sein. Dass sie im dogmatischen Sinn oft nicht mit der „Kerngemeinde" übereinstimmen, dass für sie das Patenamt meist etwas anderes bedeutet als für Pfarrerinnen und Pfarrer, ist den Geselligen durchaus bewusst, stört aber ihren Bezug zur Kirche selten. Der Pfarrer darf Idealist sein, aber er muss wissen, wie das Leben ist.

> **Typologische Einordnung**
>
> Die Geselligen entsprechen dem von Do-it-yourself geprägten, modernen Lebensstil (E5) der EKD-Studie und haben in vieler Hinsicht große Ähnlichkeit mit dem nach Konformität strebenden Integrationsmilieu (GS). Außerdem lassen sich Analogien herstellen zu den jüngeren Alltagschristen und den Nüchtern-Pragmatischen, die beide aus dem leistungsorientierten Arbeitnehmer-Milieu stammen, sowie zu den aus dem kleinbürgerlichen Milieu stammenden Modernen Kirchenchristen (VBV). Entsprechend gibt es Analogien zur Bürgerlichen Mitte (Sinus).

2.6 Die Zurückgezogenen und die verlässliche Kirche

Kirche wie sie immer war, ganz ohne den Zwang, irgendwo zu erscheinen oder gar mitzumachen – sie zeigt sich für die Zurückgezogenen am deutlichsten bei Beerdigungen. Nicht, weil es besonders typisch für das Milieu der Zurückgezogenen wäre, eine Beerdigung zu besuchen, sondern vielmehr, weil Menschen aus diesem Milieu schwer überhaupt irgendwo anzutreffen sind. Sie sind manchmal schwer zu entdecken, besonders für Menschen, die sich für Milieus interessieren, die in der Gemeinde aktiv sind und Gemeinschaft und viele Kontakte schätzen. Die Zurückgezogenen sind auch schwer mit dem Instrument einer Befragung zu erfassen. Sie präsentieren sich nicht, schon gar nicht in der Öffentlichkeit. Sie beziehen keine extreme Meinung, jedenfalls nicht laut und vor den Ohren Fremder. Sie stechen hervor durch eine Meinung, die unauffällig wirkt: „Muss ja" oder „geht so". Befragungen halten für diesen Typ die Antwortmöglichkeit

„weiß nicht" bereit, aber sie ist mehr als irreführend. Denn natürlich wissen die Zurückgezogenen, was sie wollen: ein ruhiges Leben, das von allein schon aufregend genug ist, den überschaubaren Genuss, die Vertrautheit mit den wenigen, mit denen sie zu tun haben, stabile Verhältnisse. Sie mögen es, wenn sie wissen, woran sie sind. Zum Beispiel, wenn das Leben Veränderungen bereithält, womöglich aus den Fugen gerät.

Zur Beerdigung ist Kirche, wenn sie hier noch präsent ist, ein stabiler Faktor: der unausweichliche „Auftritt" in der Öffentlichkeit wird durch sie im Rahmen gehalten. Es soll nichts Großes sein, vor allem ganz normal, wie man das eben so macht. Die Pfarrerin trifft man hier zum ersten Mal, aber der Kontakt ist eine Selbstverständlichkeit. Was deren Rolle ist, weiß jeder, sie stellt ein paar Fragen, man erzählt, sucht Informationen zusammen, bekommt das Gefühl, dass auch dies hier seine Ordnung hat. Zur Trauerfeier selbst kommen nicht viele. Der Verstorbene hatte zwar jahrelang in der Spedition am Ort gearbeitet, aber seit der Rente ist der Kontakt bald abgerissen. Der Tod erregt nicht viel Aufmerksamkeit. Die Kinder sind da, zum Teil mit Familie, zwei Nachbarinnen, die auch schon über vierzig Jahre in der Anlage wohnen, ein alter Freund mit seiner Frau. Die Lieder sind nicht besonders vertraut, dann noch ein Stück von der CD, das

Alter:	über 40 Jahre, breite Streuung über mehrere Jahrzehnte, Durchschnitt um 55 Jahren
Geschlecht:	54% Frauen (entspricht Durchschnitt der Kirchenmitglieder)
Bildung/Berufsstatus:	gering
Normorientierung:	stark traditionell
Wichtig im Leben:	Leben, das in gleichmäßigen Bahnen verläuft, Lebensgenuss, Sparsamkeit
Freizeitinteressen:	Distanz zur Hoch- und Jugendkultur, ablehnend gegenüber geselligem Freizeitverhalten, unterdurchschnittliche Nachbarschaftskontakte, Interesse an Volksmusik

Steckbrief: Die Zurückgezogenen

die Pfarrerin wohl nicht so passend fand. Aber sie hatte schließlich nichts dagegen. So ist es eine würdevolle Sache geworden. Hinterher gehen die Angehörigen nach Hause und sitzen noch zusammen. Die Pfarrerin hat schön gesprochen. Sie hat zu einer Trauergruppe eingeladen, aber das findet man ein bisschen unheimlich. Was da wohl gemacht oder geredet wird? Ob da alle erzählen müssen, wann ihr Partner gestorben ist und woran? Wofür das wohl nützt? Natürlich, man spricht ja auch so mal über den Toten, stellt ein Bild auf mit einer Kerze daneben. Das tut gut, aber das ändert ja wenig daran, dass er jetzt nicht mehr da ist.

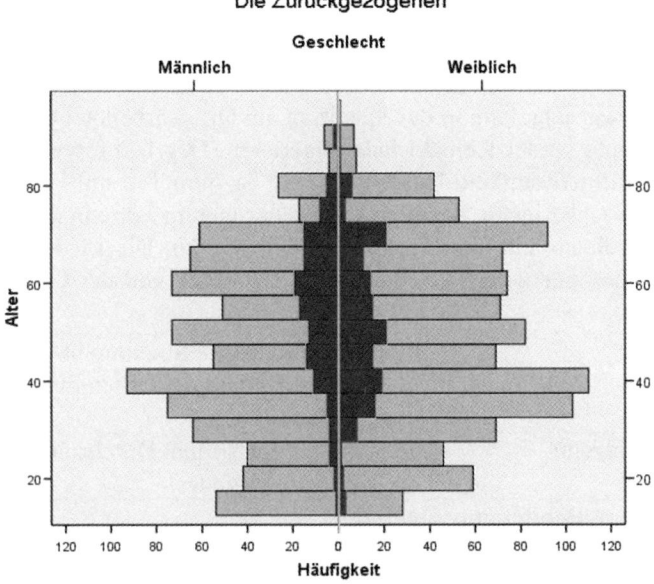

Abbildung 6: Die Zurückgezogenen im Vergleich mit der Gesamtheit der Kirchenmitglieder nach Alter und Geschlecht
Der Abbildung liegen die Befragungsdaten der EKD-Studie zugrunde. Sie geben in Prozent an, wie groß der Anteil einer Altersgruppe an der Gesamtzahl der Zurückgezogenen ist – im Vergleich mit der Gesamtheit aller Befragten.

Die Zurückgezogenen sind eher älter, aber im Durchschnitt nicht so alt wie die Hochkulturellen oder die Bodenständigen. Dieses Milieu erstreckt sich über viele Lebensjahrzehnte ab etwa vierzig Jahren und zeichnet sich im Vergleich zu den Geselligen nicht so sehr durch eine typische Lebensphase, sondern durch den Hang zu einer unauffälligen Lebensweise aus: Mit ihrer unterdurchschnittlichen Bildung sind die Zurückgezogenen häufig als Arbeiter/innen, selten als leitende Angestellte, höhere Beamte oder Selbständige tätig. Ein Viertel von ihnen bezieht bereits eine Rente oder Pension. Mit ihrem entsprechend unterdurchschnittlichen Einkommen liegt ihr sozialer Status dennoch über dem der Bodenständigen. Das liegt vielleicht an ihrem um zehn Jahre geringeren Durchschnittsalter und damit dem geringen Anteil an Menschen, die eine Rente oder Pension beziehen.

Obwohl die meisten in diesem Milieu im Vergleich noch recht gute Möglichkeiten haben, am gesellschaftlichen Leben teilzunehmen, haben diese Menschen gefühlsmäßig nicht viel Spielraum. Sie sind es aus dem Berufsleben selten gewöhnt, öffentlich aufzutreten, für etwas einzustehen, Verantwortung zu übernehmen. Solche Aufgaben erscheinen ihnen sehr groß. Sie erleben ihre eigene Position eher als schwach. Sie fühlen sich über die mediale Kommunikation – über das Fernsehen in den Nachmittagsserien von RTL und Sat1 oder den regionalen dritten Programmen, über BILD-Zeitung und Morgenpost, Bunte und Auto-BILD – recht gut mit dem gesellschaftlichen Leben verbunden, auch wenn ihnen häufig bewusst ist, dass diese Perspektive nicht umfassend ist.

Ein bisschen Frieden für die Zurückgezogenen

Wie eine Blume am Winterbeginn,
so wie ein Feuer im eisigen Wind,
wie eine Puppe, die keiner mehr mag,
fühl ich mich an manchem Tag.
Dann seh ich die Wolken, die über uns sind,
und höre die Schreie der Vögel im Wind.
Ich singe aus Angst vor dem Dunkeln mein Lied
und hoffe, dass nichts geschieht.

> Ein bisschen Frieden, ein bisschen Sonne,
> für diese Erde, auf der wir wohnen.
> Ein bisschen Frieden, ein bisschen Freude,
> ein bisschen Wärme, das wünsch' ich mir.
> Ein bisschen Frieden, ein bisschen Träumen,
> und dass die Menschen nicht so oft weinen.
> Ein bisschen Frieden, ein bisschen Liebe,
> dass ich die Hoffnung nie mehr verlier.
> Ich weiß, meine Lieder die ändern nicht viel.
> Ich bin nur ein Mädchen, das sagt, was es fühlt.
> Allein bin ich hilflos, ein Vogel im Wind,
> der spürt, dass der Sturm beginnt.
> Sing mit mir ein kleines Lied,
> dass die Welt im Frieden lebt.
> (Nicole 1982 – Musik Ralph Siegel, Text: Bernd Meinunger)

Die Zurückgezogenen leben – entsprechend der breiten Altersspanne in diesem Milieu – als Familie, (Ehe-)Paar mit und ohne Kinder oder auch (wieder) allein. Sie wohnen oft in Mehrfamilienhäusern, legen aber wenig Wert auf nachbarschaftliche Kontakte oder gar Gemeinschaft in der Wohnumgebung. Sie haben auffällig selten Besuch von Nachbarn oder Freunden. Die vertraute Welt ist die Familie oder auch ein eher kleiner Freundeskreis. Man geht nicht oft aus, der öffentliche Raum ist nicht der eigene. Das Verhältnis zur Gesellschaft als ganzer ist eher gespalten: In diesem Milieu finden sich viele, die nicht an Wahlen teilnehmen. Offenbar ist das Gefühl, selbst „der Staat" zu sein und ihn mitgestalten zu können, in diesem Milieu besonders schwach ausgeprägt. So schreiben die Zurückgezogenen auch keinen Leserbrief, wenn ihnen die Berichterstattung der lokalen Zeitung nicht zusagt. Eher bevorzugen sie den stillen Protest, kündigen ihr Abonnement und lesen die Stadtteil-Zeitung, die mittwochs und samstags immer im Briefkasten liegt.

Dass die Zurückgezogenen eine hochkulturelle Freizeitgestaltung mit Oper, Theater und klassischer Musik ablehnen, ist verständlich: Zum einen verabscheuen (oder fürchten) sie den Dünkel von Bildung und Besitz, zum anderen empfinden sie beispielsweise ein Theater nicht als zugehörig zur eigenen Welt, sondern als Teil einer fremden Realität. Man kann sich ihr zu besonderen Gelegenheiten annähern, vor allem über volkstümlichere Formen wie ein Musical oder ein Mundart-Stück im Bürgerzentrum. Solche Annäherungen werden aber als Ausflüge in eine Welt bewertet, zu der man nicht gehört. Da erscheint die Welt einer bekannten Fernseh-Moderatorin oder die Szene einer Gerichts-Serie im Fernsehen näher und vertrauter, auch wenn hier faktisch große Distanzen herrschen. Kein Wunder also, wenn in diesem Milieu die wenigsten Bücher gelesen und nur selten Instrumente gespielt werden. Kein Wunder, dass lokale Debatten um den Erhalt eines Theaters oder Museums dieses Milieu in der Regel wenig berühren. „Die sollen sich lieber mal um die Kinder kümmern, um Otto Normalverbraucher, um den Dreck auf der Straße, um die Kriminellen." Kein Wunder auch, dass die Zurückgezogenen kaum selbst musizieren oder sich künstlerisch betätigen.

Das Leben ist aus dieser Perspektive häufig gefährlich. Bei manchen Sportarten kann man leicht verunglücken, beim Urlaub in fernen Ländern kann man sich Krankheiten holen. Der Radius der Zurückgezogenen ist klein: Man bleibt zu Hause und schätzt für besondere Gelegenheiten den Besuch im Stadion und das traditionelle Volksfest. Der Konsum verspricht Erlebnisse und das Gefühl, dazu zu gehören. Aktivsport interessiert weitaus weniger als die „Beteiligung" an medialen Ereignissen wie der Formel 1.

Sicherheit ist Mangelware: Weder auf die Rente kann man sich verlassen noch auf stabile politische Führung, von gesellschaftlich geteilten Werten ganz zu schweigen. Bildung nützt aus dieser Perspektive in gewisser Weise zur Absicherung des Lebens, trägt aber selbst nicht zum Lebensgenuss bei. Geschmackliche Vorlieben sind in diesem Milieu wenig ausgeprägt oder werden durch Vorbilder aus dem öffentlichen Leben bestimmt.

Kirche ist für die Zurückgezogenen eine alte Heimat, an der man aber nicht direkt beteiligt ist. Vielmehr gehört Kirche in vieler Hinsicht zur Obrigkeit. Auch in der Kirche gibt es „die da oben", die Strukturen verändern, Neuerungen einführen, nach ihrem Dafürhalten das Geld verteilen. Und das geschieht – wie auch sonst fast überall – selten zum Wohle der Zurückgezogenen. Die Gemeinschaft, die etwa in einer Kirchengemeinde möglich ist, verlockt wenig, ebenso die dort üblichen Beteiligungsformen. Weil sie zumeist nicht recht zum eigenen Leben passen, weil dort die Menschen, die man gut kennt, auch nicht sind, hat man damit selbst nur an Feiertagen oder zu familiären Anlässen etwas zu suchen.

> **Typologische Einordnung**
>
> Die Zurückgezogenen entsprechen dem traditionsorientierten, unauffälligen Lebensstil (E6) der EKD-Studie. Eine Zuordnung zu Schulzes Typologie erfolgt über Teile des Harmoniemilieus, des Integrationsmilieus oder auch des Unterhaltungsmilieus, insofern sich diese nicht als gesellig und auf Nachbarschaftskontakte ausgerichtet zeigen, sondern stärker zurückgezogen und passiv leben (GS). Es lassen sich Analogien herstellen zum Traditionellen Arbeitnehmermilieu (VBV), den Konsum-Materialisten und den wenig geselligen Teilen der Traditionsverwurzelten (Sinus).

3. Dimensionen des Lebens – Milieuatmosphären in der Kirche

Jede Organisation, Einrichtung oder Gruppe verbreitet Milieuatmosphäre. Jedes Auftreten oder Handeln ist durchzogen mit Zeichen und Botschaften an die Umwelt, mit Verhaltensweisen und Ausdrücken, die alles andere als milieuneutral sind. Betritt man den Neubau einer Multimediafirma, empfindet man eine bestimmte Milieuatmosphäre. Eine andere spürt man auf langen, schmalen Fluren in einem 50er-Jahre-Bau, in dem das örtliche Sozialamt untergebracht ist und wo bei Kunstlicht und auf schon älteren Plastikstühlen Menschen vor den Türen warten. Milieuatmosphären sind besonders spürbar für die, denen ein Milieu fremd oder sogar unangenehm ist.

So gibt es auch Milieuatmosphären in kirchlichen Räumen und Angeboten. Man hört und sieht bei dem, wie Kirche auftritt und was sie an Angeboten macht, die Milieuatmosphäre immer mit. Kaum etwas davon ist gewollt, das meiste ist einfach so entstanden, geprägt von denen, die Gruppen ins Leben gerufen haben, die mit ihrem Engagement Kirche tragen. Für Menschen, die mit Kirche wenig zu tun haben, ist oft als erstes die Milieuatmosphäre erkennbar: wie die Gardinen im Gemeindehaus aussehen, ob sie von den 60er- oder 90er-Jahren erzählen, von gemütlichen Frauenrunden oder einem sparsamen Kirchenvorstand, von Niveaubewusstsein oder künstlerischen Ambitionen. Ob bei einem Treffen im Gemeindehaus Kaffee oder Kräutertee gereicht wird, entscheidet oft mehr über den ersten Eindruck kirchenferner Menschen als der Vortrag oder das Gespräch, zu dem man gekommen ist.

Milieuatmosphären haben etwas zu tun mit dem Alter, der Bildung oder dem Einkommen der Menschen, aber ebenso – oder sogar noch mehr – mit ihren Einstellungen, Träumen und Lebensgefühl. Menschen gleichen Alters oder mit ähnlich hohem Einkommen können sich völlig unterschiedlich benehmen, ganz unterschiedlich traditionell, gesellig oder engagiert sein. Was typisch ist, hängt an bestimmten Kombinationen von Alter, Status, Vorlieben und Zielen – eben den Milieus. Die sechs Typen aus dem vorangegangenen Abschnitt ordnen wir hier in einigen wesentlichen Dimensionen des Lebens an. Daraus sollen dann zugleich Milieuatmosphären in der Kirche deutlich werden.

Es geht um Atmosphären – das heißt auch: Milieuatmosphären sind, wie die Milieus selbst, niemals ganz exakt und wirklich objektiv. Es geht hier um Näherungswerte und typische Erscheinungsformen. So lässt sich zwar exakt sagen, wie alt Menschen sind, aber kaum, um wieviel beispielsweise das eine Milieu konservativer ist als das nächste. Man begibt sich auf die Suche nach Faktoren, aus denen sich „das Konservative" ablesen ließe: die Vorliebe für eine konservative Partei, traditionelle Vorstellungen von Ehe und Familie, das Bedürfnis, Kirche möge die bleiben, wie sie immer war. Nun zeigen sich aber solche „traditionellen" Wünsche an die Kirche auch bei Menschen, die ansonsten wenig konservativ sind. Darum geht es hier nicht um „die einen" und „die anderen", sondern um Lebenslagen oder Einstellungen, in denen unterschiedliche Wünsche und Bedürfnisse verständlich werden. Es geht um den Blick in die Tiefe, der es uns anschließend im dritten Teil dieses Buches ermöglicht, die Milieuperspektive auf konkrete Aufgaben und Arbeitsbereiche der Kirche anzuwenden.

Die Perspektive der konkreten Lebensgeschichte findet hier Anwendung, indem immer wieder (wie schon im Kapitel I) Personen vorgestellt werden, deren Vornamen im Anfangsbuchstaben an den Namen ihres Milieus in diesem Buch erinnern: Heinrich ist ein Hochkultureller, Brigitte eine Bodenständige, Maike eine Mobile, Katrin eine Kritische, Günter ein Geselliger und Rudolf ein ZuRückgezogener. Weil ein Milieu nicht aus Idealtypen besteht, soll die Methode der biographischen Perspektive nach dem gleichen Prinzip auch die weiteren Kapitel durchziehen.

3.1 Alter als zentrale Dimension des Lebens

Das Alter unterscheidet die Menschen ausgesprochen stark voneinander. Dabei ist das Alter oft nicht selbst das wesentliche Unterscheidungsmerkmal, sondern es sind die Lebensumstände, Interessen oder Erfahrungen, die sichtbar werden, wenn man alte und junge Menschen miteinander vergleicht. Manche Milieuanalysen sprechen darum weniger vom Alter, sondern von der „biographischen Offenheit" oder von „Schließungsprozessen", die sich in der Jugend oder im Alter seltener oder häufiger antreffen lassen:

Wer jung ist, hat viele Möglichkeiten und ist entsprechend für Neues offen. Aus einer anderen Perspektive gesehen: Junge Menschen können es sich kaum leisten, sich schon auf vieles festzulegen, etwa auf den Wohnort oder eine bestimmte berufliche Tätigkeit. Vieles kann sich noch ändern, Umzüge können aus privaten oder beruflichen Gründen unumgänglich sein. Eine Offenheit der eigenen Lebensgeschichte ist ebenso ein Glück wie ein gewisser Zwang, das Kommende (möglicherweise ganz anders) zu gestalten und Entscheidungen zu treffen. Mit dem Alter werden die Möglichkeiten weniger, immer mehr Dinge sind festgelegt, was aus der Perspektive der Älteren häufig positiv bewertet wird. Wer ein Haus gekauft oder eine Familie gegründet hat, ist daran gebunden, darf sich aber in gewisser Hinsicht darauf auch „ausruhen", sich sicher fühlen. Veränderungen werden jetzt stärker zur Belastung als in jungen Jahren. Später schränken oft körperliche Gebrechen oder der Wunsch nach Ruhe die Beweglichkeit weiter ein.

Weil hier die Lebensumstände und die Lebensperspektive eine so wichtige Rolle spielen, unterscheiden einige Forscher wie etwa Gunnar Otte die Menschen nicht nach Alter, sondern nach ihrer biographischen Offenheit (typischerweise in jüngeren Jahren vorhanden), einer biographischen Konsolidierung (typisch für die Lebensmitte) oder der biographischen Schließung (typisch für höhere Lebensalter). Damit verbunden ist in der Regel – wenn auch nicht immer – eine stärker werdende Orientierung an der Tradition: Man ist weniger offen für neue Entwicklungen und empfindet schließlich ein geregeltes Leben ohne große Überraschungen als eigenen Wert. Hier haben Regelungen, bekannte Muster des Urteils und die Bewahrung des Bewährten ihren Sinn in sich selbst: Sie stabilisieren das Leben und schützen das Vorhandene.

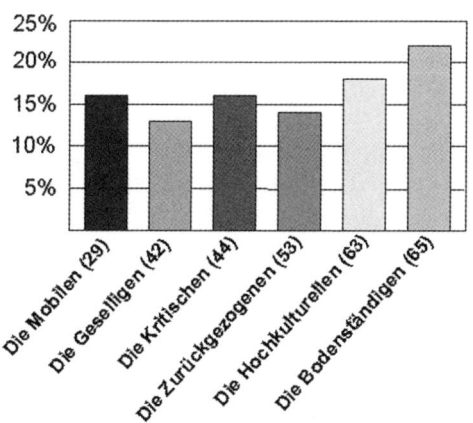

Abbildung 7: Milieus in der Kirche nach Durchschnittsalter und Umfang
In der Abbildung sind die Milieus von links nach rechts nach ihrem Alter angeordnet, die Größe der Balken zeigt an, welchen Anteil das Milieu an der Gesamtzahl der Evangelischen hat. (Quelle: EKD)

Die sechs Milieus lassen sich – stellvertretend für den Aspekt der biographischen Veränderung – nach ihrem Durchschnittsalter anordnen: Die Bodenständigen sind mit ihrem Durchschnittsalter von 65 Jahren das älteste Milieu, die Mobilen mit durchschnittlich 29 Jahren das jüngste. Der Umfang der Milieus und damit der Anteil, den ein Milieu an der Gesamtzahl der evangelischen Kirchenmitglieder hat, ist sehr unterschiedlich. So sind die Hochkulturellen und die Kritischen momentan vergleichsweise kleinere Milieus, die Mobilen ein vergleichsweise sehr großes Milieu.

Entsprechend dem Alter sind die Lebenssituationen der Bodenständigen und der Mobilen am stärksten von einander unterschieden, wie das Beispiel von Brigitte, der Bodenständigen, und Maike, der Mobilen, zeigen:

> *Wie Brigitte lebt*
>
> Brigitte ist 65 Jahre alt und lebt seit fast fünfzig Jahren in der kleinen Ortschaft. Geboren ist sie im Nachbarort, dort hat sie auch nach der Volksschule in der Drogerie gelernt. Sie wollte Schneiderin werden, aber dafür hätte sie in die Stadt ziehen müssen. Mit 18 hat sie geheiratet und ist zu ihrem Mann gezogen. Er arbeitete damals als Geselle bei einem Raumausstatter. Durch seine Familie hat sie schnell in der neuen Umgebung Menschen kennen gelernt. Dann kamen ja auch die Kinder.
>
> Brigitte und ihr Mann haben, als die Kinder etwas größer waren, von den Schwiegereltern das kleine Haus übernommen und es über die Jahre in Stand gehalten. Als Brigittes Mann dann immer mehr Probleme mit den Knien hatte und mit 55 entlassen wurde, waren sie froh, dass sie keine Miete zu bezahlen hatten. Große Sprünge hatten sie nie gemacht und Brigitte hatte schon früh wieder angefangen, etwas hinzu zu verdienen. Jetzt leben die beiden von einer bescheidenen Rente.
>
> Brigittes Geschwister mit ihren Familien leben alle in der Umgebung, es ist immer viel los. Brigitte ist seit vierzig Jahren Mitglied im Landfrauen-Verein und bereitet die großen Feste im Ort mit vor, näht die Trachten und kümmert sich mit ein paar Frauen aus der Kirchengemeinde um Ältere, die nicht mehr alleine einkaufen können.
>
> *Wie Maike lebt*
>
> Maike ist 29 Jahre alt. Nach der Realschule hat sie in der Kleinstadt, aus der sie stammt, eine Ausbildung bei der Sparkasse ge-

macht. Mit den Kolleginnen hatte sie viel Spaß, sie hatte auch Lust, bei neuen Projekten mitzumachen. Zur Euro-Umstellung wurden in den großen Filialen in der neunzig Kilometer entfernten Großstadt Mitarbeiter gesucht, seitdem lebt sie dort. Auf einer After-Work-Party lernte sie ihren heutigen Freund kennen, der in einer Medienfirma arbeitet. Sie überlegt, sich auch bei einer dieser Firmen zu bewerben, und sie denkt darüber nach, berufsbegleitend noch eine Weiterbildung zur Betriebswirtin zu machen, dann hätte sie größere Chancen, einen Job zu finden, der ihr etwas Neues bietet, vielleicht sogar im Ausland.

Maike reist viel, besucht regelmäßig die Fitnesskurse in ihrem Studio und geht am Wochenende regelmäßig aus. Sie mag es, wenn das Leben Spaß macht. Sie kann sich vorstellen, in ein paar Jahren eine Familie zu gründen, aber das ist jetzt noch nicht dran. Vielleicht könnte sie nächstes Jahr mit ihrem Freund eine gemeinsame Wohnung suchen, dann könnte sie schon einmal ausprobieren, wie das ist, wenn man das Leben verbindlich mit jemand anderem teilt.

Im Vergleich der beiden wird deutlich: Sie stammen aus unterschiedlichen Generationen, und dadurch sind ganz verschiedene Dinge für sie wichtig: Brigitte ist vor allem mit ihrem Haus, ihrer Familie und mit den Bekannten und Freunden im Ort beschäftigt, Maike kümmert sich um ihren Job und genießt ihr Leben. Trotzdem gibt es hier bei näherem Hinsehen Dinge, die die beiden über ihr Alter hinaus unterscheiden: Brigitte lebte seit zehn Jahren in einer festen Partnerschaft und hatte zwei Kinder, als sie so alt war wie Maike heute ist. Zu heiraten und eine Familie zu haben, war für sie immer ein Lebensziel, für Maike ist es eine Option, eben eine von vielen Möglichkeiten. Manchmal ist für Maike das „Bild vom geregelten Leben", das sie ja aus ihrer Familie auch kennt, ein sicherer Rahmen des Lebens, zu dem man nach Bedarf zurückkehren kann. Bisher sind die Verlockungen von Freizeit und Beruf stärker, Verlockungen, die Brigitte nie in dieser Form kennen gelernt hat und die sie bis heute nicht besonders schätzt.

In Brigittes Volksschulklasse waren zwei Mädchen, die später in die Stadt aufs Gymnasium gingen. Eine davon ist mit ihrem Mann nach Norddeutschland gezogen, die andere ist Lehrerin geworden und mehrfach umgezogen, als sie nach der Ausbildung verschiedene Stellen bekam. Für Brigitte war das alles keine Option: Sie wollte dort bleiben, wo sie sich auskennt, ganz abgesehen davon, dass niemand in der Familie dafür Verständnis gehabt hätte, wenn sie plötzlich noch eine neue Ausbildung hätte machen oder in eine andere Stadt hätte ziehen wollen. Über das Alter hinaus geht es offenbar auch darum, was für einen Bezug man zum Wohnort oder zur Region hat, in der man lebt, wie mobil man sein mag, was an Veränderungen reizt oder eher abschreckt. Die Ausrichtung auf den Wohnort oder andere regionale und überregionale Größen soll im Abschnitt 3.4 im Zentrum stehen.

Brigitte legt großen Wert auf das Miteinander mit anderen, auf die Gemeinschaft im Ort, die Vertrautheit der Familie. Auch Maike hat viel mit anderen zu tun. Dies Geselligkeit zu nennen, wäre jedoch verfehlt. Denn Maike plaudert gern mit Kolleginnen und geht mit ihnen aus, sie hat engere Freundinnen und Freunde und besucht gern mal ihre Eltern oder ihre ältere Schwester, die einen Sohn hat, aber sie ist auch gern mal für sich und froh, wenn sie sich zu Hause oder beim Fitness-Training nach dem eigenen Rhythmus richten kann. Ob man die Geselligkeit liebt oder andere Formen des Miteinander bevorzugt, ist eine Sache jenseits des Alters und wird im Abschnitt 3.5 besonderes Interesse finden.

Noch ein weiterer zentraler Unterschied zwischen Brigitte und Maike liegt jenseits des Altersunterschieds: Brigitte hat sich immer stark an ihrer Familie orientiert, an der Tradition, an den Leitbildern im öffentlichen Leben ihres Wohnorts, an dem, „was man macht" und was nicht. Maike dagegen orientiert sich zwar auch an Standards und Trends in ihrer sozialen Umgebung, dahinter steht aber das Bild, dass Maike ihr Leben vor allem selbst gestalten kann. Auch für Maike spielen Erwartungen ihrer Eltern und Verhaltensmuster ihrer Herkunftsfamilie eine Rolle, aber sie fragt sich vor allem, „was ihrem Typ entspricht", was „ihr Ding" ist, was sie selbst möchte. Zu dieser Dimension der eigenen Persönlichkeit soll der Abschnitt 3.3 weitere Auskünfte geben.

Nun wäre es praktisch, wenn man vom Durchschnittsalter eines Milieus darauf schließen könnte, zu welchem Milieu ein Mensch gehört. Es gehören aber in jedes Milieu Menschen verschiedener Altersgruppen – umgekehrt setzt sich eine Altersgruppe aus Menschen verschiedener Milieus zusammen. Dies zeigt die folgende Abbildung. Wer unter dreißig ist, gehört mit hoher Wahrscheinlichkeit zu den Mobilen, aber ein knappes Drittel dieser Altersgruppe muss anders zugeordnet werden, etwa zu den Kritischen, den Geselligen oder Zurückgezogenen. Menschen über sechzig Jahre müssen bereits in drei Milieus aufgeteilt werden, um sie wenigstens näherungsweise zu erfassen: Sie sind zu etwa 40% Bodenständige, zu knapp 30% Hochkulturelle und zu etwa 20% Zurückgezogene. Die Kritischen sind hier eine kleine Minderheit, und die Wahrscheinlichkeit, dass sich hier Mobile oder Gesellige finden, ist ausgesprochen gering. In den mittleren Lebensjahren, zwischen dreißig und sechzig Jahren, ist es fast unmöglich, Menschen allein aufgrund ihres Alters zu einem Milieu zu rechnen.

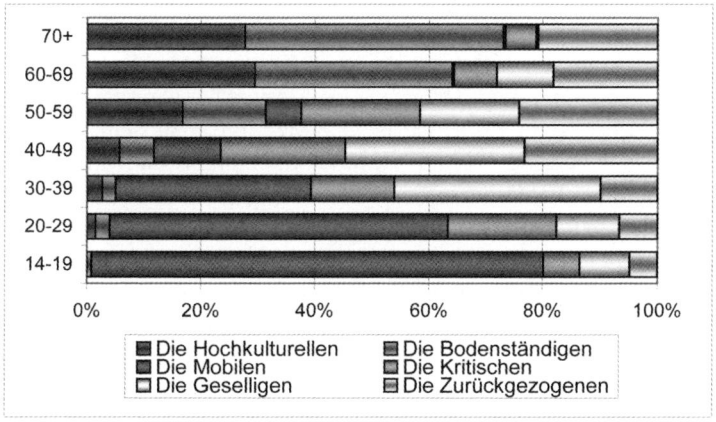

Abbildung 8: Verteilung der Altersgruppen auf die Milieus
In der Abbildung ist jede Altersgruppe als Balken von 100% dargestellt, auch wenn die Altersgruppen nicht gleich groß sind. Jetzt kann man die Altersgruppen in ihrer Zusammensetzung aus Menschen verschiedener Milieus miteinander vergleichen. (Quelle: EKD)

Grundsätzlich empfiehlt es sich also, über die Dimension des Alters hinaus nach weiteren Merkmalen zu suchen, mit denen sich Angehörige der verschiedenen Milieus „entdecken" lassen. Solche Merkmale ergeben sich aus den Dimensionen der folgenden Abschnitte.

3.2 Bildung, Einkommen, Status und Ästhetik

Was jemand gelernt hat, lässt nicht immer darauf schließen, was jemand verdient. Davon gibt es bekannte Bilder wie das von der Taxifahrerin mit Doktortitel oder vom Vorstand eines Unternehmens, der seinerzeit gerade mal den Volksschulabschluss schaffte. Betrachtet man die gesamte Bevölkerung, so gibt es aber immer noch eine hohe Wechselwirkung zwischen der eigenen Ausbildung und dem Einkommen, das man in seinem Haushalt zur Verfügung hat. Eine hohe Bildung macht sich nicht nur bemerkbar durch die Anzahl der Zeugnisse und Diplome, sondern zeigt sich das ganze Leben hindurch in einem hohen Interesse an detaillierter Information und niveauvoller Lektüre, an Vorträgen oder Weiterbildungsmöglichkeiten. Hier etabliert sich der Unterschied zwischen Lesen und Fernsehen, zwischen FAZ und BILD, zwischen Günter Grass und dem Trivialroman. Ebenso macht sich Einkommen nicht nur auf dem Konto bemerkbar, sondern meist auch im Lebensstandard, im Niveau der Ausstattung der Wohnung oder in der Höhe der Beträge, die man beim Restaurantbesuch bezahlt. Damit bestimmen die Dimension Bildung und Einkommen die Milieuatmosphären. Dass diese selbst innerhalb derselben Altersgruppe höchst unterschiedlich sein können, zeigt der Vergleich zwischen Brigitte, der Bodenständigen, und Heinrich, dem Hochkulturellen:

Wie Heinrich lebt

Heinrich ist 63 Jahre alt und Sohn eines Konditors. Seine Eltern hatten nicht viel Geld, aber der Vater wollte, dass alle vier Kinder eine höhere Schule besuchen konnten. Er hatte in seiner Ausbildung einige Zeit in Frankreich gelebt und fand es wichtig, dass die Kinder lernten, sich auch in Fremdsprachen zu verständigen. Heinrich ging zum Gymnasium und besuchte anschließend eine Ingenieurschule. Nach dem Abschluss bekam er ein Angebot von einer Firma in einer anderen Stadt. Dort lernte er seine spätere Frau kennen, die als Grundschullehrerin arbeitete. Gemeinsam mit ihr besuchte er jahrelang einen Literaturkreis und Theaterstücke im „English Theater" der nahe gelegenen Großstadt.

Milieuatmosphären in der Kirche 95

> Heinrich bekam mit seiner Frau drei Kinder. Für seine Firma war er mehrmals einige Wochen im Ausland beschäftigt. Seine Frau begann wieder zu unterrichten, als das jüngste Kind acht war. Mit ihrem guten Einkommen konnte sich die Familie ein Haus leisten und häufige Reisen. Es war selbstverständlich, dass die Kinder als Austauschschüler ins Ausland reisen und ein Musikinstrument lernen konnten.
>
> Als die Kinder aus dem Haus waren, haben Heinrich und seine Frau wieder einen Literaturkreis ins Leben gerufen. In der Kirchengemeinde in der Stadtmitte hatte ein Vortrag über „Reisen in der Literatur" stattgefunden und der Pfarrer der Gemeinde hatte den Kontakt zu anderen Interessierten vermittelt. Die Gruppe konnte auch einen Raum im Gemeindehaus für die Treffen nutzen.

Obwohl Heinrich und Brigitte nahezu gleich alt sind, unterscheiden sich ihre Lebensumstände enorm voneinander. Vermutlich könnte sich auch Brigitte ab und zu einen Theaterbesuch leisten, aber sie interessiert sich dafür nicht besonders. Sie findet es interessanter, wenn im Bürgerhaus im Ort jedes Jahr ein Volksmusik-Duo gastiert. Da geht Brigitte mit dem Landfrauen-Verein hin. Auch Brigitte liest ganz gern, aber bei ihr sind es weniger die französischen Literaten, sondern Heimatromane und „Echo der Frau", auch mal die „Hörzu". Brigitte würde nicht zu einem schöngeistigen Vortrag in die Kirchengemeinde gehen. Sie findet, wenn der Pfarrer in seiner Predigt so gelehrt redet, ist das schon genug. Brigitte mag es lieber, wenn die Kinder vom Kindergottesdienst etwas vorsingen oder die Pfarrerin an Weihnachten statt der Predigt eine Geschichte erzählt.

So hat Heinrich mit der 34 Jahre jüngeren Maike einiges gemeinsam, das ihn von Brigitte unterscheidet. Auch Maike ist gut ausgebildet, ist mobil und würde wie Heinrich für eine interessante Veranstaltung einige Kilometer reisen oder für ein Hobby größere Anstrengungen unternehmen. Nur hat Maike eine ganz andere Haltung zur Bildung. Eine Sprache zu können ist nützlich, wenn man im Ausland ist oder eine neue Stelle sucht. Aber „nur so" die eigenen Französischkenntnisse auf Vordermann zu halten, das bringt ihr nicht viel. Maike sehnt sich nach Spaß, neuen Anreizen und Erlebnissen. Und die sucht sie nicht bei einer Fortbildung oder in einem Literaturkreis, sondern beim Sport, auf Partys oder auf Reisen.

Hier zeigt sich, welche Rolle nun der Status spielt, der sich ursprünglich aus Bildung und Einkommen entwickelt hat: Unsere Gesellschaft ist eine Angebotsgesellschaft geworden. Der Alltag aller Mitglieder der Gesellschaft wird durch Angebote geprägt. Die Aufgabe der Individuen ist das Auswählen. Nicht ob ein Auto angeschafft werden soll, ist die Frage, die noch in den 50er Jahren aktuell war, sondern welches Auto. Nicht die Bezahlbarkeit der Konsumgüter ist ausschlaggebend, sondern das Image. Und Qualität ist hier zu einem Teil des Images geworden. VW hat es verstanden, innerhalb eines Autotyps verschiedene Images auszubilden, die Welten von „Golf Diesel" und „Golf GTI". Diese Imageorientierung gilt selbst für reine Gebrauchsgüter. An die Stelle der guten alten Seife sind die vielen Marken an Duschgels getreten, und es ist ein Unterschied, ob ich die Hausmarke des Discounters kaufe oder das Duschgel von Nivea. Beides könnten Brigitte, Heinrich und Maike sich leisten, aber die Unterschiede im Status führen dazu, dass diese Produkte für sie Einstellungen transportieren und zu Botschaften werden, an sich selbst und die Umgebung: Man „weiß, wie man Geld spart", vertraut auf ein Qualitätsprodukt, verschafft sich „Sicherheit" oder will einfach „sich etwas Gutes tun".

Hiermit verlagerte sich der Schwerpunkt von den außenorientierten Erlebnissen auf innenorientierte Erlebnisse: Nicht, ob das Auto fährt und die Seife wäscht, sondern wie sie es tun und was es bedeutet, eine bestimmte Marke gewählt zu haben – das sind jetzt die entscheidenden Fragen. Dabei wird alles eine Sache des Geschmacks und entzieht sich häufig objektiven Kriterien. Mit dieser Orientierung am eigenen Geschmack wird aber auch der Anspruch an den einzelnen Menschen größer: Er muss Entscheidungen treffen, seinen Geschmack ausbilden. Das erhöht die Unsicherheit: Woher weiß ich, was ich wählen soll? Wer sagt es mir? So orientiert man sich selten am individuellen Geschmack, sondern bedient sich verschiedener Schemata der Ästhetik oder des Erlebens. Menschen bringen ihren Geschmack zum Ausdruck, indem sie ein gesamtes Schema von Erlebnissen ansteuern und mit ihrer Lebensweise, zum Beispiel in der Produktwahl, verfolgen. Die Werbung hilft dabei: Die Verwendung des einen Duschgels bedeutet Steilküsten-Erlebnisse, die Verwendung des anderen die professionelle Zuwendung zur eigenen Haut mit Mandelmilch und Honig. Aus der Funktion ist Ästhetik geworden. Auch die Kultur wird zur Erlebnisware und unterliegt ästhetischen Vorlieben. Ein bisschen Beethoven oder lieber Jazz? Einen Spitzweg aufhängen oder lieber Popart? Selbst Gesellschaftsprobleme sind ästhetisiert. Der 11. September kommt zuweilen wie ein Katastrophenfilm daher. Mit Armut assoziiert man die Weihnachtsmillionenglückslotterie, und die Rollenverteilungen bei politischen Auseinandersetzungen nähern sich denen der Drehbücher von Fernsehserien an.

Gerhard Schulze spricht in seinem Buch zur „Erlebnisgesellschaft" von kollektiven Schematisierungen, von einem unwillkürlichen Wissen darum, welche Erlebnisreize zueinander passen. Er gibt ein Beispiel: „Operette passt zu Dirndl", die „Enzyklopädie zum Orgelkonzert", das „Fahrradfahren zur taz-Lektüre" (GS: 121). Warum stellen wir nicht die Operette zum Orgelkonzert – es handelt sich ja in beiden Fällen um Musik? Wir sortieren anders. Die ästhetischen Objekte, mit denen sich Menschen umgeben, sind heute zum Merkmal für das Milieu geworden, zu dem sie gehören.

Schulze hat drei alltagsästhetische Schemata beschrieben. Mit ihnen lassen sich die Milieus in der Dimension der Ästhetik verstehen: Für das *Hochkulturschema* ist ein Genusserleben typisch, das dem Ideal der Kontemplation folgt: Freude am Erkennen bei körperlicher Ruhe. Man setzt sich ab von den „Barbaren", den BILD-Lesenden und Massentouristen. Man verabscheut plumpe Gemütlichkeit mit Schwitzen, Riechen und Korpulenz, hört stattdessen klassische Musik in gepflegter Atmosphäre und liest „gute Literatur". Hier sind die Erlebnisse komplex und werden Kultur genannt.

Für das *Trivialschema* ist die Vorliebe für deutschsprachige Schlager typisch oder auch ein Genusserleben, das den Körper stark mit einbezieht: Zusammenrücken, Schunkeln, viel Essen. Man verachtet den exzentrischen Fremden und Individualisten, man fühlt sich von ihnen gestört. Die Erlebnisse sind hier oft einfach (und werden von anderen deswegen gern verachtet).

Seit den 60er Jahren ist für Schulze ein weiterer Gegensatz hinzugekommen, der von Ordnung und Spontaneität. Das dritte

Schema, das *Spannungsschema*, setzt sich vom Ordnungsbedürfnis der anderen Schemata ab. Es ist entstanden aus Jugendsubkulturen. Typisch dafür sind: Rockmusik, Thriller, Ausgehen in Kneipen, Disco, Kino etc. Das Genusserleben bezieht den Körper mit ein, sucht schnelle Spannungswechsel. Verachtet und gemieden werden alle Konventionellen, die Langweiler, die Etablierten, die Reihenhausbesitzer und Hausfrauen.

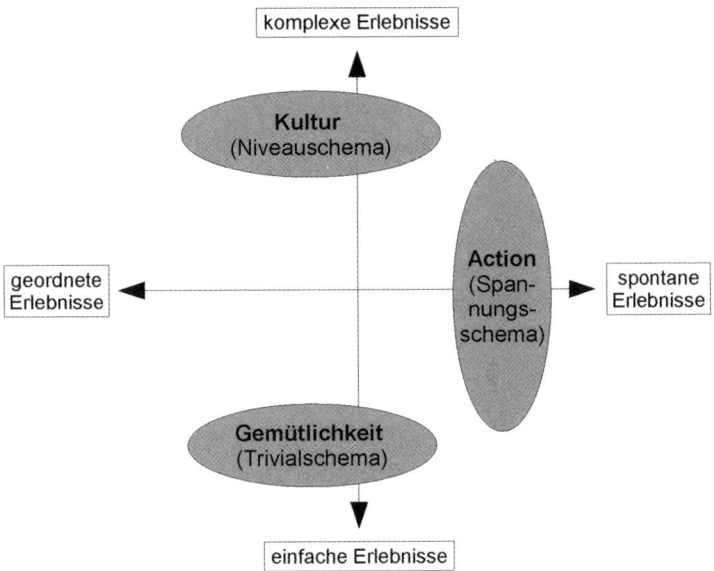

Abbildung 9: Drei typische Muster in der Welt der Erlebnisvorlieben

Die drei Erlebnisschemata können sich mischen: Man kann komplexe, actionbetonte Musikerlebnisse bevorzugen (z.B. Jazz oder Weltmusik) oder komplexe geordnete (klassische Musik), man kann einfach strukturierte Actionmusik mögen (Pop) oder einfach strukturierte, geordnete (Volks- und Blasmusik). Des Weiteren, so zeigte sich, wirken Lebensumstände darauf ein, welche Sorte von Erlebnissen man als zu einem passend bevorzugt. Wer höhere Bildung genossen hat, hat meist gelernt, komplexere Erlebnisse zu suchen und zu genießen, mit weniger Bildung sind einfachere Erlebnisse das Naheliegendere. Auch das Alter spielt eine Rolle: Die Lebenssituation, die jeweiligen Selbstbilder und

Rollen oder auch körperliche Befindlichkeiten führen dazu, dass Action und Spannungswechsel für Ältere nicht mehr so attraktiv sind. Hier erweist sich (als grobe Orientierungshilfe) die Vorliebe für geordnete Erlebnisse als typisch für Ältere, die Vorliebe für spontane Erlebnisse als typisch für Jüngere. Damit ergibt sich folgende Übersicht über die Milieus:

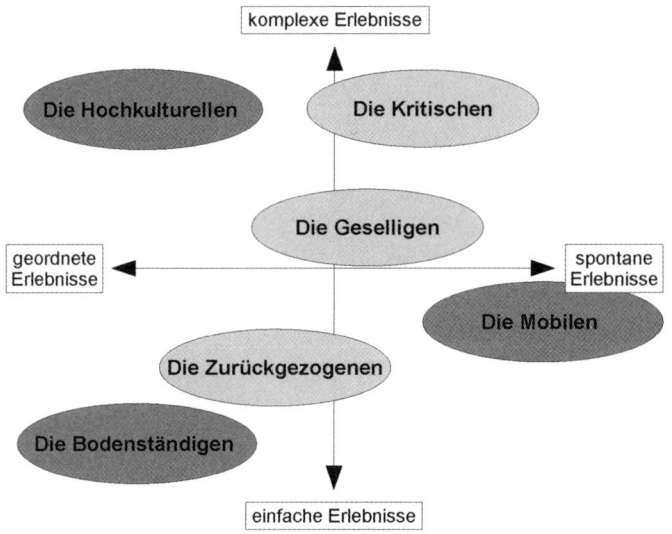

Abbildung 10: Schwerpunkte der Milieus in der Welt der Erlebnisvorlieben

Die *hochkulturelle Atmosphäre*, in der die Erlebnisse komplex und geordnet sind, findet man in der Kirche ausgesprochen oft: Es dominiert der thematische Dialog, das Modell „Vortrag mit Diskussion". Gemeinsam bezieht man sich auf ein Drittes, das Thema. Verlangt wird konzentriertes Zuhören, das die Argumente erfasst, und ein Reden, das sich als Auseinandersetzung mit den Argumenten des Gegenübers erweist. Die Argumente werden nicht selten durch Berufung auf Autoritäten der Kultur erstellt (die „Dichter und Denker") oder auf Theorien und Thesen, die man kennen muss. Benutzt wird eine Sprache nahe der Schriftsprache, durchsetzt mit Fachausdrücken und Fremdworten, die als bekannt vorausgesetzt werden. Vorträge und Seminare haben typischerweise einen solchen Charakter, aber auch die gewöhnliche Predigt nimmt leicht diese Atmosphäre an. Auch Predigtnachgespräche und Bibelkreise tendieren oft in diese Richtung.

Dem gegenüber findet sich die *Atmosphäre der „kleinen Leute"*, repräsentiert durch das Milieu der Bodenständigen: Hier sind die Erlebnisse ebenfalls geordnet, aber tendenziell einfach. Es steht das Praktische, Handgreifliche im Vordergrund. Im Gespräch dominiert das Erzählen. Man erzählt von einer Krankheit so, dass alle mittendrin sind im Geschehen: „... bin ich zum Arzt gegangen ... hat der Doktor gesagt: Sie ham 'nen kaputten Rücken. Da schick ich Sie jetzt zu 'nem Spezialisten. ... hab ich in der Zeitung gelesen, sagen se: Du musst jeden Tag so 'ne Gymnastik machen ..." Man argumentiert mit Hilfe eigener Erfahrungen und der Erzählung über Aussprüche von Autoritäten. Themen an sich sind „langweilig". Vorträge und Diskussionen über Vorträge gehören zu einer anderen Welt. Die Gespräche ergeben sich hier aus dem Alltag und den Beziehungen mit Menschen – und nur daraus. Gespräche erzählen davon, was zu denken und zu tun, was falsch ist und was richtig. Für diese Atmosphäre sind Aussprüche typisch, die zeigen, dass man eben zu der anderen Welt gehört und nicht zu denen da oben: „Kann man nix machen." „Mit der kann man gut reden." In der Kirche sind es gerade die Angebote, bei denen das Gespräch nicht im Vordergrund steht, die den Bodenständigen die Möglichkeit zum Gespräch geben. Da, wo man miteinander reist und isst (beim Ausflug oder Seniorenkaffee), bieten sich solche Gelegenheiten. Die großen Feste wie Weihnachten oder Erntedank sind niemals langweilig, weil hier über Stimmungen das eigene Feiern und das eigene Umfeld („meine Familie") einbezogen wird.

Die *Atmosphäre von Erlebnis, Bewegung, Gestaltung und Spannung* bildet dazu den Gegensatz, denn hier sind die Erlebnisse möglichst nicht allzu geordnet. Hier sind die Unterschiede zwischen dem einfachen und dem komplexen Erleben nicht so ausgeprägt. Den meisten Menschen, die diese Atmosphäre schätzen, ist die hochkulturelle Gesprächsatmosphäre nicht einfach verschlossen, aber die Festlegung auf das Sprachspiel thematischen Sprechens wird als Begrenzung empfunden. Im Gespräch soll was los sein, das Thema soll aufregend sein, Gefühle und authentische Positionen sollen kenntlich werden. Die Meinungen sollen ruhig aufeinanderprallen. In Gesprächen entdeckt man sich selbst, mit den eigenen Gefühlen und Interessen. Die Zurückgezogenen sind, obwohl ihr Erleben wie das der Bodenständigen vor allem mit dem Trivialschema zu beschreiben ist, oft von einer solchen Atmosphäre von Erlebnis, Bewegung oder Spannung fasziniert. Sie sind darum die wichtigste Zielgruppe für eine Gerichts-Shows oder eine Heimwerker-Soap. Für sie findet das Erleben im eigenen Wohnzimmer statt, unsichtbar, oft einsam und in keinem Fall in der Öffentlichkeit.

In der Kirche lässt sich diese Erlebnisvorliebe besonders dann integrieren, wenn die Beteiligten (wie die Kritischen) ein sachliches Interesse mitbringen, sei es beispielsweise sozialpolitisch (Ökologie, soziale Gerechtigkeit) oder auf die eigene Lebensform und das Miteinander bezogen (Behinderung, Homosexualität, Feminismus). Wo das nicht der Fall ist (wie bei manchen Mobilen), wo eine stärkere Orientierung am Konsum vorherrscht, ist die Brücke zwischen Kirche und eigenen Erlebnisansprüchen ausgesprochen schwer zu schlagen. Hier ist das Bedürfnis an Typisierung und Stilisierung, an extremen Meinungen, schrillen Typen und inszenierten Gegensätzen sehr viel größer und im üblichen Angebot von Gemeinden selten wiederzufinden.

3.3 Persönlichkeit, Hierarchie und Eigenverantwortung

Eine weitere Dimension, die Gegensätze zwischen den Milieus sichtbar macht, ist die Rolle der eigenen Person und die Haltung gegenüber Hierarchien und Autoritäten. In dieser Hinsicht sind es die Bodenständigen und die Kritischen, die sich am stärksten voneinander unterscheiden. Das soll ein Vergleich zwischen Brigitte, der Bodenständigen, und Katrin, der Kritischen, verdeutlichen:

Wie Katrin lebt

Katrin ist 44 Jahre alt und lebt heute in einer Großstadt. Ihre Mutter war Lehrerin, ihr Vater Rechtsanwalt. Beide hatten große Pläne für ihre Kinder, was Katrin schon als Jugendliche wenig reizvoll fand. Nach dem Abitur machte sie eine Ausbildung zur Krankenschwester und arbeitete viele Jahre in der Kleinstadt, aus der sie stammt. Sie hatte wenig Lust auf die konservative Lebensweise ihrer Eltern und heiratete erst, als sie mit ihrem Freund schon zwölf Jahre zusammengelebt hatte. Katrin las viel und befasste sich auch mit Themen rund um die Medizin. Alternative Methoden, Homöopathie und Chinesische Medizin faszinierten sie. Katrin konnte im Lauf der Jahre mit den Methoden, die im Krankenhaus angewandt wurden, nicht mehr viel anfangen. Sie besuchte Fortbildungen und kündigte schließlich ihren Job im Krankenhaus. Sie war eine Zeit lang arbeitslos, zog mehrmals um, jobbte in einer Beratungsstelle für Sozialmedizin und fand schließlich eine Stelle bei Pro Familia in einer Großstadt. Hier konnte sie eher ganzheitlich arbeiten, Beratung und medizinische Fragen miteinander verbinden.

Katrin und ihr Mann haben einen Sohn, der die Waldorf-Schule besucht. Seit einem halben Jahr nimmt er am Konfirmandenunterricht in der Kirchengemeinde teil. Katrin schätzt es, dass er dort die Möglichkeit hat, sich seine eigene Meinung zu bilden und seinen Weg zu finden. Die Pfarrerin ist offenbar eine, die die Jugendlichen dazu bringt, sich mit Themen wirklich auseinanderzusetzen und darüber zu diskutieren.

Katrin würdigt prinzipiell all die Dinge, die Brigitte wichtig sind, ebenfalls: Das Leben in der Partnerschaft gefällt ihr, das Kind ist ihr sehr wichtig. Sie schätzt die Kontakte im Wohngebiet und engagiert sich für Menschen, die Hilfe brauchen. Das meiste hat aber für sie einen ganz anderen Stellenwert, und das hängt hier vor allem mit Katrins Haltung zu Autoritäten und ihrer eigenen Persönlichkeit zusammen. Sie sagt: „Wenn ich nicht herausfinde, wer ich bin, und meinen eigenen Weg gehe, gelingt mein Leben nicht." Katrin mochte nicht studieren, sondern lieber etwas Praktisches tun. Dann wollte sie sich doch stärker weiterbilden und fachlich entwickeln. Als ihre Arbeit dazu nicht mehr passte, kündigte sie, ohne sich all zu viele Gedanken um ihre Sicherheit zu machen. Die Ansprüche der Eltern, die Konventionen und bürgerlichen Leitbilder beeindruckten sie oft nicht, vor allem dort nicht, wo sie im Widerspruch zu eigenen Bedürfnissen standen. Hierarchien, zum Beispiel die von Ärzten und Krankenschwestern in der Klinik, hinderten sie nicht daran, ihr eigenes Denken für sich selbst in den Vordergrund zu stellen. Auch wenn Katrin mit Mann und Kind inzwischen in einer Eigentumswohnung lebt, fühlt sie sich frei, das Leben auch anders zu gestalten.

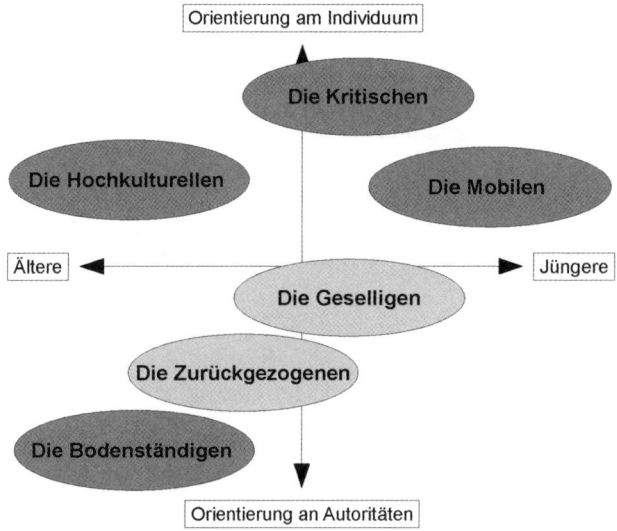

Abbildung 11: Die Milieus nach Alter und ihrem Verhältnis zu Autoritäten

Auch für Maike, die Mobile, hat die eigene Persönlichkeit eine besonders hohe Bedeutung. Auch für Maike ist es wichtig, dass sie „sie selbst" ist und ihre Lebensumstände zu ihr passen. Sie möchte ihr Leben selbst gestalten – und es genießen! Dann kann es passieren, dass sie niemals mit einem Partner die Wohnung teilt oder sich erst mit vierzig um ihre Rente sorgt. Vorbilder sind auch für Maike sehr wichtig, aber dennoch behält sie – und sei es in der Theorie – immer einen enormen Gestaltungsspielraum bis hin zur Freiheit, es alles ganz anders zu machen. Während Katrin aber aus einer grundsätzlichen Kritik an Hierarchien heraus individuell handelt, sich manchmal Konventionen bewusst nicht anpasst und im Ernstfall selbst aktiv wird, um Alternativen zu gestalten, müht sich Maike an Autoritäten gar nicht so sehr ab. Während Katrin für eine Reform der Gesetzgebung zur Sterbehilfe auf die Straße gehen oder sich in einschlägigen Interessengruppen engagieren würde, ordnet Maike die Sterbehilfe in die große Gruppe der Fragen ein, die eben jeder Mensch für sich selbst beantworten muss. Für sie ist es dann eher ein Wert, eine eigene Meinung entwickelt zu haben. Aber sich dann dafür einzusetzen, dass sich auch andere ihr anschließen, das ist Maike eher fremd.

Unter dem Aspekt der Haltung zu Autoritäten, Hierarchien und der eigenen Persönlichkeit bzw. dem Individuum unterscheiden sich auch Brigitte und Heinrich stark, obwohl sie aus derselben Altersgruppe stammen. Obwohl sich beide in ihrem Leben sehr stark an traditionellen Rollenvorstellungen und Idealen orientiert haben, sieht sich Heinrich als freier Bürger prinzipiell frei von Zwängen und Eingrenzungen. Er ist Souverän seines Lebens, betrachtet sich als einen Menschen, der seine Umwelt gestaltet. Wenn das Schwimmbad im Stadtteil geschlossen werden soll, schreibt er Leserbriefe und unterstützt den Leiter des Ortsvereins einer der großen Volksparteien in einer Protestaktion. Für ihn sind Politiker oft weit weg von seiner Welt, dennoch sind es nicht „die da oben", die er da kritisiert, sondern seinesgleichen. Und als in einer der Innenstadt-Kirchen ein modernes Theaterstück mit leichtbekleideten Damen aufgeführt werden sollte, schrieb Heinrich ebenfalls einen erbosten Brief an die Stadtdekanin: Das ist nicht mehr Kunst, sondern nur noch Provokation.

Brigitte dagegen spricht zwar mit vielen aus dem Ort über politische Entwicklungen, die ihr nicht gefallen, aber sie hat nicht den Eindruck, sich einmischen zu können. Sie geht meistens zur Wahl, obwohl sie in letzter Zeit findet, dass die Parteien sich kaum noch unterscheiden und die Politiker doch nur etwas erzählen, was sie nicht einhalten, wenn sie dann an der Macht sind. So ergeht es ihr auch in der Kirche: Obwohl sie sich stark engagiert, hat sie nicht das Gefühl, „am Hebel" zu sein. Ihr gefällt vieles nicht, aber was soll sie dagegen tun? Den Pfarrer kennt sie nicht gut, die Leute im Kirchenvorstand sind fast nur noch Jüngere. Nur eine Frau aus dem Kirchenvorstand kennt sie noch aus der Schule. Aber sie will sich auch nicht einfach beschweren. Die haben sich sicher was bei dem gedacht, was sie so beschließen.

3.4 Zwischen Stadt und Land, Dorf und Welt: lokale und überlokale Bezüge

Im Durchschnitt lebt in Deutschland jeder sechste Evangelische in einer Gemeinde unter 5.000 Einwohnern. Ob man es liebt, wenn man sich kennt, ob es zur eigenen Lebensführung passt, wenn der Bus nur einmal in der Stunde fährt und nach sechs Uhr abends gar nicht mehr, hängt an bestimmten Kombinationen anderer Vorlieben, die bei verschiedenen Milieus unterschiedlich ausgeprägt sind. Der Trubel und die Anonymität einer Großstadt sind ebenso eine Herausforderung wie die Ruhe auf dem Land – für diejenigen, deren Welt es nicht ist. Dazwischen gibt es das Phänomen urbaner Randbesiedlung: Bis an den nahen Stadtrand bebaute Dörfer, Vororte, manchmal als „Speckgürtel" bezeichnet, bilden eine interessante Zwischenlösung für alle, die die Vorteile einer Stadt genießen wollen, aber dennoch ruhiger leben, als das im Stadtkern möglich ist.

Interessanterweise erscheinen mit Blick auf diese Dimension der Lebensumgebung einige ansonsten klar positionierte Milieus eher unauffällig: Die Mobilen leben etwas häufiger in städtischer Umgebung als auf dem Land, was sich in vielen Fällen aber durch die Situation von Berufsausbildung oder Studium erklärt, die einen leichten Schwerpunkt in städtischer Umgebung haben. Sie zeigen aber hier keine ausgeprägten Vorlieben, ebenso wie die Hochkulturellen, die durch ihre Affinität zur Bildung nur ein wenig stärker auf die Stadt und ihre Angebote hin orientiert sind. Und auch die Zurückgezogenen bewegen sich nah am Durchschnitt und leben am häufigsten in der Kleinstadt.

Was aber besonders stark auffällt, ist die Differenz zwischen zwei Milieus, die im Altersdurchschnitt fast gleich sind: zwischen den Kritischen und den Geselligen. Für Katrin war es nicht unbedingt ein Traum, in der Großstadt zu leben, es hat sich eben so ergeben: Viele ihrer Fortbildungen fanden hier statt, die Öffentlichkeit für alternative Ideen und soziale Fragen waren hier einfach größer. Hier hat sie Arbeit gefunden und Betreuungsmöglichkeiten für ihr Kind, als es noch kleiner war, was in den alten Bundesländern ja nicht selbstverständlich ist. Mit der Nähe zum Bahnhof ist Katrin schnell bei Freundinnen, die in anderen größeren Städten wohnen. Ganz anders gestaltet sich das Leben von Günter, dem Geselligen:

Wie Günter lebt

Günter ist 42 Jahre alt und lebt mit seiner Frau und den Kindern in einem Haus am Rand einer Kleinstadt. Er fährt jeden Morgen fast eine Stunde mit dem Auto zur Arbeit, aber das ist es ihm wert. Vor zehn Jahren war das Bauland dort draußen günstig, seine Frau hatte sowieso im Beruf eine Pause eingelegt, als die Kinder klein waren. Ein Freund hatte auch dort gebaut. Sie konnten sich gegenseitig aushelfen.

Günter hatte eine Ausbildung zum Kfz-Mechaniker gemacht und die Bundeswehrzeit an der Küste verbracht. Früher hatte er davon geträumt, zu reisen und einige Jahre mit dem Motorrad unterwegs zu sein. Arbeiten konnte er schließlich überall bei seinem handwerklichen Geschick. Aber so etwas passt einfach nicht zum Alltag: Wer etwas aufbauen will, beruflich und privat, muss sich ganz dafür entscheiden. Jetzt gönnt er sich mit seiner Familie jeden Sommer vier Wochen Urlaub in Spanien, dort hat ein Kumpel aus dem Sportverein ein Haus, das er günstig vermietet. Motorrad fährt Günter auch noch ab und zu. Wichtig findet er, dass man mit anderen etwas erlebt. Am Wochenende bastelt er gern am Haus herum und trifft sich dann abends mit den Nachbarn.

Seine Frau hat über einen Gymnastik-Kurs Kontakt mit ein paar Leuten aus der Kirchengemeinde. Da gab es dann letzten Sommer ein Treffen mit der ganzen Familie: Die Männer haben Fußball gespielt und die Frauen etwas Italienisches gekocht, die Kinder waren auch dabei. Das hat ihm gefallen, es war auf jeden Fall mal etwas anderes als die steife Kirche, die Günter aus seiner Kindheit kennt, mit Auswendiglernen im Konfirmandenunterricht.

Es wird deutlich, dass sich mit der städtischen, halbstädtischen oder ländlichen Wohnumgebung eine Reihe anderer Vorlieben und Prioritäten verbinden, die für das Verständnis der Milieus wichtig sind: Günter wollte sich gern „etwas aufbauen", und zwar nicht geistig oder fachlich wie Katrin, sondern ganz handfest: ein Haus, einen Garten, das eigene Reich, außerdem eine Familie. Diese Welt ist nicht stehen geblieben, sie ist in Bewegung und voller Ansprüche. Auch für Günter gibt es immer wieder Veränderungen. Aber das sind Veränderungen auf kleinerer Grundfläche, und in all dem bildet sein Wohnort den Angelpunkt. Es müsste viel passieren, dass Günter von hier fortzieht, und noch mehr, dass er in einer Großstadt mit seiner Familie eine Etagenwohnung bezieht. Das wäre für ihn gewiss kein Gewinn an Leben, an Möglichkeiten oder Beweglichkeit, sondern der Anfang vom Abstieg, auch wenn diese Etagenwohnung in guter Lage den gleichen Verkaufswert haben mag wie Haus und Garten draußen vor der Stadt. So sammeln sich jenseits der Stadtzentren einige Milieus besonders stark. Und es sind nicht nur die Älteren, die nicht mehr von Arbeitsplätzen abhängig sind, wie in unserem Modell die Bodenständigen. Dass sie ein tendenziell ländliches Milieu sind, überrascht wenig. Viele Menschen in den mittleren Jahrgängen bilden hier Extreme: Sie mögen das Land oder sie mögen es nicht. Sie suchen intuitiv die Stadtrandlage – oder sie würden nur ungern dort wohnen wollen.

Diese Dimension erfasst einerseits, wo sich mit welcher Wahrscheinlichkeit welches Milieu wiederfindet. Das macht dann in vielen Gemeinden das Angebot plausibel: Auf dem Dorf und am Stadtrand stehen Senioren-, Familien-, Kinder- und Jugendarbeit logischerweise oft im Mittelpunkt, denn sehr viele Menschen dort sind entweder alt oder leben als Familie. Aber diese Dimension erfasst vor allem Orientierungen: Auch wenn manche Kritischen gern auf dem Land leben und manche Geselligen in der Stadt, so zeigen sie dennoch in ihrer Lebensführung die typischen Unterschiede ihres Milieus: Die Geselligen sind eben gesellig, sie leben gern mit anderen. Sie mögen die Gemeinschaft in der Nachbarschaft und helfen sich gern gegenseitig. Nicht um Gutes zu tun, sondern weil es Sinn macht, wenn man Kapazitäten und Fähigkeiten tauscht. Es kommt der Tag, da braucht man mal jemanden, der sich mit Autos auskennt oder mit Elektrik oder mit Bäumen. Die Grundschule richtet das Fest aus, dafür müssen die Mütter Kuchen backen und die Väter die Tische und Bänke aufbauen. Ich schneide der Nachbarin ihre Hecke, sie gießt dann meine Blumen, wenn ich im Urlaub bin. Die Lust der Geselligen am gemeinsamen Tun, am Tausch und der Beschäftigung mit einschlägigen Erfolgen wirkt sich aus auf ein „Leben im Dorf", das man ebenso gut in der Stadt führen kann.

Was sind Milieus?

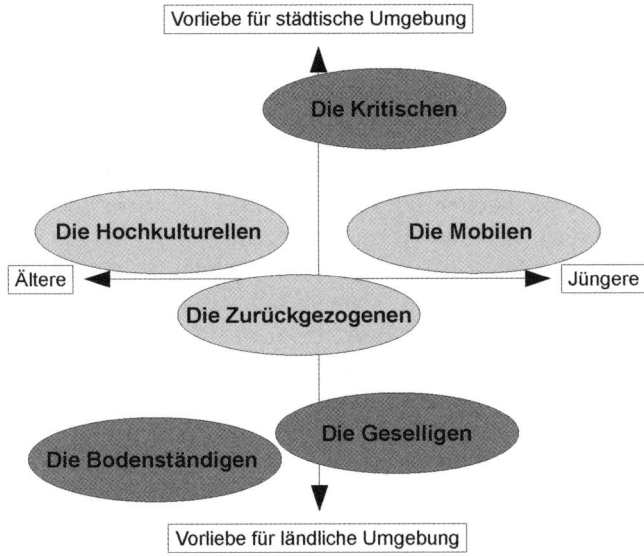

Abbildung 12: Die Milieus nach Alter und ihrer Vorliebe für städtische oder ländliche Wohnumgebung

Die Kritischen sind hier ganz anders. Sie brauchen öfters einen Handwerker, weil sie über weniger praktische Fähigkeiten verfügen, aber sie schätzen diese auch weniger. Es geht um andere Dinge, um Überzeugungen, darum, sich persönlich weiter zu entwickeln. Wenn man werkelt, dann als Ausgleich zur bewegungsarmen Büroarbeit. Katrin fand ihre Weiterbildungen über Annoncen, übers Internet oder Freunde in anderen Städten. Sie empfindet sich als Teil eines produktiven Netzwerks, auch wenn dieses nicht um sie herum wohnt. Sie hätte vielleicht Lust auf ein Schulfest, aber so eine über Jahre stabile Gemeinschaft von Eltern, mit denen sie vor allem die Interessen der Kinder verbinden, lockt sie wenig. Überhaupt: Das Dasein als Ehefrau und Mutter spielt für sie keine große Rolle. Ein klassischer Lebenslauf mit Heiraten, Kinderkriegen und Hausbau schreckte sie eher ab, auch wenn sie mit ihrem Leben in der Eigentumswohnung davon nicht weit weg ist. Sie würde vielleicht für eine alte Frau einkaufen, aber aus Idealismus und nicht mit der Logik einer Tauschbeziehung.

Dass eine solche Orientierung auf Stadt und Land und vor allem auf die Stile, die sich damit verbinden, für eine Kirchengemeinde Folgen hat, ist klar: Günter hat sonst mit der Kirche wenig zu tun, aber er mag es gerne, an Erntedank mit der ganzen Familie zum Familiengottesdienst zu gehen: Die Stimmung ist locker, nicht so bedrückt wie sonst im Gottesdienst. Der Pastor ist mit seiner Gitarre mittendrin dabei, die Kinder führen etwas auf, Eltern basteln mit ihren Kindern „Dankesäpfel", die die Kinder dann im Altarraum aufhängen dürfen. Das Ganze wirkt selbstgemacht und damit ehrlich und persönlich. Man hat das Gefühl: Alle dürfen mitmachen. Wer hier herkommt, lebt wie Günter auch in der Gemeinschaft der Generationen, im Takt des Jahres und in guter Nachbarschaft.

Katrin empfindet das ganz anders: Sie hat auch ein Kind und freut sich, wenn ihr Sohn Berührungspunkte mit Kirche und Glauben hat. Sie hat ihn manchmal sonntags zum Kindergottesdienst gebracht und ist in dieser Zeit mit ihrem Mann spazieren gegangen. Was sie von der Idee des Familiengottesdienstes halten sollte, wusste Katrin nicht so recht. Einige Male sind sie alle zusammen hingegangen, da musste man etwas schreiben und aufhängen, Fremden gute Wünsche weitergeben etc. Das war ganz nett, aber Katrin fühlte sich im Zwiespalt: Die Stimmung war familiär, die Texte einfach. Das alte Gebäude oder die Orgel schienen in dieser Szene von Gitarre, Klavier und bunten Liederzetteln nur zu stören. Für sie selbst gab es kaum neue Denkanstöße. Sie empfand das Ganze unterhaltsam, vermisste aber kernige Inhalte. Natürlich: Die wären für ihren Sohn nichts gewesen. Er hätte auch nicht lange stillsitzen mögen. Sie hätte es aber lieber etwas meditativ gehabt, mit Ruhe zum Zuhören und Beten. Darum fand sie, ihr Sohn solle einfach allein zum Kindergottesdienst gehen.

Parallel zur Vorliebe für Stadt und Land sind hier Unterschiede in der Perspektive zu beobachten, in der Perspektive auf eine Kirche, die Beteiligung ermöglicht, Sinn vermittelt und den Menschen in ihrer Lebenssituation begegnet – oder eben ganz anders ist, eine Gegenwelt, ein Anstoß aus fremder Richtung. Ob kirchliche Arbeit als attraktiv oder angenehm empfunden wird, hängt wesentlich von der Haltung einer Zielgruppe ab und davon, wie sich Kirche zur Lebenswelt ihrer Mitglieder verhält. Davon soll im dritten Teil, konzentriert auf verschiedene Arbeitsfelder der Kirche, weiter die Rede sein.

3.5 Interaktion und soziale Distanz

In der Vorliebe von Stadt und Land als Wohnumgebung zeigte sich eine weitere Dimension, die oft damit verwandt ist, aber in sich eine eigene Logik hat: die Vorliebe für – oder auch die Abneigung gegen – rege soziale Interaktion und ein geselliges Miteinander. Unter „Gesellschaft" verstehen wir nicht unmittelbar „Gemeinschaft". „Gemeinschaft" kann eine inhaltliche Übereinstimmung bedeuten. Man kann sie auch mit Gleichgesinnten haben, die man aus dem Internet kennt, oder beim Sprechen des sonntäglichen Glaubensbekenntnisses, wenn man daran denkt, dass es die Christen auf der ganzen Welt verbindet. Gemeinschaft ist ebenso der Zusammenhalt der Familie – unabhängig vom praktischen Miteinander. Um dieses praktische Miteinander geht es dagegen beim Stichwort „Gesellschaft". Da gibt es die einen, die praktische Haushaltswaren gern auf einer Tupperparty kaufen, wo man sich zu einem gemütlichen Abend trifft, sich dabei über die Haushaltführung austauscht und wo am Schluss alle das Gefühl haben, im System von Sternen und Bonuspunkten etwas gewonnen zu haben. Und es gibt die anderen, die schlichtweg eine bestimmte Schüssel suchen und das vielleicht noch mit einer Verkäuferin, aber sicher nicht einen Abend lang mit der Clique besprechen wollen. Da gibt es die, die gern gegrilltes Fleisch essen, ganz unabhängig von einer sozialen Dimension des Grillens. Und es gibt die anderen, bei denen der Grill das Symbol ist für das gesellige Miteinander: Jeder bringt einen Salat mit, das Bier ist kalt gestellt, einige „Experten" befassen sich mit dem Entzünden des Feuers und übernehmen die Aufsicht, rufen, wenn Würstchen gar sind oder die Kartoffeln in die Glut können.

Für die erste Gruppe ist ein Grill das Mittel zum Zweck, im alternativen Spektrum reicht der Blech-Grill für zehn Euro von der Tankstelle. Für die zweite Gruppe ist der Grill ein Stück Lebensqualität, man unterhält sich gern über verschiedene Methoden und Modelle und gönnt sich eine Qualität, die sich sehen lassen kann. Diese zuletzt beschriebene Art von Geselligkeit ist häufig verbunden mit nachbarschaftlichem Zusammensein. Geselligkeit funktioniert besonders gut dort, wo der Aufwand nicht hoch ist, wo die Gäste nicht erst weit anreisen müssen, wo sich vieles wie von selbst ergibt, wo das schöne Wetter, der neu gestrichene Zaun, Geburtstage oder Jubiläen Anlässe zum Feiern bieten.

Mit Blick auf die Milieus ergeben sich hier deutliche Unterschiede: Über 70% der Bodenständigen geben an, sehr häufig oder häufig Besuch von Nachbarn, Freunden oder Bekannten zu bekommen. Unter den Geselligen, die ja überwiegend erwerbstätig sind und Familie haben, sind es ebenso viele. So war es auch bei Brigitte und Günter ganz klar: Nachbarn, Freunde und Bekannte aus der Straße und dem Ort, andere Eltern und Großeltern gehören unmittelbar zum Leben dazu. Bei den Zurückgezogenen bekommt man nur von 10% der Befragten eine solche Antwort. 40% von ihnen bekommen selten oder nie Besuch. Das hat dem Milieu seinen Namen eingebracht. Nur eine kleinere Zahl der Angehörigen dieses Milieus ist durch Krankheit, Armut oder ein sehr hohes Alter tatsächlich im Zusammensein mit anderen beeinträchtigt. Bei den meisten gibt es hier eine schlichte milieuspezifische Abneigung gegenüber dem geselligen Miteinander. Sie pflegen die soziale Distanz, sie mögen einfach nicht in der Öffentlichkeit auftreten. Wo sie Menschen nicht kennen, halten sie sich von ihnen fern. Diese Abneigung ist keine Sache des Alters, wie der Vergleich zwischen Günter, dem Geselligen, und Rudolf, dem Zurückgezogenen, zeigt:

Wie Rudolf lebt

Rudolf ist 53 Jahre alt und lebt mit seiner Frau in einer Dreizimmer-Wohnung in einer Kleinstadt. Er stammt aus einfachen Verhältnissen, nach der Hauptschule hat er eine Lehre zum Bäcker und Konditor begonnen. Es gab in der kleinen Bäckerei immer wieder Ärger, schließlich brach Rudolf die Ausbildung ab. Er hatte ein Angebot eines früheren Fußballkumpels, der für seine Spedition immer Leute im Lager brauchte. Rudolf heiratete seine Freundin, die ein Kind von ihm erwartete. Die beiden stritten viel, schließlich verließ ihn seine Frau und zog zu einem Kollegen von Rudolf ein paar Straßen weiter.

Rudolf kündigte und zog ans andere Ende der Stadt. Fast ein Jahr lang war er arbeitslos, trank und rauchte zu viel. Dann fand er neue Arbeit als Packer in einer Umzugsfirma. Er heiratete zum zweiten Mal und suchte mit seiner Frau und deren Sohn eine größere Wohnung. Nach drei Jahren war die Firma pleite, Rudolf war wieder arbeitslos, suchte neue Arbeit und fand sie als Hilfskraft bei einem Fliesenleger. Aber schon nach einem Jahr machte sein Rücken nicht mehr mit. Rudolf war oft krankgeschrieben, sein Vertrag wurde nicht mehr verlängert. Seine Frau war schon ein Jahr zuvor entlassen worden.

Heute leben Rudolf und seine Familie überwiegend von ALG II. Zwischendurch hat er immer mal wieder Arbeit, seine Frau macht jeden Morgen in einer großen Arztpraxis sauber, verdient aber nie mehr als 400 € im Monat. Meist sitzt Rudolf zu Hause, sieht fern und trifft sich einmal im Monat mit früheren Kollegen zum Skat. Seine Tochter sieht er selten. Die Nachbarn kennt er nicht. Auch sonst hat er wenig Kontakt, verreist nie und geht nicht gern zu Feiern. Nur zu seinem Fünfzigsten hatte er Freunde eingeladen und sich etwas gegönnt. Davon reden die Freunde immer noch.

Für Rudolf stellen das Miteinander und die gemeinsame Freizeit mit Nachbarn, Freunden und Bekannten keinen Wert da. Er ist mit seinem Leben zufrieden oder auch nicht. Aber er würde nicht erwarten, dass sich seine Lebensqualität verbessert, wenn er zum Arbeitslosen-Treff in der Kirchengemeinde geht, von Vortragsabenden ganz zu schweigen. Er muss nicht viel reden. Natürlich schätzt er es, wenn etwas kaputtgeht und einer der Freunde ihm hilft, es billig zu reparieren. Aber zu viele Verpflichtungen gegenüber anderen sind ihm nicht geheuer. Und er ist wie Günter natürlich bereit, etwas für andere zu tun, wie neulich, als ein Freund sich von seiner Partnerin getrennt hatte und sie alle zusammen an einem Wochenende die neue Wohnung renoviert haben. Aber er braucht nicht die Gruppe oder gar die Nachbarschaft, in der jeder jeden schon seit Jahren kennt.

Milieuatmosphären in der Kirche 113

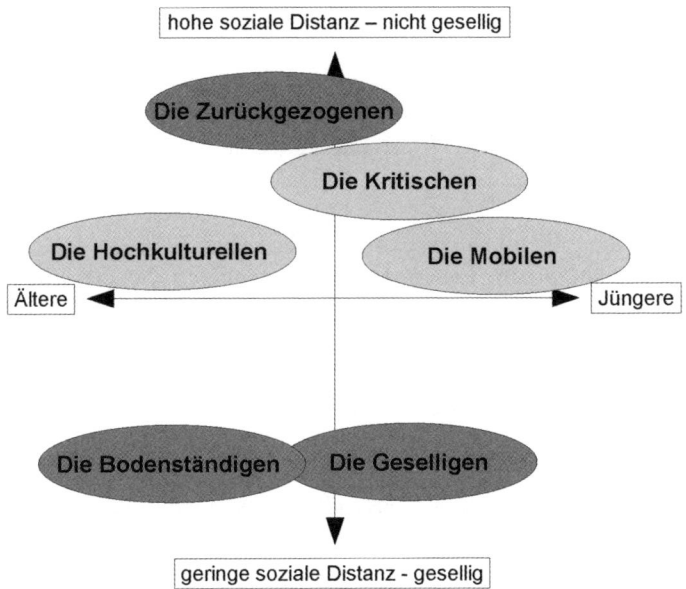

Abbildung 13: Die Milieus nach Alter und ihrer sozialen Distanz bzw. ihrer Haltung zur Geselligkeit

In der Kirche sind Menschen, die kaum Wert auf Geselligkeit legen, meist „unsichtbar". Sie erscheinen bei Amtshandlungen, die sie selbst oder ihr engstes Umfeld betreffen, auch mal an Weihnachten. Aber die Geselligkeit in der Kirche ist ihnen fremd. Und die findet sich in der Kirche in vieler Gestalt: Bei den Kindergottesdiensthelferinnen, die sich zur Vorbereitung treffen und dorthin auch einen Kuchen mitbringen, wenn eine Geburtstag hatte. Hier ist die Gruppe mehr als eine Zweckgemeinschaft, man nimmt Anteil und verbringt gemeinsam und voller Genuss einen Teil der Freizeit. Ähnliche Formen der Geselligkeit finden sich oft in Frauenwelten: im Seniorencafé, in der Frauenhilfe und in der Basargruppe. Etwas seltener gibt es sie in Männerwelten: in der „Grillabteilung" beim Basar, in Gesprächsrunden für ältere Männer oder – eine neue Form – bei der Vater-Kind-Freizeit. In der Kirche gewinnt man manchmal den Eindruck, dass die Dimensionen „Bildung" und „Geselligkeit" sich umgekehrt bedingen: Wer eine Vorliebe für Freizeitbeschäftigungen mit Bildungscharakter hat, ist eher weniger für geselliges Miteinander zu begeistern, wer vor allem die Geselligkeit schätzt, für den bieten Angebote mit großem Bildungsgehalt kaum einen Anreiz. Nicht durch Zufall sind theologische Gesprächskreise und Gruppen zur Basarvorbereitung oft Welten, in denen sich verschiedene Milieus wiederfinden.

Hier machen sich jetzt große Unterschiede zwischen Menschen bemerkbar, die im Durchschnitt aus derselben Altersgruppe stammen: Während im Leben der Bodenständigen die Geselligkeit eine wichtige Rolle spielt, rückt sie für die Hochkulturellen eher in den Hintergrund. Noch stärker ist die Differenz in den durchschnittlich mittleren Jahrgängen, zwischen den Kritischen und den Geselligen. Das Milieu der Zurückgezogenen ist schließlich – aus Sicht der Kirche – eine besonders problematische Zielgruppe, weil sich hier wenig Interesse an Bildung findet, dafür aber geradezu eine Abneigung gegenüber Geselligkeit außerhalb des vertrauten Kreises engster Angehöriger und Freunde.

Auch wenn nur einige Mitglieder dieses Milieus Kirche noch als Teil der „Obrigkeit" ansehen, haben die Zurückgezogenen nicht das Gefühl, Kirche gehöre zu ihrer Welt. Umgekehrt ist es auch nicht „ihre Kirche", die sie nutzen oder für die sie Verantwortung übernehmen könnten. Für die Zurückgezogenen ist Kirche ein Teil des öffentlichen Raums, und der gehört ihnen nicht. Er wird „besucht" und gern in Richtung auf das eigene Wohnzimmer wieder verlassen.

Im folgenden Abschnitt sind abschließend noch einmal die Dimensionen zusammengestellt, die für die Nähe zur Kirche (oder für eine Distanz bis hin zum Austritt) bedeutsam sind. Die Haltung gegenüber der Geselligkeit ist dabei eine der wichtigsten.

3.6 Welche Dimensionen sich auf die Kirchenbindung auswirken

Aus Untersuchungen zur Kirchenmitgliedschaft, aber auch aus eigener Erfahrung wissen wir: Ältere Menschen sind häufiger und intensiver mit der Kirche verbunden als jüngere. Offenbar entwickelt die Kirche ihre Anziehungs- und Überzeugungskraft am besten dort, wo Menschen im Lauf vieler Lebensjahre zahlreiche Erfahrungen mit Kirche machen und sie schließlich aus ihrem Leben nicht mehr wegdenken mögen. Ein anderer Aspekt scheint mit dem Alter verbunden zu sein: Ältere Menschen bevorzugen im Bereich des Erlebens das Geordnete, sie orientieren sich viel stärker an Traditionen und Normen als jüngere. Wo Kirche an das Bekannte, Bewährte und Verlässliche anknüpft oder sich selbst als Teil dessen präsentiert, findet sie vor allem Zustimmung bei den Älteren. Und: Im Durchschnitt sind die Kirchenmitglieder besonders dann in der Kirche engagiert, wenn sie eine eher traditionelle Wertorientierung haben. So ist es kein Wunder, wenn Milieus mit einem höheren Durchschnittsalter und einer stärker traditionellen Orientierung insgesamt stärker mit der Kirche verbunden sind. Es sind auch die Milieus, die sich innerhalb der Kirche häufiger engagieren und eher nicht über einen Austritt nachdenken.

Dazu kommen weitere deutliche Unterschiede mit Blick auf das Geschlecht: Studien zeigen, dass Frauen offenbar leichter als Männer einen Zugang zur Kirche bekommen (oder bewahren) können. Dies hängt mit vielen Faktoren zusammen, unter anderem mit der geringeren Integration von Frauen ins Erwerbsleben, mit ihrem höheren Interesse an Bildung, an sozialer Interaktion und am Nachdenken (und Sprechen) über Sinn und Werte. In Kapitel III.5 wird dieser Aspekt der verschiedenen Bedingungen für kirchliche Beteiligung nochmals zur Sprache kommen. So haben gerade die Milieus, in denen sich deutlich mehr Frauen als Männer finden, eine größere Nähe zur Kirche als andere: allen voran die Hochkulturellen und die Bodenständigen, aber ebenso in jüngeren Jahren schon die Kritischen.

Unabhängig davon sind in den vorausgegangenen Abschnitten zwei weitere Faktoren sichtbar geworden, die eine Nähe oder Distanz zur Kirche beeinflussen: Bildung und Geselligkeit. Wer über eine gute Ausbildung verfügt und im Bereich des Erlebens die Differenzierung bevorzugt, wer viele Zeitungen oder Fachbücher liest, sich in Diskussionen mit anderen um thematische Vertiefung bemüht, der hat mit einer hohen Wahrscheinlichkeit auch eine engere Kirchenbindung als Gleichaltrige, die formal weniger gut gebildet sind und in ihrer Freizeit lieber etwas Praktisches tun. Hauptamtliche in der Kirche stammen meist aus eher bildungsnahen Familien und werden in Studium und Ausbildung in dieser Tendenz weiter unterstützt. Das ist mit Sicherheit einer der Gründe dafür, dass Kirche für bildungsnahe Menschen auch weitaus mehr Anknüpfungspunkte bietet als für Menschen, für die Bildung nur einen indirekten Wert im Leben darstellt, etwa als notwendige Voraussetzung, um eine gute Stelle zu bekommen.

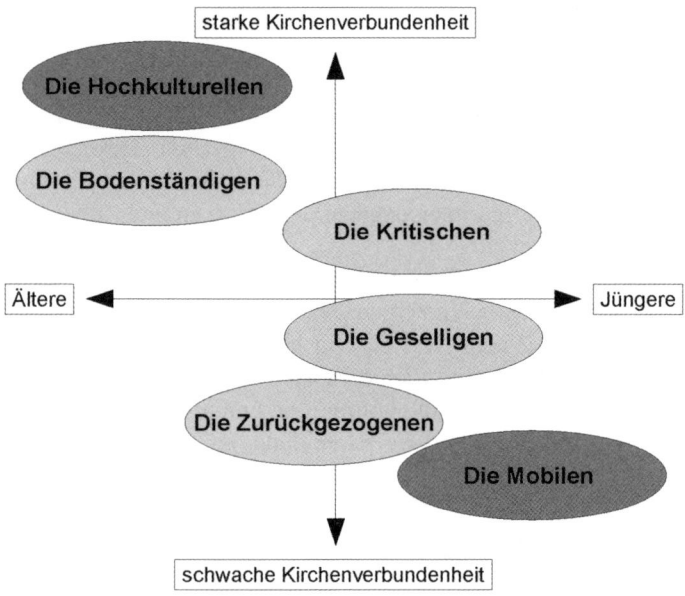

Abbildung 14: Die Milieus nach Alter und ihrer Kirchenverbundenheit

Ebenso: Wer sich gern mit anderen trifft, die Gemeinschaft oder besser: das gesellige Miteinander liebt, hat ebenfalls in der Kirche bessere Anknüpfungsmöglichkeiten und ist viel besser auf kirchliche Anliegen ansprechbar. Vielleicht liegt das daran, dass Kirche weithin nach dem Vorbild aus Apostelgeschichte 2 als Gemeinde, als Gemeinschaft der Gleichgesinnten und auf einander Angewiesenen vor Ort verstanden wird. Vielleicht liegt das ebenso an dem Anspruch vieler Gemeinden, Mitglieder mögen doch kommen, mitmachen, dabei sein, wenn ihnen an der Sache der Kirche etwas liegt. Umgekehrt haben Menschen, denen Geselligkeit eher unangenehm ist, gegenüber der Kirche dann öfter das Gefühl, nicht dazu zu gehören, wenn sie zwar inhaltlich mit der Arbeit der Kirche übereinstimmen, selbst aber nur sporadisch Angebote nutzen oder Gottesdienste besuchen.

In der Anordnung der Milieus auf den Skalen von Alter und subjektiver Verbundenheit mit der Kirche (die keine praktische Beteiligung sein muss) werden die Gegensätze noch einmal sichtbar, manchmal auch zwischen Milieus, die im Durchschnitt ein ähnliches Alter haben. Zuerst ist hier ein interessanter Unterschied zwischen den beiden älteren und stark kirchenverbundenen Milieus sichtbar: Die Bodenständigen finden in der konkreten Arbeit vieler Ortsgemeinden etwas mehr Anknüpfungspunkte über ihre Vorliebe für Geselligkeit. Viel stärker wirkt sich im Vergleich jedoch der Faktor Bildung aus: Er führt dazu, dass die Hochkulturellen sich, aufs Ganze gesehen, der Kirche deutlich stärker verbunden fühlen und höhere Erwartungen an die Kirche in all ihren traditionellen Arbeitsbereichen haben, als das bei den Bodenständigen der Fall ist. Sie zählen Kirche zur Welt der Institutionen und Organisationen, die die Gesellschaft tragen, und sie zählen sich auch selbst zu denen, die hier Verantwortung übernehmen, und sei es in der minimalen Form durch die reine Mitgliedschaft. Sie nehmen Synoden, Stellungnahmen und öffentliche Auftritte kirchlicher Prominenz wahr, denken mit und bilden sich eine Meinung. Ihre Verbundenheitsgefühle sind nicht so sehr, wie bei den Bodenständigen, mit konkreten Personen vor Ort verknüpft, mit einer sympathischen Pfarrerin oder einem engagierten Diakon. Darin sind sie insgesamt stabiler und von einer Kirche, in der Bildung eine große Rolle spielt, nicht leicht zu enttäuschen.

Ähnlich kann man den Unterschied im Grad der Kirchenbindung zwischen Geselligen und Kritischen erklären: Eine erlebbare, alltagsnahe, gemeinschaftsorientierte und „praktische" Kirche bietet eher den Geselligen die Möglichkeit, in der Gemeinde etwas zu finden, was sie interessiert. Die Kritischen sind dagegen auf der Ebene der inhaltlichen Arbeit, der Bildung und des sozialpolitischen oder gesellschaftskritischen Engagements stärker ansprechbar. Sie schätzen Kirche als Ort kritischer Reflexion, auch wenn die Arbeit vor Ort für sie oft wenig einladend erscheint. Sie würdigen die Beschäftigung mit Werten, den sozialen Impetus und die Sorge um eine friedliche Welt.

In der Kirchenferne der Zurückgezogenen wirken sich schließlich beide Faktoren negativ, also distanzierend aus: Obwohl die

Zurückgezogenen traditionsorientiert sind, lassen sie sich nicht über eine Affinität zur Bildung und thematischen Arbeit an die Kirche binden, wie das bei den Hochkulturellen oder den Kritischen der Fall ist. Zugleich sind Angebote an Geselligkeit für sie wenig reizvoll. Gruppen und Kreise mögen thematisch noch so sehr ihre Interessen berühren, ein Miteinander mit fremden Menschen spricht Zurückgezogene wenig an. So lässt sich umgekehrt sagen: Je „moderner" ein Mensch sich gibt, je stärker er einfache Erlebnisse bevorzugt und je weniger er mit Bildung, thematischer Arbeit und geselligem Miteinander anfangen kann, desto schwerer ist es, ihn zu „erreichen" oder gar zur Beteiligung zu bewegen.

Betrachtet man nun unterschiedliche Arbeitsbereiche von Kirche, ihre Angebotsformen, das Engagement von Mitarbeiterinnen und Mitarbeitern, ihre Öffentlichkeitsarbeit oder ihre Präsenz in der Gesellschaft, so zeigt sich: Je stärker sich ein Milieu grundsätzlich mit der Kirche verbunden fühlt, desto höher ist die Zustimmung zu ihrer Arbeit, desto ausgeprägter die Erwartungshaltung an sie und desto größer die Bereitschaft, diese Arbeit mit Geld und persönlichem Einsatz weiter zu unterstützen. Umgekehrt: Wer sich kaum mit der Kirche verbunden fühlt, dessen innere Distanz ist enorm, dessen Erwartungen sind gering und dessen Bereitschaft zur Mitarbeit ist entsprechend gering.

Hier geht es aber nicht um kritische Geister, um Nörgler und Mahner. Auch wer Kirche stark kritisiert und sich mit ihrer Arbeit auseinandersetzt, gehört interessanterweise fast immer zu den Hochverbundenen. Die geringste Bindung an die Kirche haben Menschen, die kaum mehr wissen, welchen Sinn eine Kirche haben soll. Fragt man zwei Menschen, einen hochverbundenen und einen geringverbundenen, ob sie dieses oder jenes von der Kirche erwarten, Jugendarbeit, bestimmte Gottesdienstformen, Dialog mit Muslimen, Beratung, was auch immer, so zeigt sich: Fast in jedem Fall haben die Hochverbundenen auch hohe Erwartungen, unabhängig davon, ob der genannte Bereich ihre eigenen Interessen trifft oder nicht, ob sie ihn kennen oder nicht. Die Geringverbundenen erwarten wenig, selbst wenn ihre Interessen direkt berührt werden. Sie rechnen nicht mit der Kirche und nehmen sie kaum wahr.

Verlässt man die Vogelperspektive und fragt man nach konkreten Gründen dafür, Mitglied der Kirche zu sein, so erhält man Antworten, die direkt mit dem Milieu zu tun haben: Die einen verstehen die Frage gar nicht, denn die Kirche gehört so selbstverständlich zum Leben wie die Familie oder die Arbeit. Andere erhoffen sich Gemeinschaftserlebnisse, geselliges Miteinander, gemeinsame Projekte, Vernetzung. Manche würden es so formulieren: Kirche ist nützlich, zum Beispiel weil man Amtshandlungen in Anspruch nehmen und an Veranstaltungen teilnehmen kann. Oder: Kirche ist einfach ein guter Zweck, sie tut etwas für Alte, Schwache und Benachteiligte. Wieder andere schätzen die Bewahrung von Kultur, Werten und Wissen, die in der Kirche geschieht. Sie schätzen öffentliche Stellungnahmen oder Bildungsarbeit. Für die meisten Milieus ist eine Wertschätzung für die Kirche nach der einen oder anderen Logik völlig unabhängig von der eigenen Beteiligung, zum Beispiel in einer Ortsgemeinde. Fragt man nun – konkreter – nach Vorlieben und Abneigungen in den verschiedenen Arbeitsbereichen, so eröffnen sich spezifische Interessen (und Desinteressen) der Milieus. Der Teil III. soll die einzelnen Bereiche aufschlüsseln und Chancen und Möglichkeiten beschreiben, wie die verschiedenen Milieus Anknüpfungspunkte in der kirchlichen Arbeit finden können.

Weiterführende Literatur

Gerald Kretzschmar, Kirchenbindung. Praktische Theologie der mediatisierten Kommunikation, Göttingen 2007.

III. Milieus und kirchliche Praxis

Die Vorlieben von Milieus machen sich in der Kirche in konkreten Bereichen ihres Handelns bemerkbar. Sie werden sichtbar und prägen den Stil von Veranstaltungen. Sie sorgen dafür, dass Atmosphären (wieder-) erkennbar werden. Oder sie bleiben unsichtbar, weil sie sich mit gängigen „Angeboten" nicht vereinen lassen. Dann gibt es Abstoßungseffekte, die sich mit Vorlieben und Distanzen der Milieus erklären lassen – bei näherem Hinsehen: Manche kirchlichen Angebote wirken unangenehm, man möchte mit denen, die sich dort engagieren, nichts zu tun haben oder kann mit einer bestimmten Kommunikationsform nichts anfangen. Man empfindet eine Distanz, die mehr ist als die viel besprochene „Kirchenferne", die ja oft nur einen Mangel an Berührungspunkten bedeutet. In diesem Kapitel nehmen wir verschiedene Bereiche kirchlicher Arbeit unter die Lupe und zeigen, wo bekannte Formen Milieuatmosphären transportieren, die manche anziehen und andere abschrecken. Wir fragen nach Chancen, innerhalb eines Arbeitsbereichs die Vielfalt der Interessierten anzusprechen.

Wir haben die Darstellung nach Arbeitsbereichen geordnet, die uns in der kirchlichen Praxis zentral erscheinen. Die einzelnen Teile sind unabhängig voneinander verständlich und bauen nicht aufeinander auf. Dies soll das Auswählen oder Weglassen je nach Interesse erleichtern. Wir untersuchen den Gottesdienst und die Bedeutung der religiösen Gemeinschaft (1.), Zugänge zu Bibel, Predigt und Glauben (2.), die Rolle des persönlichen Kontakts in der Kirche, speziell zu Mitarbeiterinnen und Mitarbeitern, Pfarrerinnen und Pfarrern (3.). Wir fragen nach milieuspezifischen Perspektiven für Kommunikation und Medien (4.), für das Ehrenamt und Beteiligungswünsche (5.) und die Bereitschaft zum Spenden und Stiften (6.). Schließlich zeigen wir Herausforderungen für die Arbeit in Gesprächskreisen, Bildungsarbeit und Akademien (7.), in Kunst und Kultur (8.) und in Citykirchen und Wiedereintrittsstellen (9.). Abschließend fragen wir danach, welche möglichen Anknüpfungspunkte an Religion und Kirche es für Konfessionslose der unterschiedlichen Milieus geben könnte (10.).

Die Struktur dieser Beiträge ist nicht immer einheitlich: Manchmal orientiert sich die Analyse an thematischen Schwerpunkten, an zentralen Fragen oder besonders interessanten Erkenntnissen aus den Daten. Manchmal bietet sie einen direkten Vergleich der Milieus und ihrer Vorlieben und Abneigungen im jeweiligen Bereich. Zwischenüberschriften oder andere Markierungen geben Orientierung. Konkrete Hinweise helfen, die Verbindung zwischen Analyse und Anwendungsmöglichkeiten herzustellen.

Die Ergebnisse basieren auf Analysen der verschiedenen Studien, der Mitgliedschaftsstudie der EKD, der Milieustudie von Vester, Bremer und Vögele, der empirischen Studie der Universität Bonn oder der Sinus-Studie im Auftrag der katholischen Kirche. Sie sind nur dort speziell gekennzeichnet, wo wir wörtlich zitieren. Im Übrigen haben wir auf Verweise verzichtet, um den Text übersichtlich und gut lesbar zu halten.

1. Gottesdienste, Feiern und die Gemeinschaft der Heiligen

1.1 Allgemein anerkannt und längst ausdifferenziert

Der christliche Gottesdienst ist ein Glücksfall für alle, die sich darum bemühen, mit ihrer Arbeit Menschen aller Milieus anzusprechen. Denn auch wenn die Besucherzahlen von Gottesdiensten an „normalen" Sonntagen das nicht spiegeln: Der Gottesdienst ist einer der am breitesten anerkannten Arbeitsbereiche der Kirche. Dass Gottesdienst stattfindet, finden die meisten gut und wichtig. Mehr als drei Viertel aller Kirchenmitglieder aus allen Milieus geben an, an hohen kirchlichen Feiertagen oder zu familiären Gelegenheiten einen Gottesdienst zu besuchen.

Ebenso gut wissen wir: Gottesdienste an Feiertagen, etwa am Heiligabend, sind schon relativ genau auf bestimmte Zielgruppen zugeschnitten. Ob die Kirche voller Lichter und kleiner Engel ist, ob viele Kinder da sind und anschaulich dargebotene Geschichten das Geschehen bestimmen, ob traditionelle Gesänge, professionell dargebotene Musik oder eine anspruchsvolle theologische Rede im Vordergrund stehen oder ob um Mitternacht bei Kerzenschein und in meditativer Stimmung der Zauber der Christnacht zu spüren ist, die Unterschiede könnten kaum größer sein. Das Gleiche gilt für Taufen, Trauungen und Beerdigungen. Sie berücksichtigen, wenn sie gut sind, das Milieu derer, die dazu gekommen sind, und passen sich in Liedauswahl, liturgischer Gestaltung und Sprache den Menschen an.

Fragt man Menschen nach ihren Erwartungen an einen Gottesdienst im Allgemeinen, dann sind sie sich ebenfalls, über alle Milieugrenzen hinweg, darin einig, was an einem Gottesdienst das Wichtigste ist: Er soll von einer zeitgemäßen Sprache geprägt und durch eine fröhlich-zuversichtliche Stimmung gekennzeichnet sein. Und er soll eine gute Predigt enthalten, was auch immer „gut" dann konkret bedeuten mag (siehe III.2.). Diese drei Erwartungen finden unter Kirchenmitgliedern so gut wie keinen Widerspruch: So soll er sein, ein guter Gottesdienst! Etwas weniger wichtig, dennoch Konsens, ist eine schöne Kirche als geeignete Umgebung für den Gottesdienst. Erst jenseits dieser Gemeinsamkeiten werden besondere Interessen sichtbar – und besondere Abneigungen.

> **Heinrich** schätzt im Gottesdienst besonders diese Mischung aus Ästhetik und Inhalt. Er freut sich auf kluge Gedanken in der Predigt und genießt es, wenn der gesamte Ablauf in sich schlüssig ist und die Kirchenmusikerin ihr Können zeigt. Dabei ist ein Gottesdienst mehr als ein geistiger Genuss: Dass hier Menschen zusammen kommen, bedeutet Heinrich viel. Er weiß sich in einer Gemeinschaft Gleichgesinnter, die Werte und kulturelle Interessen miteinander teilen. Heinrich schätzt es auch, gemeinsam das Glaubensbekenntnis zu sprechen. Sich mit dem Sitznachbarn auszutauschen oder hinterher Kaffee zu trinken findet er aber unpassend.

Für hochkulturelle Menschen wie Heinrich sind Gottesdienste in ihrer traditionellen Form wie geschaffen. Sie bieten das Gewohnte und enthalten zudem in Musik und Texten meist etliche hochkulturelle Reize. Gottesdienste sind in den Augen der Hochkulturellen auch als Kulthandlung wichtig: Sie beziehen sich auf eine höhere Ordnung, die sich in der Liturgie spiegelt und auf eine Sinnhaftigkeit der Ordnung in der Welt hinweist, in deren Hierarchie auch der Mensch seinen Platz einnimmt. Darum ist es für Hochkulturelle mehr als nur erfreulich, ja es ist geradezu selbstverständlich, dass die Sprache dort eine andere Qualität hat als im Alltag, dass der Gottesdienst auch ein Symbol ist für Beständigkeit. Ärgerlich wird es erst, wo das nicht gegeben ist: Allzu banale Formen, ein fehlender oder ein willkürlich verlassener liturgischer Rahmen, Körperkontakt, Bewegung und ein trivialer Umgang mit den Inhalten der christlichen Botschaft schrecken die Hochkulturellen ab. Bemerkenswert ist ihr großes Interesse daran, im Gottesdienst die Zugehörigkeit zu einer Gemeinschaft zu erleben, der „Gemeinschaft der Heiligen" als Gemeinschaft der Verantwortungsbewussten, derer, die sich zu christlichen Werten und einem angemessenen Lebensstil bekennen.

1.2 Gemeinschaft

Der Wunsch danach, im Gottesdienst Gemeinschaft mit Anderen zu erleben, ist in allen Milieus vorhanden. Nun ist ein Gottesdienst nicht gerade der erste Ort in der kirchlichen Arbeit, an dem man ein solches Gefühl der Gemeinschaft erwarten würde. Am Beispiel Heinrichs war schon deutlich geworden, dass „Gemeinschaft" nicht unbedingt etwas zu tun haben muss mit Kontakt, menschlicher Nähe oder einem persönlichen Gespräch. Es gibt Vorstellungen einer weltumspannenden Gemeinschaft der Christen, die für manche Hochkulturellen, übrigens auch für viele Mobilen, Kritischen und Zurückgezogenen, eine Menge bedeutet. Dies ist jedoch nicht die Gemeinschaft, die sich Bodenständige oder Gesellige vorstellen:

> **Günter** geht nicht so gern in den Gottesdienst, denn er weiß, dass er sich mit solchen Sachen nicht gut auskennt. Warum man hier und dort aufsteht und sich wieder setzt, warum in bestimmter Reihenfolge Reden, Lieder und Gebete aufeinander folgen, oder warum heute dieser und jener Sonntag im Kirchenjahr ist, ist ihm nicht klar, und Günter findet es auch nicht so wichtig. Bei der Predigt langweilt er sich meist, er hat seine Mühe mit den alten Bibeltex-

> ten, und der Pfarrerin geht es offenbar auch oft so. Darum geht Günter am liebsten hin, wenn etwas los ist, wenn die Kinder etwas vorspielen wie beim letzten Erntedankfest. Alle mussten etwas mitbringen, das die Kinder dann nach vorne brachten. Alle bekamen schließlich etwas vom frischen Brot. Es waren viele nette Leute mit dabei, hinterher gab es Eintopf und Spiele für die Kinder. Die Erwachsenen konnten sich unterhalten.

Das Gefühl der Gemeinschaft, in der Familie, im Stadtteil und schließlich auch in der Kirche, kann die Geselligen begeistern. Intellektuelle Inhalte treten dem gegenüber an die zweite Stelle. Die Geselligen sind die dankbarste Gruppe für populäre Ästhetik, für Experimente, Theater im Gottesdienst oder Gospelmusik. Aber noch viel wichtiger als konkrete Bausteine des Gottesdienstes ist ihnen, dass es „schön" ist, dass die Stimmung gut ist, dass Kirche zeitgemäß auftritt und verständlich redet. Gospel interessiert nicht als ästhetische Richtung, sondern weil diese Musik beschwingt, die Stimmung verbessert und das Gemeinschaftsgefühl steigert. Theater im Gottesdienst interessiert nicht, weil dadurch „der Bibeltext noch ganz anders in Gespräch kommt", wie es die Kritischen einschätzen würden, sondern weil sich überhaupt mehr bewegt, weil ansprechender und verständlich miteinander geredet wird, und sei es auch nur im Altarraum. Gottesdienste mit Brunch, Sektempfang oder anschließenden Festen richten sich darum vor allem an Menschen mit Interesse an Kommunikation in Form von Geselligkeit.

1.3 Reizthema: Moderne Gottesdienste

Moderne Elemente im Gottesdienst haben Freunde und Feinde. Die Feinde finden sich zuerst im traditionellen Lager. Allen voran fürchten Hochkulturelle und Bodenständige, aber auch Zurückgezogene um das, was ihnen heilig ist. Sie fürchten den Verlust der bewährten Form zugunsten unbestimmter Elemente eines „Religiotainment". Hochkulturelle sind aber in Maßen dennoch bereit für solche Experimente – weil sie wissen, dass nachfolgende Generationen anders empfinden und weil sie Verantwortung empfinden für eine zukunftsfähige Kirche. Bodenständigen fällt selbst diese verhaltene Zustimmung schwer, wie das Beispiel aus einer Gruppe älterer Frauen zeigt:

> ***Die Bodenständige und ihr Bedürfnis nach Würde***
>
> Beate: *Also wie ich jetzt gehört hab, da hat der Pfarrer den Einschulungsgottesdienst auf Stelzen gemacht, und das fanden sie toll. Und da find ich, das geht mir also zu weit. (Mehrere stimmen zu.)*
> Bärbel: *Der Pfarrer lief auf Stelzen da rum? Gottchen.*
> Beate: *Ich denke, wer nur deshalb hinkommt, der kann eigentlich auch weg bleiben. Man sollte wirklich doch beim Wort bleiben. Und das sollte immer der Mittelpunkt sein, und dann kommen eben die, die wirklich kommen möchten, und wenn die andern wegbleiben, dann, aber so kann man die Kirche nicht voller machen.*
> Bärbel: *Du meinst eben, nicht dass die Kirche anfängt, fast Klamauk zu machen.*
> Beate: *Ja. (Mehrere stimmen zu.) Das ist, denk ich mal, so Rolle rückwärts vorm Altar, das darf es nicht sein, es muss eigentlich doch irgendwie alles würdig bleiben. (EKD: Frauenhilfe)*

Aber auch Milieus, die sich positiv über neue Formen im Gottesdienst oder alternative musikalische Gestaltung aussprechen, sind nicht ohne Sinn für Tradition: Ihr Interesse gilt in erster Linie den genannten Qualitäten wie eine gute Stimmung, gute Predigt, Gemeinschaftsgefühl und zeitnahe Sprache. Vor allem bei den Jüngeren gibt es ein gewisses Interesse an neuen Formen. Erstaunlicherweise ist jedoch auch unter diesen Menschen die Zahl derer, die diese neuen Formen ablehnen, nicht unerheblich. Eine mögliche Erklärung dafür ist, dass Mitglieder aller Altersgruppen und Milieus auch die Beständigkeit und Stabilität einer längeren Tradition schätzen, solange sie nicht den anderen Werten entgegen steht, die für die Wertschätzung von Gottesdiensten eine Rolle spielen (ansprechende Predigt, zeitgemäße Sprache, fröhlich-zuversichtliche Stimmung, ästhetisch schöner Raum). Auch kirchenferne Milieus schätzen durchaus das Traditionelle, wenn es nicht verstaubt, abschreckend und lebensfern daherkommt, sondern ansprechend und anschaulich aufbereitet. Und umgekehrt sind auch innovative, kreative Elemente kein Wert an sich, sondern werden nach ihrem Nutzen für die gerade genannten Kriterien beurteilt.

Eine Besonderheit gibt es hier jedoch: Die Würdigung des Traditionellen durch Kirchenferne bezieht sich eindeutig nicht auf den Bereich der Musik. Während die klassische Gottesdienstform mit Liedern, Lesungen, Gebeten und Predigt durchaus akzeptiert ist, ist die Ablehnung von klassischer Kirchenmusik vor allem im Milieu der Mobilen beträchtlich. Darum widmen wir uns in Abschnitt 8. gesondert der Frage der Musik.

Ein Sonderfall in der Sicht auf den klassischen Gottesdienst und verschiedene Versuche der „Modernisierung" und „Zielgruppenorientierung" ist das Milieu der Kritischen. Sie tragen diesen Namen zu Recht, weil man es ihnen nicht recht machen kann. Die einen mögen es bunt und lebendig, die anderen ruhig, abstrakt oder besinnlich. Unter den Kritischen finden sich die meisten Freundinnen meditativer Gottesdienste, mutiger Versuche, moderne Kunst und Religion miteinander ins Gespräch zu bringen oder Gottesdienste mit einer stärker spirituellen Ausstrahlung zu gestalten. Aber hier sitzen auch die aufmerksamen Kritiker, die gerade solche Versuche uninteressant finden oder sogar ablehnen. Hier finden sich Menschen, die nach der Alltagstauglichkeit des Religiösen fragen und mit liturgischen Formen wenig anfangen können. Ein Vergleich zweier Geschichten soll das verdeutlichen:

> **Katrin** würde sich in religiöser Hinsicht als eine Suchende bezeichnen. Ihr Interesse an alternativen Heilmethoden und chinesischer Medizin hat sie immer wieder auch zu religiösen Fragen geführt. Von dem, was Kirche üblicherweise bietet, erwartet sie da nicht viel. Predigten im Gottesdienst, Diskussionen, Informationen – von all diesem gibt es schon viel zu viel. Was fehlt, sind Menschen, die sich mit wichtigen Fragen ganz persönlich auseinandersetzen, die bereit sind, ihre Routine zu durchbrechen. Aber es gibt Ausnahmen: Bei der „Langen Nacht der Kirchen" gab es eine „Kirche der Stille". Bis spät in die Nacht war Katrin dort und genoss es, in der Nähe anderer Menschen zu sein, die wie sie mehr Fragen als Antworten haben. Die Lieder und Gebete

empfand sie als echt und aufrichtig. Sie fühlte sich gestärkt und ermutigt.

Kristina mag es, wenn Kirche sich mit wichtigen Fragen auseinandersetzt. Sie schätzt das gesellschaftspolitische Engagement ihrer Gemeinde und freut sich, wenn zu einem Gottesdienst nicht nur eine Bachkantate aufgeführt wird und der Gottesdienst überzeugend „inszeniert" ist, sondern auch die Predigerin die Gemeinde zur Diskussion anregt. Kristina hatte das in einem Passions-Gottesdienst zur Globalisierung erlebt, wo in einer Dialogpredigt unterschiedliche Positionen zu Wort kamen. Das Nebeneinander verschiedener Meinungen und auch religiöser Stellungnahmen hat sie beeindruckt. Mit Meditation, Einkehrtagen und spirituellen Übungen kann Kristina dagegen nicht viel anfangen. Für ihren Geschmack wird da zu viel gefühlt und zu wenig nachgedacht. Leute, die da hingehen, kreisen um sich selbst und rücken sich ihre Welt zurecht, statt sich zu engagieren.

1.4 Heiligkeit und Inhalte

Die spirituelle Seite des Gottesdienstes, der Kontakt mit dem Heiligen oder dem ganz Anderen, das ein Gegenstück zum Alltag bietet, wird ebenfalls von den verschiedenen Milieus sehr unterschiedlich beurteilt. Bei allen Milieus ist das Interesse an dieser Dimension deutlich geringer als das an den allgemein geschätzten Merkmalen wie der fröhlich-zuversichtlichen Stimmung oder einer guten Predigt. Nur bei den älteren Milieus, bei den Bodenständigen und den Hochkulturellen, bewegt sich der Wunsch danach, mit dem Gottesdienst Distanz zum Alltag zu gewinnen oder dort etwas vom Heiligen zu erfahren, im Durchschnitt ihres allgemeinen Interesses am Gottesdienst. Bei allen anderen Milieus ist dieses Interesse stark unterdurchschnittlich. Vor allem das explizit religiöse Bedürfnis nach der Erfahrung des Heiligen ist, mindestens in Bezug auf den Gottesdienst, wenig ausgeprägt. In den Milieus mit vielen jüngeren Menschen, unter den Mobilen, den Kritischen und den Geselligen, gibt es sogar viele Kirchenmitglieder, die vom Gottesdienst explizit gar nicht erwarten, dort etwas vom Heiligen zu erleben.

Allen Milieus ist gemeinsam, dass das Interesse an den Inhalten der Verkündigung leicht hinter die Aufmerksamkeit für Form, Stimmung oder Beteiligungsstrukturen zurücktreten kann. Jedes Milieu hat hier seine eigene „Versuchung": Die Hochkulturellen befassen sich unter Umständen stärker mit der Bewertung des Organisten als mit der „Botschaft" von Musik und Predigt. Das Religiöse wird zum „Erhabenen" und „Schönen" und reduziert sich dann auf seine ästhetische Dimension. So mögen Bodenständige und Gesellige stärker darauf konzentriert sein, wer noch alles da ist und was sich hier gemeinsam erleben lässt. Das Interesse an der Tradition selbst kann den Bodenständigen und Zurückgezogenen den Blick auf das Aktuelle und Alltagsbezogene der biblischen Botschaft verstellen. Den Mobilen kann ihre Aufmerksamkeit für das Geschehen und seine ästhetische Inszenierung den Zugang zu inhaltlichen Intentionen des Gottesdienstes verstellen.

1.5 Kein Bedürfnis nach Gottesdienst?

Während die Zurückgezogenen über ihre Bindung an die Tradition noch eine gewisse Nähe zum „Veranstaltungstypus Gottesdienst" haben, ist das bei den Mobilen kaum noch der Fall. Zugleich erscheint der Gottesdienst als derjenige Bereich kirchlicher Arbeit, in dem es am schwersten fällt, diesem vergleichsweise kirchenfernen Milieu Anknüpfungspunkte zu bieten. Das Beispiel von Maike soll das illustrieren:

> **Maike** war schon ewig nicht mehr in einem Gottesdienst – doch, letztes Jahr, als ihre Freundin kirchlich geheiratet hat. Aber das ist ja etwas ganz anderes. Diese Hochzeit war etwas Persönliches, und bei so etwas Wichtigem ist eine Zeremonie schon passend. Und es ging da um das „echte Leben", damit hat Kirche ja sonst wenig zu tun. Maike wüsste vieles zu nennen, was sie am normalen Gottesdienst abstößt. Am Schlimmsten sind die paar Leute, die da noch sitzen. So was Trostloses. Als ob Kirche vergessen hätte, damit mal aufzuhören, wenn kaum noch einer kommt. Dann die Formeln und die Themen, die so gar nichts mit dem Leben zu tun haben. Aber womit soll ein Gottesdienst denn zu tun haben? Wenn Maike

> schlecht drauf ist, hört sie gute Musik oder trifft sich mit Freunden. Beides kann man in der Kirche nicht. Wenn Maike wissen will, wo es lang geht, redet sie mit ihrer Schwester, ihrem Freund oder mit ihrer besten Freundin. Wenn sie Abstand zum Alltag braucht, verkriecht sie sich mit einem Buch aufs Sofa und geht nicht ans Telefon. Maike weiß nicht so genau, ob sie Religion braucht und wofür. Aber offensichtlich gibt es Menschen, denen sie gut tut – und wer weiß, vielleicht braucht man sie ja doch auch mal selbst?

Erfahrungen mit Jugendgottesdiensten, Taizé-Treffen und Disco in der Kirche zeigen, dass es durchaus Schnittstellen von kirchlicher Arbeit und dem Erlebnismuster der Mobilen gibt. Sie liegen nur „quer" zu den Bedürfnissen anderer Milieus, und sie sind eher schwer mit der Struktur des Gottesdienstes vereinbar. Wofür ein Gottesdienst „dienen" soll, ist üblicherweise von den Bedürfnissen der verschiedenen Milieus bestimmt, die eine Gottesdienstform prägen oder dominieren. Hinter den meisten Gottesdienstformen lassen sich Bedürfnisse nach Bestätigung der Verhältnisse, nach Trost, Geborgenheit oder intellektuellem Anreiz vermuten. Die Bedürfnisse der Mobilen sind dagegen eher auf Erlebnis, sinnliche Reize, Bewegung, Echtheit und Genuss ausgerichtet. Diese Bedürfnisse sind relativ gut zu vereinbaren mit dem Krippenspiel an Heiligabend, dessen Besuch zum „Kult" geworden ist: Es ist cool, es ist wie früher und erinnert an die „heile" Kindheit, hier trifft man alte Freunde. Einen ähnlichen Erfolg verbuchen Kasualien – wenn die Betreffenden noch eine Vorstellung davon haben, welcher Gewinn damit für sie verbunden sein könnte.

Für die Mobilen steht ein Gottesdienst im Spannungsfeld von eigener Lebenswelt und der „Welt der Kirche" mit ihren Kommunikationsmustern. Ein Gottesdienst wird hier einerseits Symbol für die „langweilige, todernste Kirche", deren Kommunikationsformen fremd sind und mit der man nichts anfangen kann. Andererseits findet sich ein Gottesdienst als Symbol für eine zeitlose Kirche, die eine durchaus attraktive Gegenwelt zum Alltag darstellt. Auch wenn die Mobilen selten am Gottesdienst teilnehmen, betrachten sie ihn häufig durchaus als ein Geschehen mit einem gewissen Wert. Ein Textbeispiel aus einer Diskussion mit Abiturientinnen und Abiturienten zeigt diese Einschätzungen und die große Spannweite der Bewertungen:

> ***Die Mobilen über Erfahrungen und Erwartungen im Gottesdienst***
>
> *Maja: Der [Pfarrer] war so'n Möchtegernlustig, und ich fand den nur scheiße und so voll schleimig, oder die sind uralt, also ich find, in der Kirche sollte man doch auch mal lachen können. Ich find das so blöd, dass man immer alles so todernst sieht und dass man in vielem nicht mal lachen darf oder nicht mal Späße machen darf, das hat für mich nichts mit Glauben zu tun. Ich mein, bei den Afrikanischen, bei den Schwarzen ist das ja ganz anders, die freun sich, warum ist das denn hier so ernst. (…)*
>
> *Micha: Ich glaube, dass Kirche so ne Hilfe oder Institution ist, ja natürlich ist sie so leicht angreifbar, und es gibt so viele verschiedene Ecken, was jetzt jemandem so nicht passen kann, oder auch Religion, da gibt's jede Menge Widersprüche, es kann ja sein, dass auch alles nicht stimmt, aber man kann ja trotzdem dran glauben, es tut ja nicht weh. Ich finde auch, wenn man mal in die Kirche geht und da auch mal ne Stunde ernst ist oder so, dann ist das doch eigentlich auch mal ganz schön, weil Spaß hatte man vielleicht den Abend vorher, man kommt dann so'n bisschen zur Ruhe. Also ich gehe auch leider sehr selten in die Kirche. (VBV: „Idealisten")*

Grundsätzlich ist der Besuch regelmäßiger Veranstaltungen für die Mobilen eher unattraktiv. Selbst Disko oder Sport, die sich sehr regelmäßiger Frequenzen erfreuen, sind keine selbstverständlichen Aktivitäten, sondern müssen immer wieder neu zwischen Freunden und Bekannten und den Anforderungen von Ausbildung und Job verhandelt werden. Die Sportvereine verlieren aus diesem Grund viele Mitglieder an Fitness-Studios. Die Mobilen brauchen das Gefühl, immer wieder neu zu entscheiden und ihr Leben voller Bewegung selbst zu gestalten. Ein Gottesdienst, wo „nichts los ist", ohne den Charakter eines „Events", über das man sich in Telefonaten und per SMS in der Clique verständigt, gerät nicht so leicht ins Blickfeld – selbst bei solchen Mobilen, die durchaus wieder einmal einen Gottesdienst besuchen würden. Für die Mobilen ist alles eine Frage des Anlasses. Was für Bodenständige eine liebe Gewohnheit ist, kann für Mobile kaum ein Erlebnis sein. Maja bringt schließlich ihre innere Distanz auf den Punkt:

> *Maja: Der Gottesdienst ist auch oft, find ich, schlecht inszeniert, oaah, dann rafft's der Organist nicht und der Pastor singt superschief und so, das find ich einfach, das versteh ich immer nicht, und das schmälert auch meine Lust dahin zu gehen. (VBV: „Idealisten")*

So manifestieren sich am Gottesdienst Abstoßungseffekte zwischen den Milieus so deutlich wie sonst kaum: Die einen wünschen sich eine Predigt als gelehrte Rede, andere schreckt das ab. Die einen wünschen sich klare Ansagen durch die Pfarrerin oder den Pfarrer, andere finden das schwer erträglich, weil sie eher Anregungen suchen und sich dann selbst ihre Meinung bilden. Die einen wünschen sich Bildungsanteile, Erlebnisse und Gemeinschaft im Gottesdienst, andere verabscheuen Gottesdienste, wo sie nicht für sich sein und zur Ruhe kommen können. Dieser Befund führt Menschen, die sich um eine zukünftige Gestalt der Kirche Gedanken machen, unweigerlich zu der Frage, welchen Stellenwert Gottesdienst als ein angeblich alle Mitglieder verbindendes Zentrum des Gemeindelebens haben kann und soll. Ist es das Ziel, milieuübergreifend zu arbeiten und alle regelmäßig „am Tisch des Herrn" zu versammeln, oder gilt es vielmehr, der Verschiedenheit der Milieus auch in verschiedenartigen Gottesdiensten Rechnung zu tragen? Diese Fragen sollen uns in den Kapiteln IV. und V. beschäftigen.

Weiterführende Literatur

Hartmut Becks, Der Gottesdienst in der Erlebnisgesellschaft, Waltrop 2002.
Claudia Schulz, Wie hätten Sie's denn gern? Erkenntnisse und offene Fragen zum Gottesdienst für Menschen in verschiedenen Milieus, in: Arbeitsstelle Gottesdienst, Zeitschrift der Gemeinsamen Arbeitsstelle für gottesdienstliche Fragen der EKD, Heft 3/2007, 15–24. In diesem Heft finden sich zahlreiche weitere Texte zu zielgruppenspezifischer Arbeit im Gottesdienst.

Weiterführende Fragen:

Kann man den Gottesdienst als Mittelpunkt der Gemeinde bezeichnen – wie müsste er dann aussehen und welche Elemente wären dann besonders geeignet?
Welche Elemente im Hauptgottesdienst Ihrer Gemeinde sprechen derzeit welche Milieus an? Wodurch?
Wie erleben Angehörige der unterschiedlichen Milieus die Abendmahlsfeier in den Gottesdiensten Ihrer Gemeinde?
Erreichen besondere Zielgruppengottesdienste in Ihrer Gemeinde die Gruppen, für die sie angeboten werden? Welche Elemente in diesen Gottesdiensten sind dafür förderlich, welche hinderlich?

2. Bibel, Predigt und Zugänge zum Glauben

Wo der Gottesdienst als die soziale Form des Glaubens bewertet wird, erscheinen die Bibel, die Predigt, der Zugang zum Glauben oder auch die Theologie als die individuelle Kehrseite: Hier hat jeder Mensch seine eigene Einstellung, seine eigene Weise, Religion ins Leben einzubeziehen oder eben auch nicht. Weil die Ansicht, Glaube sei auch ohne Kirche und ihre „Angebote" möglich, in allen Befragungen als konsensfähige Aussage wiederkehrt, soll diese Perspektive hier gesondert beleuchtet werden.

Schon die Bewertung der Bibel ist erwartungsgemäß in den Milieus sehr unterschiedlich und orientiert sich an zwei zentralen Dimensionen: an der Bildung und an der Bedeutung des Individuums gegenüber der Gesellschaft und ihren Autoritäten, zu denen hier auch religiöse Institutionen zählen. Grundsätzlich gilt: Wer eine höhere Bildung hat, schätzt die Bibel, zumindest als wichtigen Bestandteil der Kultur. Dies ist von tatsächlicher Lektüre unabhängig. Ob die Lektüre der Bibel etwas „nützt", ist zunächst unwesentlich. Die Dimension der Bildung bekommt hier eine deutliche Nähe zur Dimension der Vorliebe für komplexe Erlebnisse oder (bei umgekehrten Vorzeichen) für einfache Erlebnisse (siehe Abschnitt II.3 und die Abbildungen dort). Mit einer geringen Bildung und einer Vorliebe für eher einfache Erlebnisse verbindet sich häufig das Bedürfnis, die Bibel und ihre Botschaften eher „einfach stehen zu lassen", wie sie sind. Debatten über den Wahrheitsgehalt der Jungfrauengeburt erscheinen als fruchtlos. Auseinandersetzungen mit dem Tenor „Und die Bibel hat doch recht" wirken unattraktiv oder auch blasphemisch. Man glaubt eben und setzt sich mit Einzelheiten ungern auseinander, oder man distanziert sich und bedient sich schematischer Argumentationen wie der einer Bibel als „Märchenbuch".

Ebenso gilt: Wer sich an Autoritäten orientiert, für den hat die Bibel quasi automatisch eine hohe Bedeutung, unabhängig von einem eigenen Glauben oder einer Distanz zum Glauben. Umgekehrt: Wer vor allem die Bedeutung der eigenen Person in den Vordergrund stellt, etwa im Kontrast zu Autoritäten, ist zunächst kritisch gegenüber der Bibel als Symbol für den Wahrheitsanspruch von Religionsgemeinschaften, oder er setzt sich gar nicht erst mit der Bibel auseinander und hat schon viele Jahre keine Predigt mehr gehört. Für diese Personengruppe kann die Bibel durchaus eine Bedeutung gewinnen – aber erst in der persönlichen Auseinandersetzung mit ihren Inhalten und indem man persönlich diesem Buch Bedeutung beimisst.

Die Dimensionen Bildung bzw. Vorliebe für komplexe Erlebnisse einerseits und Orientierung an der eigenen Person oder Autoritäten sind eng miteinander verwandt. Die Schaubilder in II.3. 2 und II.3.3 zeigen sehr ähnliche Nähen und Distanzen der Milieus zueinander. So kennzeichnen diese Dimensionen die wichtigsten Unterschiede zwischen den Milieus, wenn es um die Einschätzung von Bibel, Predigt und eigenem Glauben geht (vgl. Tabelle 2 im Anhang). Sie durchziehen die folgende Übersicht und sind jeweils durch die typischen Perspektiven der milieuspezifischen Lebenswelten ergänzt.

Die *Hochkulturellen* und die Bodenständigen sind beides kirchennahe Milieus, in denen Bibel und Glaube eine große Wertschätzung erfahren. Die Perspektiven auf die Predigt sind jedoch sehr unterschiedlich, wie die folgenden Textbeispiele aus Gruppendiskussionen zeigen. Zunächst ein Auszug aus dem Gespräch eines (hochkulturellen) Kunstvereins:

Die Wertschätzung der Hochkulturellen für das „Kulturgut Bibel"

Helmut: Es besteht für mich kein Zweifel, dass in der Bibel, also im Neuen Testament, aber vor allen Dingen auch im Alten Testament, sehr viel Lebensweisheit steckt. Sehr viel Klug-

> *heit unabhängig von den reinen Glaubensdingen. (...) Zur Kirche gehören Predigten, zur evangelischen Kirche jedenfalls. Und ich würde mir wünschen, dass bei diesen Predigten in der Vorbereitung, und das ist so 'ne leichte kritische Anmerkung, dass gerade auf diese Schätze mehr zurückgegriffen wird und darüber es zum Gegenstand gemacht wird. Das bedeutet nicht, dass ich intolerant wäre oder eine besondere fundamentalistische Ausrichtung habe. Aber ich fände, es wäre sehr schön, wenn da Nachdenklichkeit und das, was uns da überlassen worden ist, zum Leben gebracht wird. (EKD: Kunstverein)*

Obwohl Helmut sehr kirchenverbunden ist, argumentiert er mit „objektiven" Werten. Die Bedeutung der Bibel ist „unabhängig von Glaubensdingen". In dieser Logik ist auch eine Predigt, die diese kulturellen „Schätze" hebt, selbst von hohem Wert und dürfte – in Helmuts Augen – auch für Nichtchristen eine Bereicherung sein. Das Heranziehen des biblischen Urtextes sowie berühmte Übersetzungen wie die von Buber und Rosenzweig sind eine Bereicherung für die Auseinandersetzung mit dem Text. Die Predigt repräsentiert zugleich das „Wort Gottes" und die abendländische Kultur. Wo die Bibel nicht im Zentrum des Gottesdienstes steht, wird diese Veranstaltung fragwürdig. Auch wenn kirchennahe Hochkulturelle oft eine Modernisierung der Kirche befürworten, ist der Umgang mit Bibel und Predigt für sie ein heikler Bereich. Auch das folgende Zitat entstammt dem Gespräch des Kunstvereins:

> ### *Den Hochkulturellen genügt das Wort*
>
> *Helga: Dieter hat mal gesagt zu einem, der war ja sehr beleidigt, das war der erste Familiengottesdienst mit viel Bohee. Uns stört das. Wir brauchen das auch nicht. Aber da waren die Leute begeistert in der Kirche, und dann kam zu ihm ein Vikar, und hat gesagt, wie fandst du 'n das? Und da hat Dieter gesagt, panem et circenses [lat. für „Brot und Zirkusspiele"], und da war er sehr beleidigt, weil uns das Wort genügt. Aber es genügt eben nicht den meisten Leuten das Wort, wirklich nicht, wirklich nicht. (EKD: Kunstverein)*

Bodenständige verorten den Wert der Bibel und des Glaubens eher im Bereich des Alltagspraktischen: Der Glaube an Gott ist etwas Handfestes, er gibt Trost und dient als Kraftquelle. So ist der Gewinn an Zuversicht auch der wichtigste Grund, die Bibel zu lesen. Dass man eine Bibel zu Hause hat, macht diese Zuversicht verfügbar. Wie der Glaube soll auch eine Predigt „handfest" sein. Sie muss verständlich sein, die Botschaft muss sich auf weltliche Themen beziehen, sonst hat sie keinen Sinn. Dass Pfarrerinnen und Pfarrer oft unverständlich sprechen, zu intellektuell predigen oder ihr Interesse an alltagsfernen Fragestellungen in den Vordergrund stellen, verzeihen ihnen die Bodenständigen in der Regel – weil sie es gar nicht anders erwarten. Solche Differenzen führen bei ihnen selten zu Zorn und Abkehr, eher zum stillen Bewusstsein, Gottesdienst und Predigt seien nicht die zentralen Quellen von Trost und Zuversicht und darum durchaus verzichtbar. Ein Textbeispiel aus einer Gruppe älterer Frauen soll das verdeutlichen:

Der liebe Gott ist den Bodenständigen das Wichtigste

Berta: Die Kirche und die Pfarrer da müsst ich nicht unbedingt hin. Also der liebe Gott, der ist für mich das Wichtigste. Also die Pfarrer, da muss ich ehrlich sagen, steh ich manchmal mit Abstand, kann ich auch manchmal nicht richtig verfolgen, wenn die darüber so sprechen, weil ich's ja auch so anders kenne, dann ist das für mich nicht mehr glaubwürdig. Und also für mich ist Gott wichtig, und der ist für mich jeden Tag wichtig, also dazu brauch ich nicht die Pfarrer und auch nicht die Kirche. (EKD: Frauenhilfe)

Hier entsteht eine Differenz zwischen Glaube und Kirche, die zugleich eine Differenz zwischen Alltag und Predigt ist. Die Bodenständigen empfinden oft in diffuser Form, dass da in der Kirche, vermutlich auch in der Predigt, etwas stattfindet, das sie „nicht richtig verfolgen" können, wo sie nicht dabei sind, wenn andere „darüber so sprechen". In Bezug auf Pfarrerinnen und Pfarrer und ihre Predigt wird das zum Problem der Glaubwürdigkeit. Während andere Milieus daraus einen Grund zum Kirchenaustritt ableiten würden, zeigen sich Bodenständige duldsam, wie das folgende Beispiel aus dem Gespräch der genannten Frauengruppe verdeutlicht: Sie nehmen das mit, was ihnen gut tut.

> *Bärbel: Die Kirche gibt mir Ruhe und auch Freude. Ich geh in mich, ich denk an viele Dinge, wo ich vielleicht zu Hause nicht dran denke, und ich geh eigentlich sehr ruhig und zufrieden dann nach Hause. Mir gibt die in diesem Sinne was. Ich bin nicht überfromm, das hab ich nie gelernt.*
> *(EKD: Frauenhilfe)*

Wo die Hochkulturellen vorzugsweise die Kultur und die Bodenständigen ihren Alltag als Bezugsgrößen für Bibel, Predigt und Glaube bezeichnen, sind jüngere Milieus hier eher verwirrt: Auf welchen Lebensbereich sollen sich Religion und Glauben beziehen – wovon redet der Pfarrer? Geht es um Zugehörigkeit zur Kirche, um Zustimmung oder Ablehnung? Geht es um Werte und Normen, um den Alltag, um mögliche Belastungen wie Arbeit, Zeitprobleme oder Ehekrisen, ja, geht es überhaupt um Krisen, oder geht es nicht vielmehr um die schöne Seite des Lebens – um die Freizeit, um Genuss und Unterhaltung. Gerade im Rahmen des Gottesdienstes sind Bezugsgrößen nicht eindeutig zu wählen: Eine Predigt ist zugleich ein Bildungsangebot und ein Beitrag zur Unterhaltung. In einer Gruppe von *Mobilen* zwischen 18 und 20 Jahren wird diese Verwirrung deutlich, wenn sie über die Predigt spricht:

> ***Die Mobilen ringen um Maßstäbe für eine gute Predigt***
>
> *Maike: Ja, und dann mit den langweiligen Predigten, die eigentlich nicht so auf Jugendliche zugeschnitten sind meistens.*
> *Marvin: Es geht nicht darum, dass man die Predigt versteht oder nicht, es geht darum, ob sie einen selber anspricht, und für Jugendliche geht's glaub ich viel darum, wie lang sie ist, denn wenn sie 'ne halbe Stunde ist, dann hören die meisten weg. Wenn sie aber so sieben bis zehn Minuten lang ist, dann hören sie zu und denken mit.*
> *Micha: Also ich will jetzt keinen angreifen, aber das ist in einem gewissen Grad ein Armutszeugnis für mich. Weil entweder eine Sache interessiert einen, und wenn's einen wirklich*

> *interessiert und anspricht, und wenn man sich damit beschäftigen will, und wenn der Typ da vorn was Vernünftiges zu sagen hat, dann kann die auch 'ne halbe Stunde sein.*
> Maike: *Aber es muss interessant sein. (VBV: „Idealisten")*

Als Maßstäbe finden sich bei den Mobilen die typischen Maßstäbe, die sie auch auf andere Lebensbereiche anwenden: Es interessiert das Neue, das Spannende, das Bewegende, das Unterhaltsame und Mitreißende. Predigt darf gern „Infotainment" sein, aber anders als für die Bodenständigen ist Verständlichkeit nicht der rechte Maßstab für Qualität. Die Mobilen wollen angesprochen werden von jemandem, der etwas zu sagen hat, der am besten ganz persönlich für das eintritt, was er sagt.

Dabei ist eine Predigt nichts anderes als eine persönliche Stellungnahme. Sie kann anregen, sich selbst Gedanken zu machen, sie kann weltanschauliche Elemente anbieten, die man bei Bedarf übernehmen kann. Eine Predigt ist dann gut, wenn sie ein klares und in sich schlüssiges Sinnkonzept anbietet. Sie soll verständlich sein, aber auch logisch und glaubwürdig. Die meisten Mobilen sind aber der Meinung, dass jeder Mensch seinem Leben selbst einen Sinn geben muss und entsprechend selbst der letzte Maßstab dafür ist, was für ihn gut ist und was nicht. Eine Predigt ist also (nur) ein Angebot an die Mobilen und zugleich ein hoher Anspruch, verbunden mit der Botschaft: Mach dir Gedanken, finde eine Position! Hier ist der eigene Verstand gefragt. Und der gerät schließlich als erstes in Konflikt mit dem angebotenen Evangelium:

> Marvin: *Das ist auch das Problem, in der Kirche wird mir einfach ein bisschen zu viel geglaubt und ein bisschen zu wenig gedacht. (VBV: „Idealisten")*

Weil jeder Mensch nach Auffassung vieler Mobiler etwas Göttliches schon in sich trägt, ist die eigene Person der Schlüssel zum Glück und ebenso zur authentischen religiösen Position. Man möchte nicht nur das eigene Leben gestalten, sondern auch seinen Glauben, man ist bereit zur Leistung, auch zur geistigen oder emotionalen Leistung. Das ist im Alltag so und ebenfalls, wenn es um Religion geht – wenn man es denn interessant und wichtig genug findet. Der Glaube geht nicht am logischen Denken vorbei. Nicht selten sind die Mobilen der Meinung, dass genau dies aber die Hauptbotschaft des Christentums sei, gewissermaßen verpackt in die Anforderung, sich in ein unschlüssiges religiöses Konzept zu fügen. Dabei kann schon die Aufforderung, sich über den Glauben Gedanken zu machen, als Übergriff verstanden werden: Wer der Meinung ist, letztlich sei alles im Leben rational erklärbar, braucht keine Religion und sich dafür auch nicht zu rechtfertigen.

Die Mobilen teilen mit den Milieus aus dem mittleren Lebensalter die Skepsis gegenüber „fertigen" religiösen Konzepten. Wie sie haben auch die *Kritischen* diesen Anspruch auf eine wahrhaft authentische „eigene Religion". Die Kritischen verlangen von der Predigt einen klaren Gegenwartsbezug und pointierte Aussagen. Auch sie freuen sich über Spannendes und Überraschendes und lieben es, wenn die „Inszenierung" perfekt ist. Sie teilen aber anders als die Mobilen mit den Hochkulturellen die Lust am Intellektuellen, an sachlicher Information, an schöner Sprache und Literatur. Als Weltliteratur genießt die Bibel einen Vorschuss an Interesse. Predigt darf nicht den Zeitgeist spiegeln, sondern muss kompetent die zeitlose Botschaft mit aktuellen Fragen verknüpfen.

Glaube und Religion, ebenso eine Predigt, sind nicht in erster Linie „nützlich", sondern sie dienen der Persönlichkeitsentwicklung. Sie bereichern das Leben, erweitern den Horizont und öffnen das Herz. Die Predigt steht direkt in Zusammenhang mit dem Kirchengebäude, der Person des Predigers, der Musik und der Gemeinde oder auch der Gemeinschaft. Das folgende Textbeispiel stammt aus einer Gruppe von Kritischen in einer Kleinstadt. Einige Mitglieder sind oder waren aus der Kirche ausgetreten, manche haben sich ganz bewusst diese Gemeinde und ihren Pfarrer ausgesucht:

Eine Kritische gegen den „Gott im Wald"

Karen: Ich denke, dass so'n Gottesdienst einem hier sehr viel bringt, weil es eben ein sehr gut ausgebildeter, persönlich sehr fähiger Pastor ist, die Predigt gibt einem sehr viel,

> *wirklich. Und das ist ja auch das, was uns dazu gebracht hat, nicht in unserer Gemeinde, wir hätten ja auch in unserer Wohngegend in die Kirche eintreten können. Aber da war also so ein langweiliger Pastor, das hätte ich gar nicht ausgehalten. Und für mich reicht es nicht, allein in meinem Bett zu beten oder so. Diese Impulse, auch diese religiösen Impulse, gehen bei mir sehr stark auch durch dieses Gebäude Kirche, das natürlich hier auch schön ist, weil es ein sehr schöner Raum ist. Und auch durch die Gemeinschaft mit den anderen. Das gibt mir mehr, als wenn ich irgendwo im Wald sitze. (VBV: „Humanisten")*

Viele der Kritischen bewahren die Utopie von einer guten Welt und einem gerechten Leben. Sie wünschen sich geteilte Reichtümer und eine geteilte Verantwortung, auch fürs Religiöse. Sie sind darum die dankbare Zielgruppe für Beteiligungsformen in der Verkündigung, für Dialogpredigten, Laienpredigten oder Gottesdienst-Vorbereitungsgruppen. Sie mögen die Information, wollen aber nicht belehrt werden, sie mögen es, wenn die Pfarrerin als Mensch erkennbar ist, sich dabei aber nicht selbst inszeniert. Die Gemeinde ist nicht Publikum, sondern Forum für intellektuelle, geistige oder emotionale Bildung. Kommunikation ist die Bedingung – je mehr desto besser. Ideen, nach denen „alle Gemeindemitglieder einmal predigen sollen", können nur in den Köpfen der Kritischen entstehen. Ihr Herz schlägt im weltlichen Sinn für Wohngemeinschaften, im religiösen Sinn für Kommunitäten, in denen alle Mitglieder eine religiöse Gemeinschaft gleichberechtigt mittragen.

Weil sich die Kritischen für den eigenen Glauben verantwortlich sehen, streben sie selbstverständlich die eigene Auseinandersetzung mit Bibeltexten und Predigten an. Dass die Predigt sie dazu herausfordert, eine eigene Position zu beziehen, empfinden sie nicht wie viele Mobile als Zumutung, sondern als eine selbstverständliche Aufgabe, der sie sich mehr oder weniger gern stellen. Theologie ist nicht dafür gedacht, Dogmen zu produzieren, die Einzelne dann übernehmen sollen, und sie wird so auch nie verstanden. Vielmehr ist jede Religion – auch die christliche und ihre Theologie – immer eine Gegenwelt zum Alltag und zum eigenen Erleben. Sie ist gewissermaßen ein Korrektiv, zwangsläufig ein Stein des Anstoßes oder ein Ausholen zum Befreiungsschlag für Denkmuster, die die eigene Person zu stark begrenzen.

Die Fragestellung der *Geselligen* ist hingegen eine ganz andere: Sie fragen nicht nach der Wahrheit, sie fragen nach dem Nutzen von Gottesdienst und Predigt und nach Anknüpfungspunkten aus alltagspraktischer Sicht. Ihre Vorstellung vom Glauben ist häufig zweckmäßig: Glaube hilft, das Leben zu bewältigen. Wo es keine Krisen gibt, ist Glaube ein Impuls zur gemeinsamen Feier, zur Gestaltung des „schönen Lebens". Die Geselligen sind nicht nur der erste Kundenkreis für IKEA und sein schier unendliches Angebot an Gestaltungselementen für die praktische und unanstößige moderne Gemütlichkeit, sie sind auch für Predigtkonzepte zu gewinnen, in denen die freundliche Kirche sich als Gesicht eines freundlichen Gottes allen Menschen zeigt. Wo die Kritischen ein Interesse an den Sternen zeigen, am Hintergründigen, Geheimnisvollen, an verborgenen Zusammenhängen, haben die Geselligen ein Interesse an der Sonne, entweder weil sie ganz direkt ihr Leben bescheinen soll, oder weil sie gern hören, dass die Sonne in jedem Fall „über den Wolken" scheint.

Die Geselligen ringen kaum um religiöse Übereinstimmung, sie setzen sich nicht gern mit weltanschaulichen Konzepten auseinander, wie die Kritischen es tun. Das liegt einerseits an ihrer geringeren Affinität zum Intellektuellen, zu Kultur und Bildung. Das liegt andererseits an ihrer Abneigung gegen alles rein Geistige, das keinen Nutzen und unmittelbaren Bezug zum Leben aufweist. Der eigene Glaube ist für die Geselligen nur indirekt mit dem Gottesdienst oder der Predigt verbunden. Viel wichtiger ist ihnen das Praktische, das Aufrechte und Ehrliche im Alltag, das dann zu einer Art „weltlichem Gottesdienst wird". In einer Gruppendiskussion mit Männern zwischen 40 und 65 berichtet ein Geselliger von einem Viehzüchter, der die Schweine vollgefüttert verkauft, um ein höheres Schlachtgewicht und einen höheren Preis dafür zu erzielen. Er resümiert: „Es zeichnet nicht den Christen aus, dass er jeden Sonntag in der Kirche sitzt, sondern wie er das Leben lebt, seinen Mitmenschen gegenüber, das ist das Entscheidende dabei." Ein anderer Mann aus der Gruppe sagt: „Wenn ich immer ordentlich abrechne, dann hab ich doch auch irgendwas Ordentliches getan. Wenn alle Leute so wären, dann wär's doch prima." (VBV: „Alltagschristen")

Wo etwas keinen praktischen Sinn hat, sagen die Geselligen: „Es ist unglaubwürdig" oder „Es macht keinen Spaß." Und sie beschreiben damit eine zu große Distanz zum „wirklichen Leben". Das folgende Textbeispiel stammt aus einer Gruppe Geselliger, die zusammen Sport treiben. Einer der Männer ist bei aller Kritik eher kirchenverbunden. Er schildert am Beispiel eines Gottesdienstes und des darin gesprochenen Glaubensbekenntnisses seine Auseinandersetzung mit theologischen Fragen und überlieferten Formulierungen. Die Freunde können jedoch sein Interesse nicht teilen: Eine solche Religion hat keinen Bezug zu ihrer Lebenswelt, damit geraten Gottesdienst und Verkündigung als Ort der Religion in Konkurrenz zu Angeboten aus dem Unterhaltungssektor:

Die Geselligen und ihr Bedürfnis nach unmittelbarem Sinn

Gert: Da wird dann Glaubensbekenntnis gesprochen, ne? Und die meisten sprechen dann Dinge mit, die sie bei reiflichem Durchdenken möglicherweise gar nicht mehr so ohne weiteres sagen würden. Allein das Geboren von der Jungfrau Maria. (...) Oder kann es tatsächlich sein, dass unser Herr Gott es geplant hat von der Geburt unseres Herrn Jesus Christus an, dass dieser Mensch einerseits Gottes Sohn ist und dann aber gezielt von den Römern inklusive der Juden am Kreuz hingemeuchelt wird, also das soll mir mal jemand beibringen (...) Dat ist so fremd. Da muss man wirklich sich auch mit geschichtlichen Dingen mal auseinandersetzen, bevor man solche Sachen halbwegs annähernd für sich selber ...

Günter: Also wenn ich mir das schon wieder anhöre, dann frag ich mich, wofür brauche ich das überhaupt? Da gehe ich doch lieber zwei Stunden ins Kino. (EKD: Sportverein)

Der Kritik der Mobilen, in der Kirche würde zu viel geglaubt und zu wenig gedacht, könnten sich auch die Geselligen anschließen: sie finden in der Kirche zu viel Spekulatives und Wunderliches und zu wenig Handfestes und Nützliches. Die meisten Geselligen, auch Menschen außerhalb der Kirche, messen der Kirche einen hohen Wert bei, weil sie Werte vermittelt, die etwa für die Erziehung ihrer Kinder kaum verzichtbar sind. Verkündigung ist darum in erster Linie eine Verkündigung von Maßstäben für ein friedliches Miteinander. Der Glaube schützt die Menschenwürde und sorgt für eine bessere Welt. In der Predigt soll diese bessere Welt zu spüren sein. Dabei ist die Predigt im Gottesdienst eher ein sekundärer Ort. Wichtiger sind Orte der Bildung: der Kindergarten, die Schule, der Konfirmandenunterricht. Hier werden Werte vermittelt an die, die sie noch nicht haben. Wer zum Gottesdienst geht, stimmt jedoch bereits mit den wesentlichen Werten der Kirche überein und möchte darin nur noch bestätigt werden. Hier bekommt dann das Erlebnis von Gemeinschaft eine wichtigere Funktion als Theologie und Verkündigung.

Dass der Glaube der Predigerin auch der eigene Glaube ist, erwarten die Geselligen nicht unbedingt. Der Pfarrer ist Profi in religiösen Dingen, er steht für die Institution, die die christlichen Werte bewahrt. Das bedeutet in den Augen der Geselligen eine zweckmäßige Arbeitsteilung. Mit ihrer Kirchenmitgliedschaft und noch mehr mit dem Besuch eines Gottesdienstes „erkaufen" sich die Geselligen ihren Anteil an der besseren Welt, an die sie selbst nicht glauben müssen. Sie lehnen den christlichen Glauben dabei in aller Regel nicht ab, sie erleben es nur nicht als notwendig, sich hier selbst eine Meinung bilden oder gar eigene Glaubensaussagen machen zu können.

Die Geselligen haben „ihren eigenen Glauben", über den sie nur ungern Auskunft geben. Zwischen diesem „eigenen Glauben" und der christlichen Dogmatik gibt es so gut wie keinen Austausch – und für den Geschmack der Geselligen ist dies auch nicht notwendig. Man könnte sagen: Sie lehnen sich an eine stabile Wand von Überzeugungen, die sich bewährt haben und einen weltanschaulichen Rahmen für das Leben geben – in den wenigen Situationen, in denen man einen solchen Rahmen braucht.

Kein Wunder, dass die Familie und die Lebensumgebung für die Religiosität der Geselligen eine so große Rolle spielen. Die Familie ist der wesentliche Anker im Alltag, wo Religion zunächst keine Funktion hat. Glaube ist oft mit nostalgischer Rückbesinnung auf die eigene Kindheit verbunden und auf das „Gute im Leben" fokussiert. Dass Gott das Böse zulässt, ist ein Problem, das den Geselligen wie keinem anderen Milieu zu schaffen macht. Wo Gott kein eindeutig positiver Gott ist, steht das Weltbild der Geselligen in Frage, in dem die selbst gestaltete

Umgebung – Familie, Kinder, Haus, Wohlstand – quasi Heilsfunktion übernommen hat. Wo der Glaube herausfordert, verunsichert oder in Frage stellt, verliert er an Attraktivität.

Auch die *Zurückgezogenen* mögen es nicht, wenn Glaube und Predigt das eigene Leben in Frage stellen. Für sie liegt aber der Grund dafür in der Überforderung, die das ganz praktisch bedeutet. Die Überforderung mag für einige Zurückgezogene auch eine intellektuelle sein, das ist aber weniger entscheidend. Zentral ist die Abneigung dieses Milieus gegenüber komplexen Sachverhalten. Die Welt an sich ist eine große Herausforderung, man ringt immerzu um Stabilität, um Zuversicht, um klare Verhältnisse und tragfähige Zukunftsbilder. Nicht weil die Zurückgezogenen sich die Mühe der eigenen Auseinandersetzung nicht machen wollten, sondern weil sie bereits zahlreiche Auseinandersetzungen unfreiwilliger Art haben: mit den Verlockungen der Konsumwelt, mit Verwicklungen in privaten Beziehungen, mit zu geringen finanziellen Spielräumen, mit anspruchsvollen Regelwerken für Kredite und Verträge. Die Zurückgezogenen brauchen Klarheit, keine neuen Aufgaben oder Interpretationsspielräume. Sie mögen konkrete Beispiele, einfache Erfolgsgeschichten und Hoffnungen. Sie mögen Unterhaltung und Ablenkung vom Alltag, und sie brauchen Vergewisserung in ihrer Haltung, auf keinen Fall aufzugeben.

Die Zurückgezogenen haben ein feines Gespür für die soziale Hierarchie, die sich hinter dem Gefälle von Hochkultur und Trivialem verbirgt. Sie erwarten nicht, dass die Pfarrerin „eine von ihnen" ist, und nehmen es übel, wenn die Pfarrerin die soziale Distanz nicht ernst nimmt, sich anbiedert und versucht, die Sprache der Zurückgezogenen zu sprechen. Sie erwarten einen klaren Umgang mit der Hierarchie, Respekt und Aufrichtigkeit. Sie brauchen keine langen Reden, keine hohe Kunst, aber sie mögen eine abwechslungsreiche, ansprechende Predigt hören, in der auch durchaus die eine oder andere klare Aufforderung enthalten sein darf. Die Zurückgezogenen lehnen „weltfremdes" Denken ab und haben auch wenig Bezug zu religiösen Themen, aber eine Ablehnung der direktiven Rede ist bei ihnen kaum ausgeprägt.

Die größte Schwierigkeit in der Predigt für Zurückgezogene dürfte darin liegen, dass sie zwar etliche weltliche Fragen als relevant empfinden, die Anknüpfungspunkte für das Religiöse jedoch schwer zu finden oder zu entwickeln sind. Gegenüber Krisen und bedrohlichen Anforderungen entwickeln Zurückgezogene selten Lösungsstrategien, sondern sie suchen nach Wegen, von den Problemen nicht betroffen zu sein. Während die Hochkulturellen und Kritischen den Kampf aufnehmen, ducken sich die Zurückgezogenen und versuchen, die Herausforderung zu umgehen.

Ein typischer Einwand der Zurückgezogenen gegenüber frommer Rede lautet: „Dafür kann ich mir nichts kaufen." Wo andere Milieus keinen Zusammenhang zwischen Religion und dem Bereich des Materiellen sehen, wird daraus für die Zurückgezogenen ein Gegensatz: Wo die Existenz gesichert werden muss und materielle Zwänge herrschen, empfinden sie den Glauben als „Kür", als zweckfreie und potenziell nutzlose Beschäftigung mit dem Übersinnlichen. Die Rede vom „Brot des Lebens" muss hier erst einmal ihre alltagspraktische Bedeutung zeigen. Wo sich in der Gemeinde reichlich Menschen mit intellektuellem Anspruch versammeln, muss sich der Glaube für die Zurückgezogenen unbedingt als etwas zeigen, das existenziellen Charakter und praktischen Nutzen hat und über das Schöngeistige hinausgeht. Denn für Schöngeistiges fehlt den Zurückgezogenen nahezu jedes Verständnis. Eine solche Religion ist etwas für Menschen mit viel Zeit und innerer Ruhe.

Darum erleben Zurückgezogene das Evangelium selten in Form einer Predigt, aber häufig in anderen Formen der Verkündigung: in Kirchengebäuden als Symbolen für Stabilität und Sicherheit, in der Zuwendung durch einen Seelsorger, durch konkrete Angebote zur Unterstützung oder auch durch die Erfahrung von Gemeinschaft und Solidarität. Letzteres setzt jedoch voraus, dass die gewohnte soziale Zurückgezogenheit vorübergehend aufgegeben wird – für dieses Milieu eine möglicherweise unangemessen hohe Hürde.

Weiterführende Fragen

Den Griechen ein Grieche, den Juden ein Jude – wo könnte die Einheit der Botschaft in der Vielfalt milieuspezifischer Verkündigung sichtbar werden?

Wo bieten die Grundhaltungen und grundlegenden Vorstellungen der verschiedenen Milieus Anknüpfungspunkte für wichtige Inhalte des christlichen Glaubens (z.b. Schöpfung, Rechtfertigung, Reich Gottes)?
Aus welchen Lebensbereichen kann Konkretes in der Predigt aufgegriffen werden, um Angehörige eines bestimmten Milieus besser zu erreichen?
Welche Anforderungen an eine „gute Predigt" lassen sich formulieren?

3. Mitarbeiter/innen, Pfarrer/innen und die persönliche Begegnung

Im Gespräch über Kirche und Gemeinde werden vor allem die Verantwortlichen für kirchliche Arbeit zum Thema: Pfarrerinnen und Pfarrer, verschiedene andere Menschen, die im Ehrenamt oder in haupt- oder nebenberuflicher Beschäftigung mitarbeiten. Die Bewertung unterschiedlicher Rollen und Funktionen ist ebenso wie die konkreten Erwartungen abhängig von den Lebenswelten der Milieus. Wie Ehrenamtliche ihre eigene Rolle verstehen und was sie zur Mitarbeit motiviert, wird in Abschnitt III.5 beschrieben. An dieser Stelle soll es dagegen darum gehen, wie die unterschiedlichen Mitarbeitergruppen von den einzelnen Milieus wahrgenommen werden.

Welche Rolle dem geistlichen Amt dabei zugedacht wird, ist abhängig vom Milieu, genauer: von der Kirchenbindung, von der Häufigkeit des Gottesdienstbesuchs und nicht zuletzt vom Grad der Beteiligung. Zunächst scheint die Kirchenbindung die entscheidende Dimension zu sein: Wie wichtig der persönliche Kontakt mit der Pfarrerin oder dem Pfarrer der eigenen Gemeinde ist, hängt damit zusammen, wie stark die Menschen in den verschiedenen Milieus mit der Kirche verbunden sind. Von am stärksten kirchenverbundenen Hochkulturellen sind es knapp 60%, die einen solchen persönlichen Kontakt als „sehr wichtig" oder „wichtig" einschätzen, von den Bodenständigen noch 46%, von den Kritischen und Geselligen, den Milieus, die vor allem Menschen in der Lebensmitte repräsentieren, sind es nur noch 29 und 24%. Unter den Zurückgezogenen und Mobilen, den Milieus mit der größten inneren Entfernung zur Kirche, legen gerade noch 14 und 8% Wert auf einen persönlichen Kontakt (EKD).

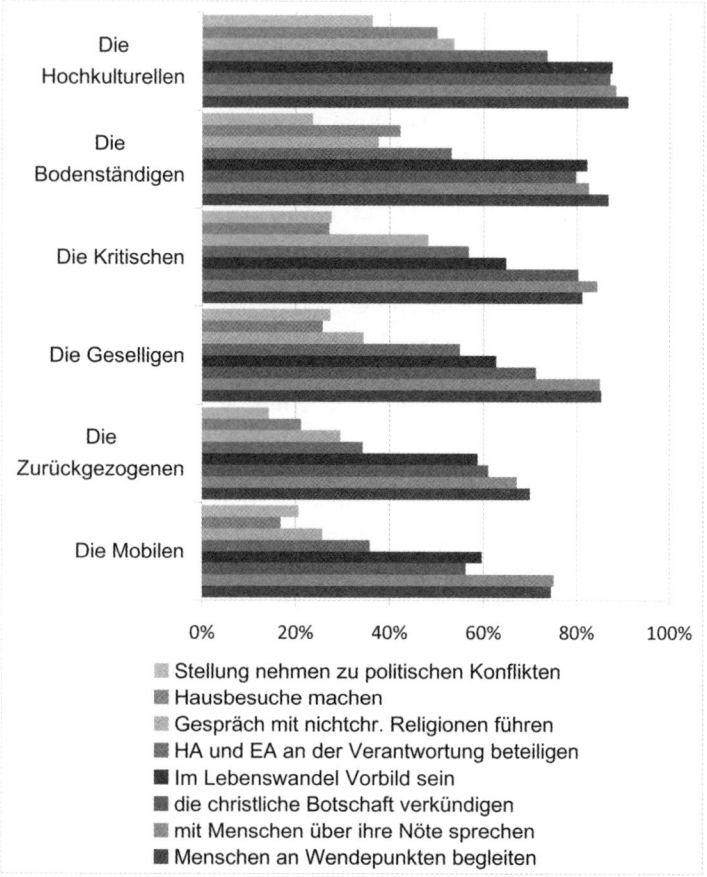

Abbildung 15: „Pfarrer/innen sollen …" – Erwartungen in den Milieus
Der Abbildung liegen die Befragungsdaten der EKD-Studie von 2002 zugrunde. Sie gibt in Prozent an, wie viele Mitglieder in einem Milieu der jeweiligen Erwartung mit einem Wert von 6 oder 7 auf einer siebenstufigen Skala von 1= „völlig unwichtig" bis 7= „sehr wichtig" zustimmen.

Unterschiedliche Studien zeigen aber, dass Pfarrerinnen und Pfarrer für jüngere und weniger kirchenverbundene Milieus damit nicht unwichtig geworden sind: Auch wer auf den persönlichen Kontakt verzichten kann, hat Erwartungen. Was für kirchennahe Milieus der persönliche Kontakt bedeutet, wird offenbar bei kirchenferneren Milieus ersetzt durch andere Bedeutungsdimensionen, etwa die symbolische oder auch mediale. Während sich bei kirchennahen Milieus diese Erwartungen auf den persönlichen Kontakt zum Pfarrer richten, sind sie bei kirchenferneren Milieus stärker auf das Verhalten von Symbolfiguren der Kirche und deren Auftreten in der (Medien-) Öffentlichkeit ausgerichtet.

Abb. 15 zeigt, wie stark Kirchenmitglieder verschiedener Milieus den unterschiedlichen Anforderungen an Pfarrerinnen und Pfarrern zustimmen. Details zur Präsenz von Kirche in den Medien finden sich im folgenden Abschnitt III.4. Die Erwartungen der Milieus an Pfarrerinnen und Pfarrer sind in die Tabelle in Kapitel V (Einschätzung der Kirche) aufgenommen.

Im Erwartungsprofil der *Hochkulturellen* sind die Erwartungen insgesamt die größten. Allen voran erscheint die typische Kombination von Erwartungen gegenüber der Kirche – Begleitung an den Wendepunkten des Lebens, Hinwendung zu Schwachen bzw. Seelsorge und Diakonie sowie Verkündigung – ergänzt durch die Erwartung, der Pfarrer solle in seinem Lebenswandel Vorbild für die Gemeinde sein. Fast 90% der Hochkulturellen teilen diese Erwartungen. Ein Pfarrer ist hier sowohl kompetenter Lehrer als auch Repräsentant des Christentums, zugewandter Mensch und persönliches Vorbild. Dahinter fallen die Erwartungen an Leistungen in der Gemeindeentwicklung, in interreligiösen Gesprächen, Hausbesuchen oder politischen Stellungnahmen deutlich zurück – und haben damit immer noch die höchsten Werte im Vergleich mit den anderen Milieus.

Die Hochkulturellen über ihre Gruppe und die Pfarrerin

Heidi: *Also die Gruppe ist auch sehr gewachsen mit den Jahren. An Stärke, an Persönlichkeit, an Ausstrahlung.*
Hans: *Und an Aktivitäten. Und die Themen, die auch so durchgekommen sind, über Glaubensfragen und aus der Bibel und Frauen in der Bibel.*
Helga: *Ja, und dann haben wir auch ab und zu Gäste hier, ganz wichtig, also auch mal Referenten, ist auch sehr interessant.*
Heidi: *Überhaupt, Bibel alleine lesen, wenn man nicht Theologie studiert hat, viele Sachen versteht man einfach nicht oder*

> *falsch, und wenn man dann keinen Ansprechpartner hat, den man fragen kann, der kompetent ist, dann bringt das gar nichts, finde ich. (...) Und es hat mir von Anfang an sehr gut gefallen, weil die Gruppe wirklich sehr offen war, Frau Schmitt-Findeisen natürlich auch'n offenes Ohr hatte.*
> Helga: *Wir waren ja mal eine Zeit, bevor Frau Schmitt-Findeisen kam, ohne Pfarrer. Und das war 'ne harte Zeit. Aber wir haben's geschafft durchzuhalten. Ich mein, mit den theologischen Fragen, wir haben auch in der Bibel gelesen, aber wir kamen nicht weiter.*
> Hans: *Und das ging dann ziemlich schnell eigentlich.*
> Heidi: *Dieses Luther-Wochenende. Das war damals ihre erste größere Geschichte. (EKD: Gesprächskreis West)*

Gruppendiskussionen zeigen, dass nur kirchennahe Hochkulturelle, die etwas über die konkrete Arbeit einer Gemeinde wissen, auch andere Hauptamtliche in ähnlicher Weise als Professionelle und Repräsentantinnen der Kirche schätzen und sich der Wichtigkeit ehrenamtlich Engagierter bewusst sind. Grundsätzlich gilt für die Hochkulturellen ebenso wie für die meisten anderen Milieus: Je kirchenferner die Menschen sind, desto stärker rückt der Pfarrer ins Zentrum der Wahrnehmung, desto stärker werden Ehrenamtliche zu Hilfskräften.

Im Milieu der *Bodenständigen* sind die Zustimmungswerte immer noch hoch, aber insgesamt schon etwas geringer als bei den Hochkulturellen. Interessant sind die Abweichungen von der Regel: Die Pfarrerin ist hier vergleichsweise etwas stärker zu besonderen Situationen wie den biographischen Wendepunkten gefragt, die Verkündigung tritt dagegen etwas zurück. Das Gespräch mit nichtchristlichen Religionen und die Stellungnahme zu politischen Konflikten erfahren hier deutlich weniger Zustimmung als im Milieu der Hochkulturellen. Auch das Interesse an der Beteiligung Haupt- und Ehrenamtlicher an der Verantwortung fürs Gemeindeleben ist für die Bodenständigen weniger wichtig. Hier kann man die Distanz der Bodenständigen zu einer „Pfarrerin als Managerin der Gemeinde" spüren und umgekehrt die große Hoffnung auf persönliche Zuwendung, wenn sie nötig ist.

> *Die Bodenständigen und ihr Pfarrer*
>
> Bertold (81) wohnt in einem Dorf im Umland einer Großstadt. Der neue Pfarrer der Gemeinde hat ihm erst ganz gut gefallen. Es ist ein freundlicher junger Mann, der offenbar ganz ordentlich seine Arbeit macht. Aber jetzt ist Bertold skeptisch. Neulich wollte er ihn abends anrufen und suchte seine Nummer aus dem Telefonbuch. Als er den Pfarrer am Telefon hatte, sagte der: „Wissen Sie, dass Sie hier privat anrufen?" (nach VBV: „Traditionelle Kirchenchristen")

Kirche in Gestalt der Pfarrerin garantiert für die Bodenständigen das Gute, Beständige und Ordentliche. Neue Beteiligungsformen oder gesellschaftspolitische Themen in der Kirche sind nicht von großem Interesse. Verhältnismäßig wichtig aber ist ihnen der Hausbesuch. Die Bodenständigen nehmen es der Pfarrerin übel, wenn sie es kaum schafft, ältere Jubilare zum Geburtstag zu besuchen, aber Geburtstagsbesuche bei Dreißigjährigen anstrebt. Hier werden die Grundregeln des Miteinanders ausgehebelt: Der Besuch ist ein Zeichen der Ehrerbietung gegenüber Menschen, die die Kirche ihr Leben lang getragen haben. Marketingaktionen, mit denen kirchliches Leben den so genannten Distanzierten nahe gebracht werden soll, sind ihnen oft so wenig plausibel wie Geburtstagsbesuche durch „Laien".

Die *Kritischen* als „kirchennahes Milieu der Menschen in der Lebensmitte" haben ein noch relativ stark religiöses Profil. Eine Vorbildfunktion des Pfarrers ist für die meisten Kritischen zwar wichtig, als aufgeklärten Menschen geht es ihnen aber eher um Glaubwürdigkeit als um moralische Perfektion. Das Interesse der Kritischen an Verkündigung ist aber ebenso hoch wie das der Bodenständigen, ihr Interesse an Zuwendung zu Menschen in Not sogar noch höher. Kirche wird zum gesellschaftlichen Faktor: Dort sind Menschen, die für etwas stehen und sich für etwas einsetzen. In dieser Hinsicht ist Kirche wichtige Stütze für sozialpolitisches Engagement. Die Kritischen sind die Gruppe mit dem größten Selbstbewusstsein. Wenn Kirche wichtig ist, ist es „ihre Kirche". Hier arbeiten alle mit, egal in welcher Position und mit welcher Qualifikation. In einer Gruppe von Kritischen hört sich das so an:

> ***Die Kritischen wollen eine Kirche, die sich bewegt***
>
> *Kirsten: Also ich denk, Kirche für morgen, sie muss sich schon bewegen. Und wie soll das gehen? Sie muss bunt sein wie das Leben selbst, denn wir sind schon da. Und wir wollen Partner sein von dieser Kirche, obwohl wir jeder in unserer Art einzigartig sind. Wir wollen einen Dialog mit der Kirche. Und wir wollen mit der Kirche auch Probleme knacken. Es ist aber nicht nur die Familie oder diese sehr freundlich blickenden Menschen. Es gibt auch andere, es gibt nämlich diese Grenzgänger. Also was weiß ich, jemand der total gepierct ist und vielleicht erst mal 'n bisschen erschreckend wirkt, der muss auch Eingang finden. (VBV: „Humanisten")*

Im Erwartungsprofil der Kritischen steht die Gemeinde- oder Organisationsentwicklung als pastorale Kompetenz hoch im Kurs: Der Pfarrer ist (auch) Führungspersönlichkeit, er ist ein Professioneller und muss dafür sorgen, dass „der Laden läuft", Kirche ein gutes Image hat und offen ist für Neues. Zugleich soll der Pfarrer menschlich bleiben und ein offenes Ohr haben. Weil ein einzelner Mensch das alles nicht schaffen kann, sind alle Gemeindemitglieder ebenfalls gefragt, um die Schwächen des Pfarrers auszugleichen:

> *Kirsten: Ich sage immer, ich bin Hausfrau, man könnte aber auch sagen, ich bin Familienmanagerin. Genauso, denke ich, muss heute ein Pastor viel mehr Fähigkeiten mitbringen, andere mit einzubeziehen, denn nur dann funktioniert auch Gemeinde. Und das ist eben, weil wir hier viele Leute sind, die Lust haben sich einzubringen. Und wenn das zusammenkommt, jemand der gut anschieben kann, Ideen mitbringt oder Ideen bei den Gemeindemitgliedern herauskitzeln kann, dann funktioniert das auch (...)*
> *Interviewer: Also 'n Pastor ist dann gut, wenn er sich auf die Leute, auf die Gemeinde einstellen kann?*
> *Kirsten: Ja, es ist eben schwierig. Er muss sowohl Manager sein, dann soll er Seelsorger sein, er soll gut predigen*

> *können, ja. Und ich frage mich, wer von uns ist so perfekt und kann das alles abdecken. Das heißt, wenn er denn, oder sie, die Schwächen kennt, die er oder sie hat, ist es natürlich sinnvoll, sich die Leute zu suchen, die das abdecken können. (VBV: „Humanisten")*

Letztlich ist für die Kritischen, auch wenn der Pfarrer als bezahlte Kraft und repräsentative Gestalt im Vordergrund steht, die Gemeinde vor allem von ihren Mitgliedern geprägt und durch deren Verschiedenheit bereichert. Der Pfarrer ist prinzipiell „einer von uns". Er organisiert die Gemeinde als ein Forum der Ideen, integriert unterschiedliche Kompetenzen, schafft den Ausgleich der Interessen und gibt dem Ganzen die nötige Struktur. Hier lässt sich vermuten, dass die vergleichsweise starke Kirchenbindung der Kritischen in Zusammenhang steht mit ihrem starken Wunsch nach Beteiligung und Verantwortung in Kirche und Gemeinde. Möglicherweise ist dies die Differenz, die Hochkulturelle in einer engeren Beziehung zur Kirche hält als Bodenständige und Kritische in einer engeren Beziehung als Gesellige. Sowohl für Hochkulturelle als auch für Kritische spielt entsprechend eine integrierende und beteiligende Funktion des Pfarrers eine relativ große Rolle.

Die *Geselligen* haben mit Blick auf die Pfarrerin ein Erwartungsprofil, das dem der Kritischen ähnlich ist, mit zwei wesentlichen Ausnahmen: Zwar stehen auch für sie die Begleitung an Wendepunkten des Lebens und die seelsorgerliche Zuwendung zum Menschen an der Spitze der Erwartungen, im Vergleich dazu ist aber die verkündigende Arbeit deutlich weniger wichtig. Dies ist gewissermaßen die Kehrseite des vergleichsweise geringen Interesses der Geselligen an theologischen Fragen und am Christentum als Teil des kulturellen Erbes. Die zweite Abweichung besteht im deutlich geringeren Interesse der Geselligen an einem Engagement der Pfarrerin für den Dialog mit anderen Religionen. Das Fremde übt auf die Geselligen einen deutlich geringeren Reiz aus, weder die inhaltliche Auseinandersetzung noch grundsätzlich das dialogische Prinzip gehören in ihren Augen zu den Dingen, die eine kirchliche Gemeinschaft attraktiv machen.

Interessanterweise zählt unter den Geselligen, obwohl für deren Lebensgestaltung gegenseitige Besuche und persönliche

Kontakte ganz wichtig sind, gerade mal ein Viertel den Hausbesuch zu den wichtigen Aufgaben der Pfarrerin, während über 60% einen vorbildlichen Lebenswandel erwarten. Da die meisten Geselligen – wie auch viele Kirchenmitglieder aus anderen Milieus – die Pfarrerin vor Ort gar nicht kennen, gelten diese Erwartungen eher einer Rolle oder einem Idealbild als einer konkreten Person. Hier geht es vor allem um das Image von Kirche und kirchlicher Gemeinschaft, um ihre mediale Ausstrahlung (z.B. in der Frage der Ehescheidung einer Bischöfin) und um das Symbol eines sich wahrhaft mit seiner Aufgabe identifizierenden und authentischen Geistlichen. Die konkreten Erfahrungen vor Ort können sich davon noch einmal deutlich unterscheiden. So formuliert ein Geselliger, 42 Jahre alt, wie positiv er den Kontakt mit seinem Pfarrer erlebt hat: „Da kommen ganz andere Gespräche zustande, das wird nicht kirchlich, da ist das alles kunterbunt." (VBV: „Alltagschristen")

Die Geselligen und ihr Bild vom guten Pfarrer

Georg freut sich über den neuen Pfarrer in der Gemeinde: „Es ist ganz komisch, Leute, die nie in die Kirche gegangen sind, gehen plötzlich sonntags in die Kirche, weil er diese Distanz zwischen Kirche und Menschen auf ein Minimum reduziert hat." Der Pfarrer, findet Georg, vermittelt den Menschen, dass er sich für sie interessiert.

Gunda gibt dafür ein Beispiel: Der Pfarrer ist präsent beim Feuerwehrfest, beim Schützenfest und hat einen besonders schönen Erntedank-Gottesdienst gehalten: „Er hat die Kinder nach vorne geholt und sie aufgefordert, alles aufzuessen. Da spricht jetzt das ganze Dorf von, und er ist den Leuten wirklich sehr nahe." (VBV: „Moderne Kirchenchristen"/„Nüchtern-Pragmatische")

Die Person der Pfarrerin bewegt sich für die Geselligen immer auch auf der symbolischen Ebene: Sie ist die Person, die Kirche repräsentiert und „mit der alles steht und fällt". Die Geselligen erwarten aber gleichzeitig in einer Gemeinde vor allem „ganz normale Menschen". Ihre Aufmerksamkeit gilt darum in der Praxis, dort wo die Geselligen tatsächlich mit einer Gemeinde in

Berührung kommen, oft in erster Linie den Menschen, die für ihren Interessenbereich „zuständig" sind, der Diakonin, dem Küster, der Sekretärin. Kein Wunder, dass in Studien zur Bekanntheit von kirchlichen Mitarbeitern Sekretärinnen einen relativ hohen Bekanntheitsgrad haben. Sie sind es schließlich, die den Patenschein erstellen und bei der Konfirmation den Eintrag ins Stammbuch bearbeiten. Der Sinn der Geselligen fürs Wesentliche und vor allem fürs Nützliche schlägt sich hier auch in einer relativ alltagspraktischen Perspektive auf die Gemeinde nieder: Man braucht halt viele, die die Arbeit machen. Nur mit der Pfarrerin allein ist es nicht getan.

Die *Zurückgezogenen* haben insgesamt verhältnismäßig geringe Erwartungen gegenüber dem Pfarrer. Weniger als ein Drittel von ihnen hält eine politische Stellungnahme, den Hausbesuch oder das Gespräch mit nichtchristlichen Religionen für eine wichtige pastorale Aufgabe. Das Interesse an Seelsorge und Lebensbegleitung und am Pfarrer als Vorbild ist unter den Zurückgezogenen so gering wie in keinem anderen Milieu.

Dass neben dem Pfarrer auch Ehrenamtliche oder bezahlte Kräfte mit anderen Qualifikationen die Gemeinde gestalten, ist ihnen zwar meist bekannt, es prägt jedoch kaum ihr Bild von Kirche. Dies liegt zum einen daran, dass sie aus großem Abstand zur Kirche oft nicht über Detailkenntnisse verfügen. Zum anderen ist ihre Perspektive sehr stark durch Tradition, manchmal auch autoritäre Denkmuster und sehr häufig durch Massenmedien bestimmt. Wo die Boulevardpresse kaum Menschen außerhalb des Pfarramts nennt, wenn es um Kirche geht, tun es die Zurückgezogenen auch nicht. Weil sie selbst in ihren Lebensbezügen selten für mehr als ihr eigenes Leben verantwortlich waren, können sie sich kaum vorstellen, dass die meisten Aktivitäten in Kirchengemeinden überwiegend durch ehrenamtliches Engagement getragen werden.

Die *Mobilen* schließlich als das am wenigsten kirchenverbundene Milieu überraschen durch immer noch recht hohe Erwartungen an die Pfarrerin: Drei Viertel von ihnen schätzen die Begleitung an Wendepunkten des Lebens und die Option, im Krisenfall mit einer Pfarrerin oder einem Pfarrer zu sprechen. Noch 60 Prozent von ihnen, mehr als bei den im Schnitt über zwanzig Jahre älteren und deutlich traditionsverbundeneren

Zurückgezogenen, möchten in der Pfarrerin und ihrem Lebenswandel ein Vorbild für die Gemeinde sehen. Offenbar gibt es für die meisten Mobilen kaum einen Zusammenhang zwischen ihren Erwartungen an die Vertreterin der Kirche und der eigenen Integration in die kirchliche Gemeinschaft. Diese Haltung, die zugleich eine Würdigung von Kirche und ihren Pfarrerinnen und Pfarrern bedeutet, ist eine Haltung der relativen Distanz, der man sogar in der Rede von stark kirchenverbundenen Mobilen nachspüren kann, wie hier im Gespräch einer Gruppe junger Erwachsener:

Würden die Mobilen mit einem Problem zum Pfarrer gehen?

Max: *Wenn jemand 'n Problem hat, kann er zu dem gehen, das ist also das Seelsorgerliche, also ich weiß nicht, ob vielleicht die Hemmschwelle auch größer geworden ist, mal zum Pastor zu gehen, wenn man 'n Problem hat.*

Marvin: *Pastor is gut.*

Max: *Aber ich denk, es kommt bei vielen einfach gar nicht so mehr in 'n Kopf, wenn ich was hab, geh ich mal zum Pastor, was vielleicht früher selbstverständlich war.*

Merle: *Mhm. Aber es ist eben auch was sehr Persönliches. Und ich würde jetzt auch nicht, wenn ich irgend 'n Problem hab, gut, im Moment hab ich vielleicht noch genug Menschen um mich herum, zu denen ich sonst gehen kann, bevor ich zu jemand in Anführungsstrichen Fremden gehen muss.*

Mirja: *Aber ich kann ja mal von meinem Typ reden, ich würde auch nicht da irgendwo hingehen, oder so.*

Marvin: *Mhm. Nein. Ich auch nicht. (EKD: Junge Erwachsene)*

Der Pfarrer ist wichtig – unabhängig von einem eigenen Bedarf, ebenso wie Kirche und Religion wichtig sind, aber nicht für einen selbst, sondern für die Gesellschaft im Allgemeinen. Sie sind ein guter Zweck, ein stabiler Faktor, ein potenzieller Deutungsrahmen und Symbol für eine Utopie. Die Mobilen schätzen darum die Pfarrerin so wie sie die Kirche schätzen – ohne einen unmittelbaren Nutzen für sich selbst. Dass neben einem Pfarrer viele andere Menschen die Gemeinde prägen, ist für die Mobilen selbstverständlich, denn das ist das übliche Strukturelement der

Welt, in der sie leben. Sie sind es gewohnt, dass sie auf den meisten Internetseiten ständig dazu aufgefordert werden, sich über Stellungnahmen, Abstimmungen und Bewertungen zu beteiligen, und dass schließlich – im Internet wie überall – nur durch das Engagement Vieler interessante Entwicklungen zustande kommen. Vermutlich ist jedoch vielen Mobilen nicht bekannt, welche Beteiligungsmöglichkeiten Kirche für sie bereit halten könnte.

Weiterführende Fragen

Wie lässt sich die Rolle von Pfarrerinnen und Pfarrern positiv beschreiben?
Welche Rolle kann die persönliche Begegnung in der Kirche spielen?
Auf welche Weise können Pfarrer/innen und andere Mitarbeiter/innen, die ja selbst immer einem bestimmten Milieu angehören, die spezifischen Distanzen anderer Milieus überwinden und Zugang zu den Menschen bekommen?
Welche spezifischen Schwächen und Stärken bietet meine Person und mein Lebensstil im Kontakt mit Angehörigen anderer Milieus?

4. Medienarbeit, Werbung und die Gelegenheit zur Kommunikation

Es gibt wohl kaum einen Arbeitsbereich der Kirche, der so stark in Veränderung begriffen ist wie der Bereich der Kommunikation und damit der Medien- und Öffentlichkeitsarbeit sowie der Werbung. Zum einen ändern sich Wahrnehmungs- und Kommunikationsgewohnheiten schnell, insbesondere im digitalen Zeitalter. Zum anderen ändert sich die Wahrnehmung von Kirche oder auch die Bedeutung von Kirche in der Gesellschaft stetig: Großereignisse geben Auftrieb und machen die Aufmerksamkeit für die Kirche größer, demographische Entwicklungen, Austritte und die allgemeine „Entkirchlichung" des Lebens sind gegenläufige Kräfte.

Wo Kirche mit den Menschen sprechen will, vor allem mit denen, die nicht oder selten am kirchlichen Leben teilnehmen, muss sie entscheiden, was sie damit beabsichtigt: Eine Gemeinde möchte vielleicht über das eigene Angebot informieren, auf besondere Attraktionen aufmerksam machen und einladen. Anderen kommt es eher darauf an, Menschen zu vermitteln, worum es in der Kirche geht, was die gute Botschaft ist, von der sie bewegt ist, und was das für die Praxis bedeutet. Wieder andere kümmern sich vordergründig um das Image von Kirche überhaupt. Sie sagen: Nur wer grundsätzlich der Meinung ist, Kirche sei eine gute Sache und durchaus interessant, nur wer hinhört und aufmerksam ist, sei dann auch erreichbar für Verkündigung oder Angebote.

4.1 Gelegenheiten zur Kommunikation über Religion und Kirche

Kommunikation über Religion – wie Kommunikation über die Kirche – geschieht dort, wo es in irgendeiner Form Berührungspunkte gibt. Solche Berührungspunkte können konkrete Kontakte sein, etwa wenn ein Gemeindeblatt im Briefkasten liegt. Erfahrungen, die man einmal mit Kirche gemacht hat, und ebenso fremde Meinungen und Klischees, die man sich angeeignet hat, stehen zur Verfügung, um den Faden (wieder) aufzunehmen. Wo sich Eltern über Kindergärten unterhalten und dabei auch den kirchlichen Kindergarten in den Blick nehmen, kann das ein Gespräch über die Kirche werden – darüber, was man ihr zutraut, was man von ihr erwartet oder befürchtet oder was sie einem nützt. Manche Menschen erleben zahlreiche solcher Gespräche im Kollegen- oder Freundeskreis, in der Nachbarschaft oder beim Sport. Andere haben den Eindruck, sich nie mit derartigen Themen zu befassen. Manchmal werden solche Gespräche gar nicht als Gespräche über Kirche, Religion und Glauben wahrgenommen, sie führen aber durchaus dazu, die Aufmerksamkeit dafür zu erhöhen, was Kirche tut und kann.

Ein Gespräch über die Kirche ist noch nicht unbedingt ein Gespräch über Religion. Oft setzt jedoch das eine das andere voraus oder schließt es mit ein. Wo es als zu persönlich empfunden wird, über den eigenen Glauben zu sprechen, ist es eine Möglichkeit, sich erst einmal über den Religionsunterricht zu unterhalten oder über das Glockenläuten. Ganz eindeutig ist: Je mehr ein Mensch überhaupt mit Themen aus dem Feld von Kirche, Religion und Glauben in Berührung kommt, desto größer ist die Wahrscheinlichkeit, dass er es wieder tut. Die Werbung geht davon aus, dass Menschen zwischen zehn und zwanzig Mal von einem Trend oder einem Produkt gehört haben müssen, bis sie anfangen, sich dafür zu interessieren.

Es sollte also für Kirche um zweierlei Dinge gehen: Erstens ist es erstrebenswert, den Pegel an Kommunikation über Religion und Kirche im Allgemeinen zu erhöhen. Zweitens muss es darum gehen, den Menschen das, was man ihnen vom Evangelium oder über die Aktivitäten einer Gemeinde sagen möchte, auf ihren Kommunikationswegen, in ihrer Sprache und in ihrer Denkweise verständlich zu vermitteln.

Die verschiedenen Milieus sind auf sehr unterschiedliche Themen ansprechbar, das ist in den vorausgegangenen Kapiteln bereits deutlich geworden. Die Milieus sind aber vor allem in unterschiedlichem Maß gewohnt, überhaupt über Kirche und Religion zu kommunizieren. Das Wissen über sie und die Erfahrung mit ihr sind unterschiedlich verteilt: 14% der Kirchenmitglieder geben an, häufig über Religion zu sprechen. Von ihnen gehören 31% zu den Hochkulturellen, 21% zu den Bodenständigen und 19% zu den Kritischen. Das heißt: Drei von sechs Milieus stellen über 70% derer, die angeben, häufig über derartige Themen zu reden. Umgekehrt geben 31% der Mitglieder an, nie über Religion zu sprechen. Von ihnen gehören allein 40% zu den Mobilen und 24% zu den Zurückgezogenen. Man kann also davon ausgehen, dass das Interesse an Religion oder Kirche und die Gewohnheit, darüber zu sprechen oder sie überhaupt wahrzunehmen, sehr ungleich verteilt sind. Das heißt nicht, dass Milieus mit größerer Distanz zu Kirche und Religion sich dafür nicht interessieren ließen – der Unterschied liegt vor allem in den Wegen, die dafür nötig sind. Im Folgenden nutzen wir die Daten der EKD-Studie von 2002, um verschiedene Kontakt- und Kommunikationsformen auf ihre Chancen für die Milieus hin zu beleuchten:

Die *persönliche Kommunikation* über Religion und Kirche kann sich überall im Alltag einstellen, wenn das Gespräch auf dieses Thema kommt und sich vertieft, indem (vor allem im eigenen Milieu) Gemeinsamkeiten mit dem Gegenüber entdeckt werden. Besonders interessant sind – aus der Perspektive der Kirche – die Begegnungen mit Engagierten aus der Kirche, mit Haupt- und Ehrenamtlichen, Pfarrerinnen und Pfarrern. Diese

Möglichkeit ist mit Blick auf solche Menschen interessant, die sich am kirchlichen Leben beteiligen. Nach den Ergebnissen der EKD-Befragung ist dies jedoch nur bei 37% der Kirchenmitglieder der Fall. Von den Hochkulturellen sind fast drei Viertel am kirchlichen Leben beteiligt, bei den Bodenständigen, den Kritischen und Geselligen sind es jeweils etwas mehr als 40%, bei den Zurückgezogenen und Mobilen unter 10%. Umgekehrt sind in allen Milieus mit Ausnahme der Hochkulturellen mehr als die Hälfte der Kirchenmitglieder gar nicht am kirchlichen Leben beteiligt, bei kirchenfernen Milieus sind es sogar 90%. Vermutlich entspricht dem eine enorm große Zahl von Menschen, die sich prinzipiell für Kirche interessieren, die aber weder Mitglied sind noch an Veranstaltungen teilnehmen. So ist der persönliche Kontakt eine Kommunikationsgelegenheit, die sehr effektiv, aber je nach Milieu auch sehr selektiv ist.

Bei Menschen, die Kirche nur von außen wahrnehmen, sprechen dann die Gebäude, die Gardinen, die Schaukästen und die Büro-Öffnungszeiten. Sie sprechen unter Umständen eine deutliche Sprache und sagen Sätze wie: „Hier hat alles seine Ordnung" oder „Wir kennen Ihre Bedürfnisse" oder „Wir wissen nicht so recht, was wir wollen". Diese Kommunikation ist subtiler; hier kommen die milieuspezifischen (ästhetischen) Vorlieben ins Spiel, die wir im Teil II. beschrieben haben. Es geht dann oft um grundsätzliche Botschaften, um die Möglichkeit mitzumachen oder dazu zu gehören, um mögliche Übereinstimmungen oder um Abgrenzung. Ein mit bunten Motiven beklebtes Fenster bringt die Gemeinde bei den einen in Verdacht, ein infantiler Verein zu sein, in dem man nur Zugang hat, wenn man kleine Kinder hat oder selbst kindlich sein möchte. Andere werten es als ein Zeichen von Lebensfreude, Offenheit und Gestaltungsspielräumen für alle.

Wo sich für die Milieus typische Gardinen oder typisches Mobiliar beschreiben ließe, kann man solche Stilfragen auch auf die Architektur von Gemeindehäusern und das Design in Schaukästen übertragen, ebenso wie auf typische Wahrnehmungsgewohnheiten in Bezug auf die Medien. Die Abbildung auf der folgenden Seite zeigt, wo sich nach den Daten der EKD-Mitgliederstudie die Kirchenmitglieder der verschiedenen Milieus – mindestens gelegentlich – über Kirche informieren.

4.2 Der Gemeindebrief als milieuübergreifendes Medium

Interessanterweise steht als Informationsmedium in allen Milieus der *Gemeindebrief* am höchsten im Kurs. Fast 90% der Hochkulturellen geben an, sich dort zu informieren, und immerhin noch über 40% der Mobilen. Ein Wert, der überrascht, weil die Inhalte von Gemeindebriefen in der Regel auf Kirchennahe und vor allem auf die am Gemeindeleben auch wirklich Beteiligten zugeschnitten sind. Und wäre es keine längst bekannte Tatsache, dass „Beteiligung" in der Kirche auch ohne konkrete Teilnahme am kirchlichen Leben, gewissermaßen als „innere Beteiligung" möglich ist, müsste man es hier lernen.
Mit Sicherheit sind die Beweggründe, mit denen Menschen aus den verschiedenen Milieus Gemeindebriefe lesen, sehr unterschiedlich. Die Zurückgezogenen finden dort vermutlich „nützliche" Informationen für den eigenen Gebrauch. Für sie sind Informationen über das Osterfrühstück ohne großen Wert, weil sie das gesellige Miteinander wenig schätzen und sich kaum am kirchlichen Leben beteiligen (mögen). Aber sie schätzen hautnahe, menschliche Berichte, die gratis ins Haus kommen, und sie erwarten in Sachen Graphik und Layout keine hohe Professionalität. Kein Wunder, dass mehr als die Hälfte von ihnen den Gemeindebrief liest. Die Mobilen haben in der Regel viel weniger freie Zeit zur Verfügung und höhere Ansprüche an die optische Erscheinung eines Druckerzeugnisses. So ist für sie der Gemeindebrief vielleicht häufig ein deutliches „Laienprodukt", aber darin liegt seine Stärke: Er ist in jedem Fall „echt", hier gibt es einen Einblick in eine Lebenswelt anderer Menschen, der kaum oder aber sehr offensichtlich beschönigt ist. Die Welt der Kirche ist skurril, aber darin überzeugend.

Die Kritischen dagegen sind das Milieu, das stärker als alle anderen Tageszeitungen, anspruchsvolle Zeitschriften und Sachbeiträge in Radio und Fernsehen zur Kenntnis nimmt. Für sie sind Tageszeitung und Gemeindebrief gleichwertige Informationsquellen über die Kirche, die auch rege genutzt werden. Dass Hochkulturelle und Bodenständige den Gemeindebrief lesen, überrascht aufgrund ihrer tendenziell starken Verbundenheit mit der Kirche wenig. Außerdem ist für die Hochkulturellen das kirchliche Leben ein wichtiger Teil des öffentlichen Lebens vor

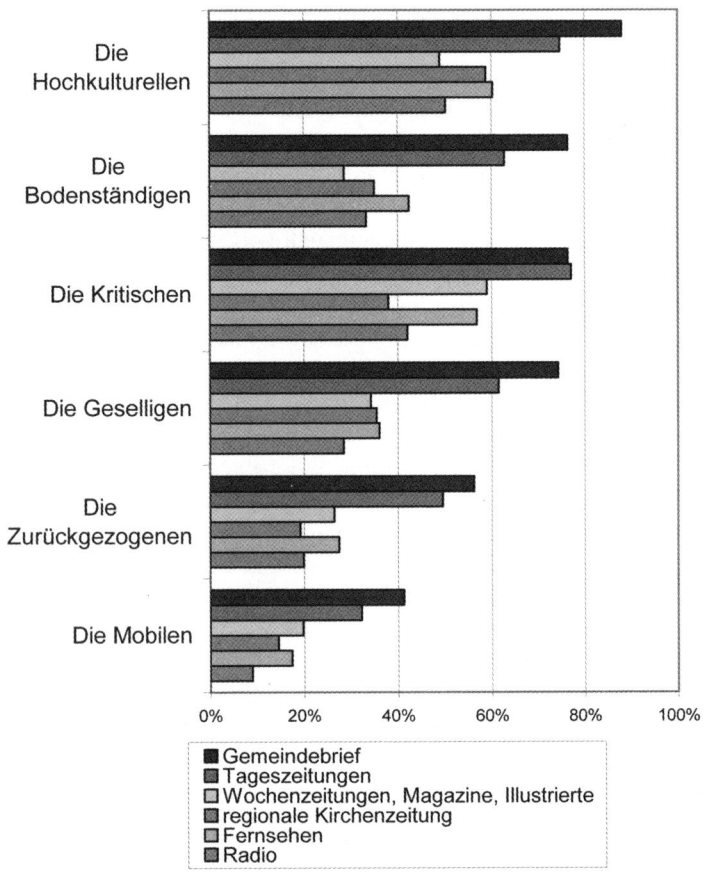

Abbildung 16: Wo sich die Milieus über Kirche informieren
Der Abbildung liegen die Befragungsdaten der EKD-Studie zugrunde. Hier ist in Prozent dargestellt, wie groß der Anteil der Kirchenmitglieder eines Milieus ist, die den jeweiligen Kommunikationsweg nutzen, um etwas über die Kirche zu erfahren.

Ort, über das man informiert sein sollte. Insbesondere für die Bodenständigen sind dagegen aufgrund ihrer lokalen Orientierung die Listen von Getauften, Konfirmierten, Getrauten und Verstorbenen von kaum zu überschätzender Bedeutung.

4.3 Die unterschiedliche Nutzung von Fernsehen, Zeitung und Internet

Das *Fernsehen* (und ebenso das *Radio*) spielt für die Hochkulturellen und die Kritischen in der Information über die Kirche eine viel größere Rolle als für andere Milieus. Das ist besonders interessant, weil die Bodenständigen und Zurückgezogenen eher das typische Fernsehpublikum abgeben. Hier kann man sehen: Es geht offenbar nicht so sehr darum, welches Medium man grundsätzlich viel oder wenig nutzt. Wichtiger ist, welche Bedeutung dem Medium von einem Milieu zugemessen wird und wie die Menschen mit ihm umgehen: Während die Zurückgezogenen vorwiegend zur Unterhaltung fernsehen, tun es die Kritischen stärker zur Information. Sie sind wichtige Zielgruppen für Dokumentationen und Diskussionen. An solchen medialen Orten wird Kirche eher sichtbar als in Soaps und Spielfilmen.

Hier wird aber auch deutlich, wie stark die tatsächliche Information über die Kirche mit der Dimension „Bildung" zu tun hat: Kirche ist, abgesehen von unterhaltsamen Haupt- und Nebenrollen in Spielfilm-Serien, eher für Menschen mit einer Affinität zu Bildung und zu anspruchsvollen Inhalten präsent. Während die Kritischen nicht mehr fernsehen als die Geselligen, sind es in diesem Milieu 20% mehr Menschen, die dort etwas über die Kirche erfahren. Oder umgekehrt: Wo Menschen bei ihrer Mediennutzung vor allem ein Unterhaltungsinteresse haben, erfahren sie deutlich weniger über die Kirche, obwohl sie die gleichen Zugangschancen zu den Informationen haben. Auf diese Weise wird der Unterhaltungswert von Gemeindebriefen und kirchlichen Zeitungen zu einem wichtigen Faktor in der Gestaltung.

Mit Blick auf die *Tageszeitungen* ergeben sich auf den ersten Blick keine Überraschungen: Sie werden vor allem von den am stärksten gebildeten Milieus genutzt, um sich über die Kirche zu informieren, also von den Hochkulturellen und den Kritischen. Während die Kritischen aber deutlich weniger Zeitungen lesen als die Hochkulturellen, ist die Tageszeitung für sie dennoch die wichtigste Informationsquelle für ihr Wissen über Kirche, dicht gefolgt vom Gemeindebrief und – hier insgesamt am stärksten – den Wochenzeitungen, Magazinen und Illustrierten. Wichtig werden die Tageszeitungen aber in einer ganz anderen Hinsicht: Betrachtet man die Wahrnehmungsgewohnheiten der Konfessionslosen, so fällt auf, dass hier die Tageszeitung immerhin noch für 27% der Menschen etwas ist, das zu ihrer Information über Kirche beiträgt – der Spitzenwert unter den Medien mit enorm großem Abstand zum Fernsehen, wo noch 16% etwas über Kirche erfahren. Der Gemeindebrief, so beliebt er unter Kirchenmitgliedern sein mag, wird nur von 7% der Konfessionslosen gelesen. Er eignet sich also hervorragend als „missionarische Schrift nach Innen", aber wenig zur Kommunikation mit Menschen, die wirklich außerhalb der Kirche stehen.

Regionale Kirchenzeitungen sind in ihrer Bedeutung für die Information über Kirche nicht so zentral wie andere Medien, an ihnen lässt sich aber etwas lernen: Die Hochkulturellen als klassische Gruppe derer, die eine regionale Kirchenzeitung abonniert haben, sind eine Gruppe, die in Zukunft diese Sparte kirchlicher Information nicht mehr wird tragen können. Das etwas kirchenfernere Milieu der Bodenständigen und überraschenderweise aber auch die Milieus mit ihrem Kern in der Lebensmitte bilden eine große Gruppe mittelmäßig Interessierter. Man kann davon ausgehen, dass Gesellige und meist auch Kritische wohl keine Abonnements haben, sondern sich hier auf gratis zugängliche Blätter wie beispielsweise die Zeitschrift *echt* aus der Evangelischen Kirche in Hessen Nassau beziehen. Für die Kritischen ist ein solches Blatt mit seinen Informationen über kirchliche Angebote nur eine mögliche Information unter vielen und steht so an letzter Stelle der für die Information relevanten Medien. Vor allem aber auf die Geselligen mit ihrem stark auf die Region und das Geschehen dort konzentrierten Interesse scheint ein solches Blatt einen gewissen Reiz auszuüben. Man hat nicht viel mit der Kirche zu tun, aber ein lokales Blatt hat verhältnismäßig große Chancen, Aufmerksamkeit zu erregen. Dies dürfte diejenigen ermutigen, die in den Landeskirchen an Konzepten für solche Publikationen arbeiten. Auch hier gilt, wie schon beim Gemeindebrief: Die Wahrnehmung mag erheblich sein, aber nicht bei Konfessionslosen. Von den hochkulturellen Konfessionslosen nutzen noch 9% regionale Kirchenzeitungen als Informationsquelle für ihr Wissen über die Kirche, aber nur noch zwischen einem und drei Prozent aller anderen Milieus.

Das *Internet* hat seit den 90er Jahren als Informationsquelle zunehmend an Bedeutung gewonnen; 2005 nutzten bereits 61% der Menschen zwischen 14 und 65 Jahren in Deutschland das Internet privat. Inzwischen sind auch die meisten Kirchengemeinden mit einer eigenen Homepage im World Wide Web präsent. Für die milieuspezifische Differenzierung des Nutzerverhaltens kirchlicher Internetangebote liegen noch keine gesicherten Erkenntnisse vor; aber aus den vorhandenen Statistiken zeigt sich, dass geringeres Alter und höherer Bildungsgrad einen deutlichen Einfluss auf die Wahrscheinlichkeit der Nutzung haben. Dabei ließe sich nun noch zwischen einer rein konsumierenden Nutzung von Informationen und Unterhaltungsangeboten einerseits und verschiedenen Formen der eigenen Beteiligung, die unter dem Stichwort „Web 2.0" zusammengefasst werden (eigene Homepages, Blogs, Wikis, Diskussionsforen, Chats etc.), andererseits unterscheiden. Letztere sind tendenziell vermutlich für die Mobilen sowie Teile der Hochkulturellen und der Kritischen am interessantesten, weil hier der Wunsch nach eigener Beteiligung am stärksten ausgeprägt ist. Im Blick auf die Gestaltung kirchlicher Angebote im Internet sind ansonsten die gleichen ästhetischen und inhaltlichen Vorlieben zu berücksichtigen, die in diesem Abschnitt in Bezug auf Printmedien beschrieben werden.

4.4 Einstellungen zu Werbung und Öffentlichkeitsarbeit

Ob Kirche noch einen Schritt weiter gehen darf und nicht nur mit dem Mitglied (oder dem potenziellen Mitglied) kommunizieren, sondern direkt *Werbung* betreiben darf oder soll, wird in den Milieus sehr unterschiedlich bewertet. Mit Ausnahme der Bodenständigen und der Zurückgezogenen sind sich die Milieus darin einig, dass sich Kirche grundsätzlich moderner Methoden bedienen und professionell auftreten soll. Trotzdem soll Kirche aber etwas ganz Eigenes sein, nicht jeden Trend mitmachen und sich nicht eins machen mit der Welt. Auch innerhalb der Milieus ist darum die Frage nach einem Ja oder einem Nein zur direkten Werbung nicht eindeutig zu beantworten. Es lassen sich aber für die Milieus Leitlinien für Öffentlichkeitsarbeit formulieren, die aus der Sicht der Milieus angewandt werden sollten, gemeinsam mit einer milieutypischen Botschaft an die Menschen:

Die Hochkulturellen erachten *Öffentlichkeitsarbeit* als wichtige Aufgabe: Kirche als eine wichtige Säule der Gesellschaft soll zeigen, was sie ist und was sie kann. Sie soll dabei informieren und darf ruhig gegenüber den Zielgruppen anspruchsvoll sein. Die Menschen haben eine gewisse „Holschuld": Wer sich interessiert, muss etwas für seine Information tun und sich einschlägige Medien besorgen.

Den Bodenständigen ist Öffentlichkeitsarbeit oft suspekt: Hier verlässt Kirche ihr eigentliches Terrain und macht etwas für die „Welt", die einem vor allem in ihren modernen Zügen nicht ganz geheuer ist. Darum fürchten die Bodenständigen, dass aus Kirche bei dieser Gelegenheit etwas anderes wird, dass sie öffentlichkeitswirksam „vermarktet" wird. Sie freuen sich aber über gute, übersichtliche und lebensnahe Information, um die sie sich nicht kümmern müssen.

Die Mobilen betrachten Öffentlichkeitsarbeit als eine Selbstverständlichkeit. Gerade in Non-Profit-Unternehmen, denen es wie der Kirche um Kommunikation mit den Menschen geht, ist solche Arbeit manchmal vom „Kerngeschäft" kaum noch zu unterscheiden. Der Pfarrer ist der erste Öffentlichkeitsarbeiter, er muss sich überlegen, ob er Jeans und Sweatshirt oder einen Anzug tragen möchte und wie das auf die Menschen wirkt.

Die Kritischen sehen Öffentlichkeitsarbeit differenziert. Sie mögen es nicht, wenn die Sorge um das Image und der Wunsch, gut dazustehen, die eigentliche Arbeit zu sehr prägen, sie erwarten aber eine professionelle Kommunikation mit verschiedenen Zielgruppen. Die Kritischen interessieren sich für Milieus in der Kirche und erwarten, dass Öffentlichkeitsarbeit auch verschiedene Zielgruppen berücksichtigt. Vor allem mögen sie Transparenz, zum Beispiel wenn sie auf der Homepage einer Landeskirche nachlesen können, wofür die Kirchensteuer ausgegeben wird, oder wenn der kirchliche Kindergarten sein Konzept ins Internet stellt.

Die Geselligen schätzen eine gute Öffentlichkeitsarbeit vor allem in Bezug auf die Präsenz der Kirche in den lokalen Tages- und Wochenzeitungen, aber sie mögen die Kirche vor allem dann, wenn sie nahe am Leben ist. Darum erscheint es ihnen oft merkwürdig, wenn etwa allen Gemeindemitgliedern Informationen geschickt werden sollen. Wer da ist, mitmacht und sich interessiert, erfährt dann doch sowieso, was los ist. Die Geselligen sind ein Milieu, für das Mund-zu-Mund-Propaganda eine große Rolle spielt. Sie lesen keine Kindergartenkonzepte, aber sie kennen viele andere Eltern und wissen, welche Erfahrungen es mit dem kirchlichen Kindergarten gibt.

Die Zurückgezogenen sind Zielgruppe, aber selten Akteure der Öffentlichkeitsarbeit. Zu große Professionalität ist ihnen suspekt, sie schafft Distanz und rückt Kirche in die Nähe von Konzernen oder auch der „Obrigkeit". Andererseits ist Distanz für die Zurückgezogenen ein wichtiges Grundprinzip ihres Lebens, was mediale Öffentlichkeitsarbeit für sie bedeutungsvoll macht: Hier kommt Kirche in ihr Wohnzimmer, ohne bedrohlich, zu persönlich, aufdringlich und fordernd zu sein.

Weiterführende Fragen

Wie ist meine Gemeinde/meine kirchliche Einrichtung in den Medien präsent? Welches Bild entsteht daraus für Menschen, für die ein bestimmtes Medium (Schaukasten, Gemeindebrief, lokale Zeitung, Fernsehen, eMail-Newsletter) einzige Informationsquelle über Kirche ist?

Wenn der Gemeindebrief Ausgangspunkt für eine milieusensible Öffentlichkeitsarbeit sein soll, wie müsste man bei seiner Konzeption vorgehen?

Im Blick auf welche Milieus legt sich eine regionale oder überregionale Öffentlichkeitsarbeit der Kirche besonders nahe? Welche Ziele kann eine solche Kooperation verfolgen?

Welche Instrumente der Öffentlichkeitsarbeit eignen sich speziell zur Kommunikation mit Kirchenfernen oder Konfessionslosen?

5. Ehrenamt, freiwilliges Engagement und der Wunsch nach Beteiligung

5.1 Ehrenamt ist nicht gleich Ehrenamt

Menschen, die sich in der Kirche engagieren, freuen sich, wenn die Aufgabe reizvoll ist und die Arbeit befriedigt. Verlässliche

Terminabsprachen, Wertschätzung und Begleitung machen das Engagement zu einer rundherum guten Sache. Dies sind allgemeine Dinge, die für jedes Ehrenamt oder jedes freiwillige Engagement gelten. Darüber hinaus sind aber die Vorstellungen vom gelungenen Ehrenamt sehr verschieden. Die bekannten Vorlieben der Milieus wirken sich hier unmittelbar aus: darauf, was die Milieus überhaupt als eine sinnvolle Tätigkeit empfinden und was sie dafür motiviert, wie in ihren Augen eine gute Struktur und Arbeitsumgebung aussehen muss und was ihnen Spaß macht. Im Abschnitt III.6 (Thema Spenden) findet sich eine Tabelle, in die auch die Ergebnisse dieses Abschnitts einbezogen sind.

Einige Milieus sind deutlich leichter für freiwillige Arbeit zu gewinnen als andere. Vor allem die Hochkulturellen und die Kritischen sind tendenziell bereit, sich zu engagieren. Das Gefälle in der Hilfsbereitschaft hat seine Gründe, die aus der Milieuperspektive verständlich werden. Die Beispiele von Ehrenamtlichen aus den sechs Milieus zeigen das:

> **Herbert** (66) ist letztes Jahr in Rente gegangen. Die Pfarrerin hatte ihn bei der goldenen Konfirmation schon angesprochen, ob er nicht im Förderverein mitmachen wolle. Jetzt sagte er zu. Herberts Kontakt zur Gemeinde war bisher nicht so stark, er ging ab und zu zum Gottesdienst. Aber er bekam mit, dass es durch die Kürzungen für die Gemeinde immer schwieriger wurde, die Arbeit für Kinder und Jugendliche aufrecht zu erhalten. Er fand es dann selbstverständlich, sich dafür einzusetzen, dass Kirche eine Zukunft hat und die Jugendlichen noch Werte vermittelt bekommen. Außerdem kennt er sich mit Finanzen gut aus. Er kennt auch viele Menschen in der Politik und weiß, wie man die ortsansässigen Firmen um Spenden bittet.
>
> **Beate** (70) ist schon lange in der Gemeinde aktiv. Ihr Frauenkreis war damals von Pfarrer Warnhold ins Leben gerufen worden. Seither treffen sie sich alle zwei Wochen, trinken gemütlich Kaffee und basteln, stricken und häkeln zusammen. Über die Jahre hat jede ihre Aufgabe: Die eine hat immer neue Ideen und bringt Anleitungshefte und Muster mit. Die andere hat einen Sohn, der über seine Arbeit Wolle und anderes Material günstig besorgen kann.

Die dritte kümmert sich um die Aufbewahrung der fertigen Sachen. Beim Adventsbasar werden sie dann verkauft, außerdem Marmelade und Schmalz. Die finden immer ihre Abnehmer. Das Geld spenden die Frauen dann für den Kindergarten oder für „Brot für die Welt".

Mike (17) engagiert sich eigentlich nicht. Als er Konfirmand war, gab es nur ein paar Mädchen, die dann im Kindergottesdienst mitgeholfen haben, das war nichts für ihn. Aber in der Schule ist er neulich in den Schülerrat gegangen, als es um das Schülercafé ging. Es war klar: Wenn man nichts unternimmt, macht die Schulleitung einfach, was sie will. Nachmittage, Abende und zum Schluss auch halbe Nächte hindurch haben sie diskutiert, Flugblätter gemacht ... Mike kam zu nichts mehr, das war verrückt! Aber das Organisieren hat ihm Spaß gebracht, er war in seinem Element. Er würde wieder mitmachen, wenn es brennt. *(nach VBV: „Idealisten")*

Kerstin (43) hatte sich früher einmal in einer Asylgruppe engagiert. In der Zeitung las sie dann, dass es in der Stadt, in die sie jetzt gezogen war, auch Kirchenasyl gab. Der Mut der Gemeinden beeindruckte sie, und die politischen Debatten, die damit verbunden waren, reizten sie. Sie rief einen der beteiligten Pfarrer an und trifft sich seither öfter mit einer Gruppe, die hier aktiv ist, diskutiert mit und plant einen Workshop. Als Graphikerin betreut sie außerdem mit einer anderen Frau aus der Gruppe eine Internetseite zum Kirchenasyl, um die Vernetzung mit anderen Gruppen zu stärken.

Gert (48) ist in der Woche beruflich sehr eingespannt und hat am Wochenende mit der Familie und dem Sportverein reichlich Programm. Seine Kontakte zur Kirche im Dorf waren bisher begrenzt auf den Konfirmandenunterricht und die Konfirmation seines Großen. Letztes Jahr ist ein neuer Pfarrer gekommen, der hat ihn und einige andere beim Konfirmanden-Elternabend direkt gefragt, ob er am Samstag mitmachen könnte, wenn am neuen Kinderspielplatz gebaut wird. Gert hatte eigentlich etwas anderes vor, aber er fand: „Wenn man mich um Hilfe bittet, dann steh ich auf der Matte, das ist doch selbstverständlich!" Er findet: „Man muss angesprochen werden, das können die Pfarrer oft nicht so gut." Der Tag mit den anderen Männern hat ihm gut gefallen. Abends gab's Bier und sie haben schon mal Pläne gemacht, wie man den Spielplatz noch erweitern könnte. *(nach VBV: „Alltagschristen")*

> **Rolf** (58) war als Jugendlicher mal bei den Pfadfindern. Seither hat er mit Kirche kaum noch etwas zu tun und kennt auch niemanden, der dort aktiv ist. Er findet: Wenn er seine Kirchensteuer bezahlt, ist das schon eine Menge wert. Andere treten aus und lassen sich dann trotzdem vom Pfarrer beerdigen. Seine Mutter war früher in der Gemeinde aktiv, hat alte Leute besucht und den Gemeindebrief ausgetragen. Jetzt ist sie über 80 und kann gerade noch alleine in ihrer Wohnung leben. Rolf geht jeden Samstag hin, kauft ein und repariert Sachen, die kaputt gegangen sind. Er hat aber nicht das Bedürfnis, fremden Leuten zu helfen. Letztlich muss doch jeder selbst sehen, wie er zurecht kommt.

Nahezu alle Menschen sind bereit, etwas für andere zu tun. Will man erfahren, wie sich die Milieus ehrenamtlich engagieren, ist die Hilfsbereitschaft an sich nicht das Wichtigste. Aussagekräftiger ist, welche Tätigkeiten die Milieus als reizvoll oder wichtig betrachten und nach welchen Grundsätzen sie entscheiden, wofür sie sich engagieren wollen. Die einen konzentrieren sich auf ihre konkrete Lebensumgebung und die Familie, die anderen beziehen politische Aktivität, die Gemeinschaft einer Kirchengemeinde oder gesellschaftliche Erfordernisse wie Kinder- und Jugendarbeit mit ein. Die einen lieben die Gemeinschaft, auch und gerade beim Helfen, die anderen legen darauf weniger Wert. Die einen sehen sich in der Pflicht oder lassen sich ansprechen und fragen, andere werden lieber selbst aktiv – oder eben auch nicht.

Säßen diese sechs Menschen um einen Tisch, könnten wir Rolf fragen, ob er am neuen Spielplatz mitgebaut hätte und was er über Förderkreise und Kirchenasyl denkt. Wir ahnen aber bereits jetzt, dass Rolf wenig Lust hätte, sich um eine kurdische Familie zu kümmern, dass Kerstin wohl auch in zwanzig Jahren nicht im Frauenkreis stricken wird und dass Gert nicht der Richtige ist, wenn Herbert für seine Buchhaltung Verstärkung braucht. Aus den Ergebnissen verschiedener Studien lassen sich die sechs Typen in ihren Interessen, Motiven zum Engagement und ihren bevorzugten Mitarbeitsform recht genau beschreiben:

Die *Hochkulturellen* haben den Schwerpunkt ihres freiwilligen Engagements im traditionellen Bereich des Helfens – in der Nachbarschaft und durch die Übernahme von Ehrenämtern in verschiedenen Vereinen, Einrichtungen und Verbänden. Hier spiegelt sich ihre Orientierung an gesellschaftlichen Erfordernissen und (staats-)bürgerlichen Pflichten wider. Das Gegenstück dazu, das Engagement im globalen Zusammenhang einer Menschenrechtsorganisation mit gesellschaftskritischer Ausrichtung kommt hier kaum vor. Für viele Hochkulturellen ist die Hilfe für Schwächere mit der christlichen Nächstenliebe eng verwandt. Dass sie Gutes tun und etwas bewirken, bedeutet eine Befriedigung, die gleichbedeutend ist mit dem Spaß an der Sache. In Hamburg lädt die Bischöfin die Ehrenamtlichen zum Gottesdienst und verteilt Medaillen. Weil das Ehrenamt für die Hochkulturellen durchaus eine öffentliche Angelegenheit ist, sind solche Veranstaltungen in ihren Augen durchaus angemessen.

Die *Bodenständigen* helfen in ihrer näheren Umgebung. Da ihr Aktionsradius nicht so groß ist, beschränkt sich dieses Engagement meist auf die Familie, die Nachbarschaft oder Gemeinschaften, die seit langem vertraut sind, etwa in der Kirche, in Heimatvereinen oder Gesangsvereinen. Die Bodenständigen haben kaum einen sozial- oder gesellschaftspolitischen Anspruch. Sie helfen im Kleinen und bleiben in der Kirchengemeinde oft unsichtbar: Jemand hat den Kaffee gekocht, die Tischdecken aufgelegt, Servietten gefaltet. Vielleicht rühren die vergleichsweise geringen Engagementquoten bei den Bodenständigen daher, dass sie ihre Hilfe oft nicht als „Ehrenamt" oder „freiwilliges Engagement" betrachten, sondern als selbstverständlichen Teil des Lebens, als Arbeit, die man eben leistet. Bodenständige suchen sich ihr Ehrenamt selten in einer Freiwilligenagentur. Dass etwas, das man automatisch tut, auf diese Weise organisiert werden muss, ist ihnen nicht plausibel, ebenso wenig wie der Sinn von schriftlichen Verträgen für die ehrenamtliche Arbeit. Sie gehören in einer Gruppe mit dazu und packen an.

Die *Mobilen* fallen auf durch ihr hohes Interesse an einem Engagement im Bereich der körperlichen Aktivitäten und bei Aktivitäten mit einer starken Spannungsdimension. Sport, Spaß und Gemeinschaft sind für sie besonders wichtig. Es reizt das Ungewöhnliche, Mitreißende und Kräftezehrende. Es locken Events und besondere Gelegenheiten. Dagegen kommen die Mobilen in Förderkreisen, (sozial-)politischen Gruppen und Verbänden mit üblicherweise langfristiger Mitarbeit kaum vor. Das hat auch mit ihrer Lebenssituation zu tun, in der sich vieles ändert und wenig vorhersehbar ist. Den Mobilen mangelt es nicht an der Motivation, für andere etwas zu tun. Sie kommen aber viel seltener als andere Milieus mit Möglichkeiten des Engagements in Kontakt, wie es zum Beispiel in der Kirchengemeinde gefragt ist. Sie haben vielleicht den Gemeindebrief gelesen und wissen daher, dass die Gemeinde sich für einen guten Zweck engagiert. Aber sie kennen die Menschen nicht, die es tun – so müssen sie für ein freiwilliges Engagement oft mit dem Aufwand der persönlichen Kontaktaufnahme geworben werden. Ihnen geht es nicht um jahrelanges, bewährtes Miteinander oder das Aufrechterhalten von bewährten Hilfsprogrammen. Die guten Taten in einer Gemeinde sind ihnen manchmal zu langweilig. Die Nachhaltigkeit einer gemeinnützigen Arbeit ist ihnen weniger wichtig als das Erlebnis und der Moment. So kommt es, dass die Mobilen sehr aktiv werden können, wenn es um interessante Projekte für eine konkrete Sache geht. Lokale Hilfsaktionen profitieren vom Elan der Mobilen ebenso wie freiwillige Feuerwehr und Einsatzkommandos in Flut- oder Schneekatastrophen.

Die *Kritischen* sind tatsächlich auch im Ehrenamt kritisch: Sie fragen nach, was diese Arbeit denn bringt, ob auch gesellschaftspolitische Konsequenzen mit bedacht sind und wie die Macht über ein Projekt verteilt ist. Sie lassen sich eher nicht mit fertigen Konzepten locken, vielmehr mit sozialen Fragen und Problemen. Darin lassen sie sich als Gegenmilieu zu den Hochkulturellen beschreiben: Hier engagieren sich nicht in erster Linie Bürgerinnen und Bürger, sondern individualisierte Experten. Das Interesse ist meist global, gesellschaftskritisch und auf bestimmte Themen konzentriert. Menschenrechtsgruppen, Umweltverbände, Bürgerinitiativen und Parteien rekrutieren den Großteil ihrer Aktiven aus diesem Milieu. Umgekehrt ist ein Engagement für die freiwillige Feuerwehr mit ihren lokalen Bezügen und dem Image von „Bier und Bratwurst" ein unübliches Aktionsfeld für die Kritischen.

Die *Geselligen* sind in ihrer Ausrichtung an Nachbarschaft und Gemeinschaft vor allem für den Stadtteil, für das Dorf und seine Belange aktiv. Das Interesse an überregionalen Themen, an Menschenrechten oder gar international drängenden Umweltfragen ist in Zeiten größerer medialer Aufmerksamkeit für ein solches Thema durchaus vorhanden. Die Geselligen wissen um den

Klimawandel oder Menschenrechtsverletzungen. Sie haben aber nicht den Eindruck, dass ihr Engagement in diesem Bereich gefragt, angebracht oder nötig wäre. Natur- und Umweltverbände suchen in diesem Lebensstil dort erfolgreich nach Freiwilligen, wo es um lokale Verhältnisse geht und der Gemeinschaftsaspekt im Vordergrund steht. So ist dieser Lebensstil für Hilfsprojekte am Ort ebenso zu gewinnen wie für die freiwillige Feuerwehr. Je praktischer der Einsatz ist, je schneller man Erfolge sieht, je mehr Spaß es macht, gemeinsam zu helfen, desto besser. Die Geselligen erledigen aber auch im Stillen sehr viel unbezahlte Arbeit im Bereich von Familie und Nachbarschaft und stabilisieren damit enorm das soziale Feld um sie herum: Sie übernehmen Einkäufe für die ältere Nachbarin, backen Kuchen fürs Stadtfest oder packen im Kindergarten mit an.

Die *Zurückgezogenen* halten sich auch beim Ehrenamt zurück, und zwar vor allem deshalb, weil sie auch sonst kaum aktiv sind. Als typische Zuschauer von nachmittäglichen Fernsehshows und Sportveranstaltungen haben sie kaum Anreize, selbst aktiv zu werden. Sie sind selten eingebunden in soziale Verbände, in denen man etwa gemeinsam ein Projekt unterstützt oder sich an Hilfsmaßnahmen beteiligt. Die Zurückgezogenen helfen in der Familie oder im Freundeskreis, der bei ihnen deutlich kleiner ist als in anderen Milieus. Wie sie sich politisch nicht engagieren, weil sie gar nicht die Vorstellung und erst recht nicht das Selbstbewusstsein haben, selbst Teil des politischen Ganzen zu sein, so halten sie sich auch raus, wenn es um Hilfe für Schwächere geht. Manchmal betrachten sie sich auch selbst als die schwächsten Glieder der Gesellschaft – wem sollten sie denn helfen? Und: Sie selbst haben nicht immer die Hilfe erfahren, die sie gebraucht hätten. Dennoch ist es möglich, die Zurückgezogenen zur Mitarbeit zu bewegen: durch persönliche Ansprache, sehr konkrete Anliegen und Verzicht auf Einbindung in ein geselliges Miteinander mit Menschen, die ihnen nicht vertraut sind.

5.2 Altes und neues Ehrenamt – Ehrenamt als Beteiligungsform

Im Überblick über *unterschiedliche Motive und Interessen* mag man so etwas wie ein „altes" und ein „neues" Herangehen ans

Ehrenamt vermuten: Die einen, wie etwa die Hochkulturellen, helfen um zu helfen. Sie sehen durch die Brille ihrer Überzeugungen einen objektiven Bedarf und setzen sich ein. Die anderen, allen voran die Mobilen, prüfen erst, ob es Spaß macht, ob nette Leute dabei sind oder ob man dabei etwas lernen kann. Bei näherem Hinsehen löst sich ein solcher Gegensatz von Altruismus und Lebensgenuss aber auf in ein breiteres Spektrum von Motiven: Es macht keinen Sinn, die unterschiedlichen Motivationslagen gegeneinander auszuspielen, etwa indem man die „Spaßorientierten" von den „moralisch Gemeinwohlorientierten" unterscheidet. Vielmehr kann man sehen, dass die meisten Motive, vor allem das der Hilfe für Schwächere, von einer breiten Mehrheit geteilt werden. Es muss aber, je nach Milieu, die Mischung stimmen.

Man könnte sagen: Je jünger die Hilfsbereiten sind, desto stärker wollen sie zur reinen guten Tat noch weitere Anreize haben: Die Kritischen wollen Kenntnisse einsetzen und Neues lernen, die Geselligen wollen praktische Fähigkeiten zeigen und Gemeinschaft erleben und die Mobilen wollen Spaß und Spannung. Trotz allem: Diese Bedürfnisse sind nicht größer als der Wunsch, anderen zu helfen. Und sie sind mit ein wenig Anstrengung durchaus zu erfüllen. Nicht jeder gute Zweck bietet Bewegungs- und Spannungselemente, aber sehr viele könnten es tun, je nachdem, wie die Hilfe organisiert ist. Für den „Mitternachtssport" mit gefährdeten Jugendlichen im sozialen Brennpunkt finden sich durchaus solche Aktive, denen eine gute Tat tagsüber zu langweilig gewesen wäre.

Schaut man nun aber auf das Verhältnis von *Teilnahme und Beteiligung*, so befindet sich das Ehrenamt im Bereich der Kirche in einer merkwürdigen Situation: Als Nutzerinnen und Nutzer kirchlicher Angebote finden sich immer wieder mehr ältere als jüngere Menschen, mehr Frauen als Männer und – innerhalb der Geschlechter – mehr nicht Erwerbstätige als Erwerbstätige. Wer die Rentnerin bzw. Pensionärin als Prototyp des „aktiven Kirchenmitglieds" bezeichnen möchte, findet hier tatsächlich einen empirischen Anhaltspunkt.

Fragt man aber die Kirchenmitglieder, ob sie sich – innerhalb oder außerhalb der Kirche – ehrenamtlich engagieren, ob sie also selbst aktiv sind, bekommt man das umgekehrte Resultat: Wie schon im Freiwilligensurvey erscheint jetzt das mittlere Alter besonders aktiv, vor allem Menschen, die zugleich erwerbstätig sind. Während man in der Kirche Eindruck gewinnen kann, hier seien vor allem Menschen jenseits des Renteneintrittsalters am Werk, was mit Blick auf die Altersstruktur der kirchlich Aktiven vermutlich auch stimmt, sind die Kirchenmitglieder insgesamt vor allem in den Jahren zwischen 14 und 19 und zwischen 50 und 59 Jahren besonders aktiv, gefolgt von den Menschen zwischen 30 und 49 sowie zwischen 60 und 69. Erwerbstätige Menschen, die mit ihrem Beruf und häufig auch ihrer Familie schon ausgelastet wären, besonders die Männer, sind also durchaus stark engagiert, nur eben nicht so oft im Bereich der Kirche.

Dass sich die Teilnahme-Zahlen (in der Kirche) und die Zahlen des ehrenamtlichen Engagements (innerhalb oder außerhalb der Kirche) bei Kirchenmitgliedern quasi diametral gegenüberstehen, verweist noch auf etwas anderes: Offenbar gibt es bei jüngeren, erwerbstätigen Menschen ein starkes Bedürfnis, sich zu beteiligen, mitzugestalten, Einfluss zu nehmen und eine gute Sache wirklich zur eigenen Angelegenheit zu machen. Die Teilnahme an kirchlichen Veranstaltungen befriedigt dieses Bedürfnis nur sehr bedingt. Die Teilnehmenden bleiben Gäste, sie fühlen sich in der „eigenen" Kirche als Besucher oder gar Zuschauer.

Die Chance, Menschen über ihre Beteiligung zu binden, an einen guten Zweck und an das Evangelium, durch das es geschieht, ist hoch, wenn es gelingt, aus Gästen Verantwortliche zu machen. Vor allem für die Kritischen wie Kerstin und die Geselligen wie Gert, aber vielleicht auch für andere Milieus gilt: Möglicherweise geht es nicht in erster Linie darum, ein kirchliches Ehrenamt für sie so zu gestalten, dass sie in Sachen Beteiligung und Mitbestimmung auf ihre Kosten kommen. Vielleicht funktioniert die Logik eher umgekehrt: Sie kommen und machen mit, weil hier die Beteiligungschancen so attraktiv sind. Mit dem kirchlichen Kontext setzen sie sich später auseinander. Kerstin interessiert die sozialpolitische Arbeit, Gert die persönliche Ansprache und das praktisch-nützliche Anpacken. Beide wissen um den Kontext „Kirche". Und sie setzen sich damit gewiss auseinander, und zwar zu einem Zeitpunkt, an dem sie schon gute persönliche Kontakte geknüpft und wichtige Erfahrungen gemacht haben. Man mag es merkwürdig finden, wenn ein Designer jahrelang das Layout für den Gemeindebrief macht, bevor er schließlich in die Kirche eintritt. Letztlich ist aber das Resultat befriedigend – und wer weiß, ob er ohne diese Aufgabe jemals einen ausreichenden Bezug zum Glauben bekommen hätte.

Weiterführende Literatur

Claudia Schulz, Ehrenamt und Lebensstil. Neue Daten zur Mitarbeit und Beteiligung in Kirche und Diakonie, in: Pastoraltheologie 95, 2006, 369–379.

Weiterführende Fragen

In der eigenen Gemeinde: Welche Aufgaben werden derzeit durch ehrenamtlich Mitarbeitende erledigt? Welche Milieus sind für diese Aufgaben besonders leicht zu gewinnen, welche besonders schwer?
Was ist mit Blick auf die verschiedenen Milieus zu beachten, wenn kirchliche Arbeit von Ehrenamtlichen geleistet werden soll?
Wie kann man umgekehrt Konzepte für freiwillige Arbeit erstellen, um damit gezielt bestimmte Mitglieder und Interessierte zu binden? Durch welche Arbeitsbereiche und Projekte, die ins Profil meiner Gemeinde/kirchlichen Einrichtung passen, könnte eine gabenorientierte Arbeit neue Mitarbeitende aus bestimmten Milieus gewinnen?

6. Spenden, Fundraising und der gute Zweck

Warum und wofür spenden die Menschen aus den verschiedenen Milieus? Diese Frage lässt sich schon im Ansatz beantworten, wenn man weiß, mit welcher Logik die Milieus zu ehrenamtlicher, freiwilliger Arbeit bereit sind (Abschnitt III.5). Vom Ehrenamt zum Spenden gibt es jedoch einen wichtigen Übergang, der noch einmal genaues Hinsehen erfordert: Ein Ehrenamt wird sehr oft „automatisch" oder „selbstverständlich" übernommen. Die Arbeit ist da, jemand muss sie tun. Wer in einer Kirchengemeinde oder in einem Verein aktiv ist, packt oft ganz von selbst mit an und betrachtet das manchmal nicht einmal als Ehrenamt.

Ähnlich verhält es sich mit der Unterstützung in der Familie oder für hilfsbedürftige Menschen in der Nachbarschaft. Einige Milieus, allen voran die Bodenständigen, sind hier besonders aktiv, ohne diese Mühen als Ehrenamt zu bezeichnen.

Wer spendet, tut es in der Regel bewusst. Häufig sind damit auch Handlungen verbunden, die das Spenden aus dem Bereich des Automatischen herausnehmen. Alles was über kleine Beträge für den Klingelbeutel hinausgeht, erfordert das Ausfüllen eines Überweisungsträgers oder eines online-Formulars, das Anlegen eines Dauerauftrags oder den Gang ins Gemeindebüro. Diese Art der Hilfe lässt sich gegenüber dem Finanzamt geltend machen; sie ist stärker Teil gesellschaftlichen Handelns als viele Formen ehrenamtlicher Tätigkeit. Hier kann man Dinge bewegen, die man durch eigene Arbeit meist nicht schaffen kann oder will: Man handelt in Afrika, in der Obdachlosenszene oder als Fachmann für Orgelrestauration, ohne die entsprechenden Arbeitsplätze tatsächlich zu betreten, meist ohne die nötigen Fähigkeiten zu besitzen und ohne sich dem Elend leibhaftig auszusetzen. Aufgrund der unterschiedlichen Kaufkraft kann die Spende in vielen Ländern des Erdballs dabei ein Vielfaches von dem bewirken, was mit der gleichen Summe in der lokalen Nachbarschaft möglich wäre. Schon zwanzig Euro können einem Kind in Zentralafrika das Augenlicht retten – so bedeutet für Menschen mit geringem Einkommen die Spende mehr als nur die Bereitschaft, anderen etwas abzugeben.

Wenn Spenden im größeren Umfang zusammenkommen sollen, etwa weil ein umfangreiches Projekt oder eine ganze Organisation finanzielle Mittel braucht, erfordert das zielgerichtete und durchdachte Planung. Hierfür ist ein Konzept erforderlich, das berücksichtigen sollte, was im Bereich der Spenden für die Menschen unterschiedlicher Milieus ansprechend, verlockend oder herausfordernd ist. Es erfordert Strategien, wie man Menschen anspricht, überzeugt und zur Hilfe bewegt. Nicht die Strategien sollen hier jedoch im Vordergrund stehen, sondern die Chancen, die sich ergeben, wenn man die Interessen der Milieus berücksichtigt (vgl. Tabelle 3 im Anhang).

6.1 Warum Menschen spenden

Zunächst fragen wir nach der *Motivation für eine Spende*: Fast alle Menschen empfinden so etwas wie eine Verpflichtung für Arme, Schwache, Benachteiligte oder vom Schicksal Getroffene. Helfen ist eine Selbstverständlichkeit, bei näherem Hinsehen lässt dieser Impuls sich aber näher bestimmen. Für ältere Menschen, in unserem Schema vor allem für die Hochkulturellen und Bodenständigen, aber durchaus auch für jüngere Menschen, gibt es das Motiv der *Pflicht zum Teilen*. Wer viel hat, muss abgeben. „Eigentum verpflichtet" stellt auch das Grundgesetz in Art. 14(2) fest. Wer stark ist, muss Schwache mittragen, wer glücklich ist, sollte an Unglückliche denken. Nach diesem Muster erreichen Spendenaktionen für Tsunami-Opfer ungeahnte Höhen, wenn sie unmittelbar nach dem Weihnachtsfest stattfinden. Je größer die Gemütlichkeit und Wärme der eigenen Umgebung, desto größer die gefühlte Verpflichtung, davon etwas abzugeben.

Die Hochkulturellen und die Kritischen verstehen Pflicht oft auch als Bürger-Pflicht: Wer Kraft und Vermögen hat, die Gesellschaft zu gestalten, sollte das tun. Die Struktur unserer Gesellschaft ruft solche Menschen in die Pflicht, die in der Lage sind, die damit verbundene Last zu tragen. Für andere Milieus hat die Pflicht stärker eine moralische, fast magische Perspektive: Es gehört sich so, dass man abgibt, wenn man gewonnen hat, ob es sich um die Geburt eines gesunden (Enkel-) Kindes handelt oder um den (erträumten) Lottogewinn. Man zahlt gewissermaßen einen Preis dafür, dass das Schicksal einem diesen Gewinn nicht wieder nimmt, man spendet aus Dankbarkeit, gepaart mit dem Bewusstsein für die Zerbrechlichkeit des Glücks.

Die *ethische Variante* dieser magisch-moralischen Motivation ist vom Gerechtigkeitsgedanken geprägt: So haben vor allem Kritische und Gesellige etwas für „Gerechtigkeit in der Welt" übrig. Man selbst ist in einer heilen Umgebung aufgewachsen und nimmt jetzt Straßenkinder in Lateinamerika in den Blick. Man hat einen festen Arbeitsplatz und spendet für Projekte, die Jugendliche auf der Suche nach einem Ausbildungsplatz unterstützen. Zwar liegt die eigene Umgebung, etwa die Unterstützung der eigenen Kinder, immer näher, aber gemeinnützige Projekte werden hier wahrgenommen und geschätzt. Schwierig ist diese ethische Haltung für Milieus, die nicht das Gefühl haben, sich selbst unterhalten und das eigene Leben gestalten zu können. Die Mobilen sind oft noch nicht in einer derartigen Lebenssituation „angekommen" oder sehen diese Perspektive als Perspektive der Etablierten. Die Bodenständigen und Zurückgezogenen haben unter Umständen die Erfahrung gemacht, selbst keine ausreichende Unterstützung bekommen zu haben.

Wer spendet, gestaltet etwas mit und verschafft sich damit eine *Bedeutung und Position in einer Gemeinschaft*. Dieses Motiv wird etwa von Geselligen geschätzt, wenn sie dem Förderverein für die Jugend im Dorf Geld zukommen lassen. Sie gehören dazu und geben etwas ab, damit die Gemeinschaft besser lebt. Damit kommen die Spenden letztlich den eigenen Interessen zugute. Hier geht es nicht darum, indirekt sich selbst Gutes zu tun, sondern darum, über die eigene Gabe die Zugehörigkeit zur Gemeinschaft zu stärken. Zugehörigkeit reizt auch die Mobilen: Sie haben (noch) kein Interesse am Eigenheim und einem Job für die Ewigkeit. Aber sie möchten sich verorten und nehmen durchaus die Gelegenheit wahr, wenn sie es über eine Spende für die internationale Jugendorganisation tun können, mit der sie während der Schulzeit zu tun hatten.

Ähnlich, wenn auch nicht dasselbe, ist der Wunsch etwa von Bodenständigen und durchaus auch von Zurückgezogenen, etwas für die *Heimat* zu tun. Hier kommen in Kirchbauvereinen in Dörfern unzählige kleine Spenden zusammen, damit der Kirchturm saniert werden kann. Auch Gesellige, die längst an einem anderen Ort wohnen, sind hierfür zu bewegen. Ähnliche Erfolge haben Gemeinden, die ihre Selbständigkeit bewahren wollen oder Gebäude retten, die bereits kaum noch genutzt werden.

Vor allem von Seiten der Kritischen werden Spendensammelnde immer wieder mit der Forderung konfrontiert, auf *Nachhaltigkeit* zu achten: Ein Arbeitsfeld soll langfristig angelegt sein, der Erhalt eines Bauwerks soll langfristig gesichert werden, die Gemeinde soll auch in schwierigen Zeiten Spielräume behalten, nicht von den Launen der Steuerentwicklung oder Trends in der Gemeindeentwicklung abhängig sein. Unter anderem mit dieser Motivation werden Konzepte für Fördervereine und neuerdings besonders für Stiftungen entwickelt: Hier soll es einen finanziellen Grundstock geben, der erhalten bleibt oder weiter ausgebaut wird, während die Erträge die besagten Spielräume schaffen.

Damit verwandt ist das Motiv der *Gestaltungsmöglichkeit durch Spenden*. Es ist besonders bei solchen Milieus ausgeprägt, die gern ihr eigenes Leben oder auch die Gesellschaft mitgestalten möchten, also bei den Kritischen und Hochkulturellen, aber auch bei den Mobilen und den Geselligen. Wer spendet, hat es in der Hand, wofür Geld ausgegeben wird. Den Spielraum, den einem die (Kirchen-) Steuerpflicht nicht lässt, erobert man sich zurück durch Spenden. Solche Spenden sind ein wirksames Mittel gegen Finanzentscheidungen an anderer Stelle. Wo der Kirchenvorstand einer Gemeinde sich entscheidet, mehr für Jugendliche und Öffentlichkeitsarbeit zu tun, gründen Mitglieder den „Förderverein Kirchenmusik". Wo Pfarrstellen gekürzt werden sollen, entstehen Fantasien oder sogar Projekte, um die Kosten anders aufzubringen. Spenden – und im größeren Stil das Fundraising – haben darum eine enorme Gestaltungsfunktion, die das Gleichgewicht der Kräfte in Gemeinden und Kirchenkreisen gehörig verändern kann. Wer gibt, muss mitbestimmen dürfen, oder umgekehrt: Wer Spenden will, muss sich nach den Interessen und Wünschen der Spendenden richten.

Dies kann man positiv bewerten als eine (neue) Orientierung an Kirchenmitgliedern und Interessierten, die auf Dauer dafür sorgt, dass Strukturen, Angebote und Menschen besser zu einander passen. Es kann aber durchaus auch negativ betrachtet werden als unangemessene Einflussnahme Einzelner und als Tendenz zur Entsolidarisierung unter den Gemeinden und ihren Gruppen, von denen die einen finanzkräftiger sind als die anderen. Mit der Zeit könnte es dann wichtiger werden, in Projekten zu arbeiten, die Spenderinnen und Spendern gefallen, statt danach zu fragen, wie die Verkündigung am besten geschehen kann oder wer unsere Zuwendung wirklich braucht.

Schließlich seien auch *Spaß und Erfolg* als zentrale Motive für das Spenden genannt. Vor allem die Mobilen haben ein Gespür für Spannungseffekte und Spaßelemente in Spendenaktionen. Aber auch die Geselligen und Kritischen mögen es, wenn Spenden Spaß macht, wenn man Ergebnisse sieht, um die Wette Erfolge erzielt, lustige Begebenheiten erfährt oder selbst etwas davon hat. Spaß ist dabei nicht nur Witz und Belustigung, sondern kann auch verbunden sein mit dem Gefühl einer tiefen Befriedigung: Man hat etwas geschafft, schneller als andere oder zur Überraschung aller. Das Unmögliche wird auf die Beine gestellt, was gar nicht vorgesehen war, wird Wirklichkeit. Als Jugendliche haben sie bewiesen, dass man im Zelt leben kann und per Bahn ohne festen Plan quer durch Europa reisen. Jetzt lockt dasselbe Muster, wenn es um Spenden geht: Durchbrochene finanzielle Grenzen und alternative Modelle haben einen Reiz, der oft nicht wahrgenommen wird.

6.2 Sinndimensionen des Spendens

Aus diesen verschiedenen, mit einander verknüpften oder zuweilen auch widerstreitenden Motivlagen kann man jetzt zeigen, welche *Formen von Spendenprojekten* für welches Milieu geeignet oder eher abschreckend sind. Einige Beispiele zeigen, wie sich Vorlieben der Milieus auf Projekte zur Gewinnung neuer Finanzmittel auswirken:

Die *Hochkulturellen* erbringen insgesamt die höchste Spendenleistung. Sie sind bereit, sich für eine gute Sache einzusetzen, und schätzen es, wenn dies in nachhaltiger Form geschieht. Sie sind momentan die wichtigste Zielgruppe für Stiftungen: Mit deren Assoziation zur bürgerlichen Gesellschaft und ihrer Verantwortung passen sie besonders zur Lebenswelt der Hochkulturellen. Dass die meisten Stiftungen zunächst eine lange Phase der Gründung und Finanzplanung haben und erst nach Jahren bescheidene Ausschüttungen vornehmen, stört die Hochkulturellen nicht. Sie sind es gewohnt, lange Entwicklungen zu überblicken, können auf den schnellen Erfolg verzichten und freuen sich über Engagementformen, die mit einer gewissen Wahrscheinlichkeit über die Zeit des eigenen Lebens hinausgehen. In diesem Sinn sind die Hochkulturellen auch die wichtigste Zielgruppen für ein Fundraising, das um Erbschaften wirbt: Hiermit können die Hochkulturellen sicherstellen, dass das eigene Wirken für die Gesellschaft nach dem Tod noch weiterbesteht. Das Motto „Tu Gutes und rede darüber" trifft bei vielen Hochkulturellen auf Zustimmung. Hierin wird man selbst wiederum zum Vorbild für andere und unterstützt damit einmal mehr die gute Sache – und nicht zuletzt das eigene Image.

Die *Bodenständigen* bieten hierzu das Gegenteil. Ihr Motto stammt aus der Bergpredigt:

> ***Vom rechten Spenderverhalten***
>
> Wenn du aber Almosen gibst, so lass deine linke Hand nicht wissen, was die rechte tut, damit dein Almosen verborgen bleibe; und dein Vater, der in das Verborgene sieht, wird's dir vergelten. (Mt 6,3f)

Das Spendenverhalten der Bodenständigen ist wie auch ihr Ehrenamt geprägt vom Selbstverständlichen: Man gibt etwas ab, wo Not ist. Hochglanzprospekte mit der Bitte um Spenden sind ihnen ebenso suspekt wie professionelles Fundraising. Ehrungen, Dankgeschenke oder Tafeln, auf denen die Namen der Spenderinnen und Spender aufgeschrieben sind, finden sie unangenehm. Selbst die Bitte um eine Spendenbescheinigung ist für sie auf der Grenze zum Unanständigen. Ähnlich lässt sich ihre Vorsicht gegenüber den Spendenzwecken verstehen. Die Bodenständigen spenden gern traditionell: Sie geben dem Pastor etwas „für die, die es nötig haben", sie spenden für „Brot für die Welt", die Christoffel-Blindenmission oder SOS-Kinderdörfer. Da weiß man, dass es sich um eine vertrauenswürdige Sache handelt. Die Bodenständigen kennen Berichte über betrügerische Organisationen, die auf Mitleid setzen und das Geld dann für andere Dinge abzweigen. Für sie (und für die Hochkulturellen) brauchen Organisationen Schirmherren wie Politiker oder andere Prominente.

Die *Mobilen* sind allergisch gegen Formen des finanziellen Engagements, in denen es wenig Gestaltungsfreiheit für sie gibt. Das macht Kirchensteuer problematisch, aber ebenso Spenden für große Organisationen. Die Mobilen haben Interesse an dieser oder jener kirchlichen Arbeit und möchten gezielt unterstützen, was ihnen gefällt. Martin ist dreißig Jahre alt, Betriebswirt und arbeitet als Nachwuchs-Führungskraft in einem Konzern. Seine Mutter stammt aus Frankreich, er hat viel Kontakt zu seiner Familie dort und misst den Aufenthalten in Frankreich große

Bedeutung zu. Obwohl er mit dem christlichen Glauben ebenso wenig anfangen kann wie mit Kasualien, hat er eine Verbindung zur Kirche, besonders dort, wo Kirche seine Bindung zur Familie und der eigenen Herkunft stärkt. Dass Kirchenmitgliedschaft eine „Abgabe" voraussetzt, über deren Verwendung man nicht bestimmen kann, stört ihn sehr. Sein Lieblingsmodell von Spenden beschreibt er selbst:

Die Mobilen und ihre Spendenbereitschaft

Martin: Also ich persönlich habe den Glauben Anfang der 90er verloren. Also deshalb dann in der Kirche zu bleiben, nur weil ich dann heiraten darf und weil jemand mal auf meiner Beerdigung 'n Wörtchen für mich spricht. (...) Ich seh das ein bisschen kritisch, warum man die Kirchenmitgliedschaft mit Kosten verbindet. Ja, gut, so mach ich's auch, in Frankreich, ich spende einmal im Jahr 150 bis 200 Euro einer guten Pfarrerin. Die kriegen ja da nicht so 'n Gehalt wie hier. (EKD: Trainees)

Martin unterstützt eine Pfarrerin, die an seinem Heimatort arbeitet und ihn damit verbindet, von deren Leistung er überzeugt ist und deren Gehalt – wie sein eigenes – nicht von einer Besoldungstabelle, sondern vom eigenen Wirken abhängig ist. Martin repräsentiert dabei eine enorm ernsthafte Auseinandersetzung mit Kirche und ihrer Arbeit. Viele der Mobilen sind noch viel stärker ansprechbar auf Gestaltungsmöglichkeiten, Spaßelemente und Spannungsmomente in Bezug auf ihre Spenden. Nicht durch Zufall locken zum Beispiel Spendenmodelle mit sportlichen Anteilen und Leistungscharakter, bei denen Menschen mit Spenden für ein Projekt ihrer Wahl dafür belohnt werden, sportliche Leistungen zu erbringen.

Die *Kritischen* haben ebenso wie die Mobilen einen Anspruch, durch ihre Spende mitzuwirken und Einfluss zu nehmen. Für sie sind Spendenparlamente geschaffen worden, in denen über Spendenzwecke beraten und entschieden wird. Auf diese Weise bilden die Kritischen die Gruppe der „Nachwuchs-Spender" für die Hochkulturellen, agieren mit dem gleichen Bewusstsein für ihre gesellschaftliche Verantwortung und bekommen aber Strukturen, in denen sie deutlich mehr mitbestimmen können. Sie sind überdurchschnittlich interessiert an einer langfristigen Bindung zu „ihren Organisationen". Sie übernehmen „Patenschaften" und tragen über viele Jahre eine soziale Arbeit mit, die ihnen einleuchtet. Sie sind dabei ausgesprochen kritisch, möchten wissen, wie hoch der Verwaltungsaufwand ist, was die gute Tat in Afrika für das Sozialgefüge des jeweiligen Landes bedeutet und welche Institutionen auf welche Weise die Arbeit beeinflussen. Will man die Kritischen als Spender gewinnen, muss man ihnen Information liefern – zugleich ein gelungener Dank für die Spende.

Die *Geselligen* möchten Erfolge sehen. Stiftungen finden sie gut, wo es Ausschüttungen für konkrete Zwecke gibt, üblicherweise ist ihnen aber das Verfahren zu langwierig und häufig auch zu formal. Sie interessieren sich weniger für die Zukunft der Diakonie in den nächsten zwanzig Jahren, sondern sie begreifen, dass dieses oder jenes diakonische Projekt jetzt dran ist, dass sie selbst gefragt sind und die gute Sache unterstützen müssen. Sie mögen es nicht, wenn Gremien sich über Monate mit etwas befassen und juristische Sachverhalte prüfen. Sie wollen, dass es vorwärts geht. Darum sind für die Geselligen einzelne Spendenprojekte wie geschaffen: Ein Ziel, das erreicht werden kann, Maßnahmen, die spürbare Folgen haben.

Ein Kindergarten richtet einen Flohmarkt aus, auf dem selbstgebackene Kuchen, Kinderkleidung und Spielsachen verkauft werden. Wer verkaufen will, muss einen Kuchen beisteuern und Standgebühr bezahlen. Von den Einnahmen bezahlt der Kindergarten den gemeinsamen Ausflug. Eine solche Aktion ist gemeinnützig, weil auch die sozial Schwächeren profitieren, sie ist ausreichend „handfest" und für alle zu überblicken, sie beteiligt Väter (Aufbau der Stände) und Mütter (Kuchen backen, verkaufen). Ein gutes Ergebnis ist leicht zu erreichen – schließlich haben alle viel Spaß beim gemeinsamen Nachmittag. Ebenso läuft es im Sinne der Geselligen beim Bau des neuen Kinder- und Jugend-Hauses der Kirchengemeinde: Hier soll endlich Platz sein, damit sich Jugendliche treffen können und in einem Nebenraum die Spielplatz-Fahrzeuge der Kinder untergebracht werden können. Kinder, Jugendliche und Eltern können sich Steine kaufen, auf die sie ihre Namen und nach Belieben weitere Botschaften schreiben. Die Steine werden mit verbaut, wer sich „eingekauft" hat, darf mit abstimmen über Farben der Wände und wird zur Eröffnungsparty eingeladen. Der Clou: Der Bauunternehmer am Ort, der den Auftrag erhalten soll, zieht für jeden zehnten Euro, der für die Steine zusammengekommen ist, einen Euro von seiner Rechnung ab. Hier arbeiten alle Hand in Hand, alle haben etwas davon, das Ganze ist aufregend und schweißt die Beteiligten zusammen.

Die *Zurückgezogenen* schließlich sind zurückhaltende Spender. Sie haben in ihrem Leben häufig weder eine Haltung der Verantwortung für die Gesellschaft gelernt noch gute Erfahrungen mit wechselseitiger Unterstützung gemacht. Sie sind oft der Meinung, eher zu denen zu gehören, für die mal jemand etwas tun sollte. Die Mitgliederstudie der EKD zeigt aber, dass selbst unter den Zurückgezogenen noch 20% bereit sind, Geld für eine gute Sache zu spenden. Projekte wie die Aktion »Ein Herz für Kinder« sind über ihre mediale Bekanntheit und ihre Nähe zur Lebenswelt der Menschen geeignet, auch den Zurückgezogenen einzuleuchten. Sie beziehen sich in der Regel auf Deutschland und die Probleme, die hierzulande jeder kennt: Unterversorgung von Kindern, Behinderungen, mangelnde Sicherheit. Das Vertrauen in derartige größere Projekte muss jedoch ständig unterfüttert werden mit der Vorstellung von konkreten Fällen sowie der Präsenz von Prominenten und vertrauenswürdigen Projektpartnern.

6.3 Fundraising und Milieus

Aus diesen Erkenntnissen lassen sich – über die milieuspezifischen Vorlieben hinaus – *allgemeine Schlüsse* für ein gelungenes Fundraising ziehen: Wo etwa eine Gemeinde versucht, ihre Defizite mit Spendenaktionen auszugleichen, ohne dabei neue Konzepte zu entwickeln, kann sie die Hochkulturellen und die Kritischen kaum zur Spende gewinnen. Damit fallen die beiden mit Abstand spendenbereitesten Milieus als Zielgruppe möglicher Aktionen aus. Die Geselligen und Bodenständigen lassen sich eventuell in Einzelaktionen dazu bewegen, für die Arbeit der Diakonin, die gekürzt werden musste, einmalig Geld für ein bestimmtes Engagement zu geben. Nachhaltig und wirklich effektiv ist eine solche Strategie nicht, denn auch die Menschen aus den Milieus mit Interesse an konkreten, kurzfristigen Aktivitäten mögen keine Projekte, die nur auf Defizite reagieren. Auch sie wollen neue Ideen, Bereicherungen und Gewinne.

Auch kann man feststellen, dass sich manche Spendenzwecke eher in diese oder jene Lebenswelt von Milieus einordnen lassen. Es kommt aber vor allem darauf an, welche lokalen Bezüge, praktischen oder geselligen Elemente, intellektuellen Anteile oder bürgerschaftlichen Perspektiven sich mit ihnen verknüpfen lassen. Mit den Dimensionen, in denen sich die Orientierungen der Milieus abbilden (vgl. Kapitel II.3), lassen sich kirchliche Veranstaltungen ebenso wie ganze Fundraising-Konzepte daraufhin überprüfen, welchen Bedürfnissen sie entsprechen und wessen Interesse sie vermutlich finden werden.

Dabei sollte man Spendenzwecke zunächst von der Form einer Kampagne oder eines Fundraising-Konzeptes trennen: Ein Spielplatz ist auf den ersten Blick ein typischer Spendenzweck für die Geselligen, aber eben nur auf den ersten Blick. Was der Spielplatz für einen Stadtteil bedeutet, in sozialer Perspektive, in der Stadtentwicklung, in der Arbeit für benachteiligte Kinder und Jugendliche etc., das geht durchaus Menschen aller Milieus an. Die Frage wird sein, wen man tatsächlich für ein solches Projekt gewinnen möchte, in welchem Zeithorizont, mit welcher Beteiligungsform und mit welcher gesellschaftspolitischen Dimension man arbeiten mag. Erst in zweiter Linie ist dann zu entscheiden, ob man Kuchen verkauft oder eher eine Stiftung gründet. Und in vielen Fällen wird das Eine das Andere nicht ausschließen.

Weiterführende Fragen

Am Beispiel der Gemeinde: Wo überschneiden sich die Ziele eines bestimmten Milieus besonders deutlich mit den Zielen meiner Gemeinde/kirchlichen Einrichtung? Welche Projekte lassen sich daraus generieren?

Am Beispiel eines Projekts: Angehörige welcher Milieus lassen sich besonders leicht für das Projekt gewinnen, weil es in der Zielsetzung ihren Vorstellungen entspricht? Welchen Kriterien muss die

Werbung dafür entsprechen, um die Erfolgschancen zu maximieren? Welche Erwartungen haben die (potenziellen) Sponsoren meines Projekts an das Verhalten der an der Durchführung Beteiligten? Wo sind Grenzen, was die Anpassung an Wünsche der Geldgeber angeht? Welchen Einfluss „dürfen" sie auf Spenden- und Hilfsprojekte bekommen?

7. Gesprächskreise, Akademien und die Bildung in der Freizeit

Wer besucht einen Gesprächskreis? Wer eine Evangelische Akademie? Was muss dort besprochen werden, damit die Menschen aus den verschiedenen Milieus sich angesprochen fühlen? Wer kommt in der Gemeinde zu Abenden über Paul Gerhardt? Wer trifft sich zum Hauskreis oder Bibelkreis? Wer nutzt eine Familienbildungsstätte? Wer interessiert sich für eine Tagung zum Thema „Patientenrechte" in einer Akademie? Und: Warum sind manche Milieus, zum Beispiel die Mobilen, in Gruppen und Kreisen der Gemeinde so wenig vertreten? Warum tun sich Akademien so schwer, mit ihrer Arbeit die so genannten neuen Zielgruppen anzusprechen? Mit unseren bisherigen Erkenntnissen über Milieus und ihre Vorlieben und Bewertungsdimensionen kann man diese Fragen im Ansatz schon beantworten:

In einem Gesprächskreis der Gemeinde kann es gemütlich und heimelig sein, zum Beispiel wenn man sich dort seit vielen Jahren trifft und schon vieles miteinander erlebt hat, weil man sich gegenseitig stützt und trägt. Dann lockt so ein Kreis das Milieu der Bodenständigen – wenn es denn einen ausreichenden Kontakt gibt, der den Zugang zur Gruppe erleichtert. Steht die Auseinandersetzung mit Inhalten im Mittelpunkt der Gruppe und sind diese Inhalte mindestens ebenso wichtig wie die Gemeinschaft, so lockt sie solche Milieus, die es schätzen, wenn man etwas lernt: die Hochkulturellen und die Kritischen. Sie kommen ebenso zu einzelnen Vortragsabenden wie auch zu langfristig konzipierten Gruppen – wenn denn das Niveau stimmt, Inhalte und Gesprächspartner einen gewissen Anreiz bieten.

7.1 Bildung in Gemeinschaft

Man spürt: *Gemeinschaft bzw. Geselligkeit* einerseits und Bildung bzw. Inhalte andererseits bilden zwangsläufig die Angelpunkte dieser Betrachtung. Für viele Kreise ist zunächst der Aspekt der Gemeinschaft zentral: Es kommen in Kirchengemeinden viele Menschen regelmäßig zu Gruppen und Kreisen, weil sie dort andere kennen oder kennen lernen wollen, weil sie sich aufgehoben fühlen und weil sie dort ihre soziale Heimat haben. Will man einen neuen Gesprächskreis aufbauen, will man Menschen gewinnen, die noch nicht selbstverständlich an kirchlichen Veranstaltungen teilnehmen, so ist es ratsam, diesen Aspekt zu bedenken: Möchte man die persönlichen Beziehungen der Gruppenmitglieder untereinander besonders stärken und langfristig zu einem entscheidenden Reiz der Gruppe machen oder eher nicht?

Manche Aktive aus Kirchengemeinden halten das für eine merkwürdige Alternative. Für sie ist es selbstverständlich, dass Gemeinschaft etwas Verlockendes ist, dass es eine Bereicherung darstellt, wenn man andere kennt und Kontakte pflegt. Ein Blick auf die Dimensionen, in denen sich die Vorlieben und Abneigungen der Milieus sortieren, zeigt, dass es durchaus Abneigungen gegen zu viel Geselligkeit, zu viel Miteinander und persönliche Begegnung mit Menschen außerhalb des Familien- und Freundeskreises gibt (siehe Abschnitt II.3). Da sind zunächst Milieus, in denen das Zusammensein mit anderen, „fremden" Menschen als eher unangenehm empfunden wird, zum Beispiel weil man sich vor zu engen Kontakten fürchtet, weil man nicht gern Privates teilt oder anderen zuhört und sich mit Themen beschäftigt, die zunächst nicht die eigenen Themen sind. Hierzu gehören in erster Linie die Zurückgezogenen, aber auch etliche Kritische, Mobile und Hochkulturelle.

Die Zurückgezogenen sind es nicht gewohnt, in einer Gruppe außerhalb der vertrauten Umgebung zu sein. Eine Vorstellungsrunde schreckt sie ab. Etwas von sich frei zu erzählen, ist eine ungeahnte Herausforderung. Im Umgang mit der Öffentlichkeit – und dazu gehört die Gemeinde – werden traditionelle Denk- und Verhaltensmuster herangezogen: Man hat dort keine Rolle, also hält man sich im Hintergrund. Das gibt Sicherheit und schützt vor Überraschungen. Wer Zurückgezogene zu einem Konfirmanden-Elternabend einladen möchte, darf auf keinen Fall den persönlichen Austausch oder ein Gespräch über biblische Themen in den Mittelpunkt stellen. Zurückgezogene kommen hier überhaupt nur wegen notwendiger Informationen über technische Details der Konfirmation wie Termine oder Kleidung.

Die Kritischen sind kontaktfreudiger. Sie haben zahlreiche, meist intensive Kontakte bei der Arbeit oder im Freundeskreis. Für sie muss aber das eigene Interesse gut zum Angebot einer Gruppe oder Veranstaltung passen. Sie telefonieren lieber einen Abend mit einer Freundin oder unterhalten sich per Mail mit einem Freund am anderen Ende Deutschlands über fachlich interessante Dinge, als eine Gruppe der örtlichen Gemeinde zu besuchen, wo sie nicht sicher sind: Habe ich mir mit diesen Menschen genug zu sagen? Ähnlich bei den Mobilen und Hochkulturellen: Für sie alle ist Gemeinschaft etwas Feines, wenn die Umstände stimmen, das Niveau und die Atmosphäre. Und für sie alle gilt: Das Zusammensein mit anderen ist nicht schon ein Wert an sich, sondern muss wertvoll werden durch diverse andere Reize.

7.2 Zwecke der Bildung

Hier spielt nun das Interesse an komplexen Erlebnissen die zentrale Rolle, an *Bildung ohne konkreten Nutzwert*, an fachlichen oder intellektuellen Herausforderungen. Mit Blick auf die Milieus fällt auf: Es zählen deutlich mehr Frauen als Männer zu den Milieus mit der mit Abstand höchsten Affinität zu Bildung, also zu den Hochkulturellen und den Kritischen. Man kann daraus bereits die Vermutung ableiten, dass ein kirchliches Programm, das Bildungsinteressen bedient, deutlich stärker von Frauen als von Männern genutzt wird. Das wird in Zahlen über das Geschlechterverhältnis in Gesprächskreisen oder Akademien meist bestätigt.

Es gibt jedoch unterschiedliche *Dimensionen von Bildung*: Bildung kann nützlich sein und konkrete Fähigkeiten und Kenntnisse vermitteln, die sich in Beruf oder Freizeit anwenden lassen. In vielen Gemeinden kann man Tanzen lernen, in Krabbelgruppen den kompetenten Rat von Gleichgesinnten hören oder in Familienbildungsstätten Koch-, Bastel-, Musik- und Gärtnerkurse besuchen. Solche kirchlichen Bildungsangebote müssen sich immer wieder die Frage gefallen lassen, was das denn mit dem Evangelium zu tun habe, wenn sich in einem Haus der Kirche Männer zu einem italienischen Kochkurs treffen oder Eltern einen Erste-Hilfe-Kurs für Kinder besuchen.

Auf diese Frage gibt es viele Antworten, die in unterschiedlichem Maß überzeugen mögen, die aber zeigen, welche Schnittstellen es gibt zwischen Kirche und einer „nützlichen" Bildung. Vor allem schaffen solche Angebote, was die Kirchengemeinden oft nicht schaffen: Sie knüpfen für die Kirche den Kontakt zu schwer erreichbaren Zielgruppen, zu erwerbstätigen Männern und Frauen in der Lebensmitte, zu Menschen, die nur ein vages Gefühl für den Sinn von Kirche haben und darum niemals „um der Sache selbst willen" den Kontakt zu einer Gemeinde aufnehmen würden. Sie erreichen übrigens auf diese Weise auch zahlreiche Menschen mit eingeschränktem Interesse an Geselligkeit, aber einem hohen Interesse an speziellen Themen, allen voran die Kritischen. Außerdem demonstrieren solche Angebote, dass Kirche in der Lebenswelt der Menschen präsent sein möchte – um der Menschen willen.

Wer das Programm einer Familienbildungsstätte durchblättert, dem muss das Übergewicht von Themen auffallen, die sich um das Wohl des Menschen drehen, um Leib und Seele, um Gesundheit, seelisches Gleichgewicht, Spiritualität und Visionen. Wer möchte, kann eine solche Arbeit bereits als Botschaft verstehen, in der Bildung als Schwester der Verkündigung erscheint. Umgekehrt kann man sagen: Durch solche Kontakte kann die Kirche ihre Sprachfähigkeit gegenüber Menschen aus unterschiedlichen Milieus trainieren, ebenso die Fähigkeit, verschiedene Bedürfnisse wahrzunehmen.

Viel stärker präsent ist im kirchlichen Bereich jedoch die Bildung als Selbstzweck, eine Bildung um der schönen oder interessanten Sache willen. Sie ist der Antrieb vieler Menschen, die Vortragsabende besuchen, sich über Themen aus Kunst und Kultur informieren, über Gegebenheiten, Positionen und Texte austauschen. Die Kirche hat hier einen enormen Schatz an Wissen und an Zugängen zu interessierten Gruppen, vor allem zu den Hochkulturellen und in vieler Hinsicht auch zu den Kritischen. Hier gibt es unzählige Gruppen, die sich aus einem „höheren" Interesse an Bibel, Kunst und Kultur treffen. Über dieses Interesse sind einige Milieus sehr stark ins kirchliche Leben integriert.

7.3 Freizeitaktivitäten

Wenn die Kirche aber Menschen aller Milieus für eine Auseinandersetzung über relevante Fragen des Glaubens und Lebens gewinnen möchte, wie findet sie dann den Zugang zu den unterschiedlichen Lebenswelten? Wie passen Vorlieben der Milieus in der Gestaltung ihrer freien Zeit mit kirchlicher Bildungsarbeit zusammen? Diese Fragen lassen sich leichter beantworten, wenn man in den Blick nimmt, was Menschen außerhalb von Kirche mit ihrer freien Zeit machen. Die jüngste Kirchenmitgliedschafts-Untersuchung der EKD hat danach gefragt, welche *Freizeitaktivitäten* die Menschen bevorzugen. Vergleicht man die Milieus dort miteinander, wo es um typisch hochkulturelle Vorlieben geht (Theater, Ausstellungen, Konzerte mit klassischer Musik), und setzt man die Vorlieben für Kinobesuch und die Nutzung für Computer und Internet dagegen, dann ergibt sich daraus Abbildung 17 auf der folgenden Seite.

Der Vergleich zeigt tatsächlich enorm starke Unterschiede zwischen den Milieus: Was die Freizeit anbelangt, scheint immer nur ein Konsens zwischen einigen Milieus möglich zu sein, während man bei anderen Milieus auf Ablehnung stößt. Den allgemein größten Zuspruch erhält die Gartenarbeit: Mit Ausnahme der Mobilen sind in allen Milieus mehr als 45% zumindest ab und zu mit Gartenarbeit befasst. Höchst selektiv dagegen ist das hochkulturelle Programm aus Theater, Ausstellung und Konzerten mit klassischer Musik. Es zieht außer den Hochkulturellen und den Kritischen nur wenige Interessierte anderer Milieus an. Hier hängt offenbar die hohe Bildung mit einem großen derartigen Interesse zusammen.

Der Umgang mit dem Computer scheint ebenso wie der Kinobesuch eine Sache des Alters zu sein: Je jünger die Milieus sind, desto eher zählen sie derartige Aktivitäten zu ihrer Lebens-

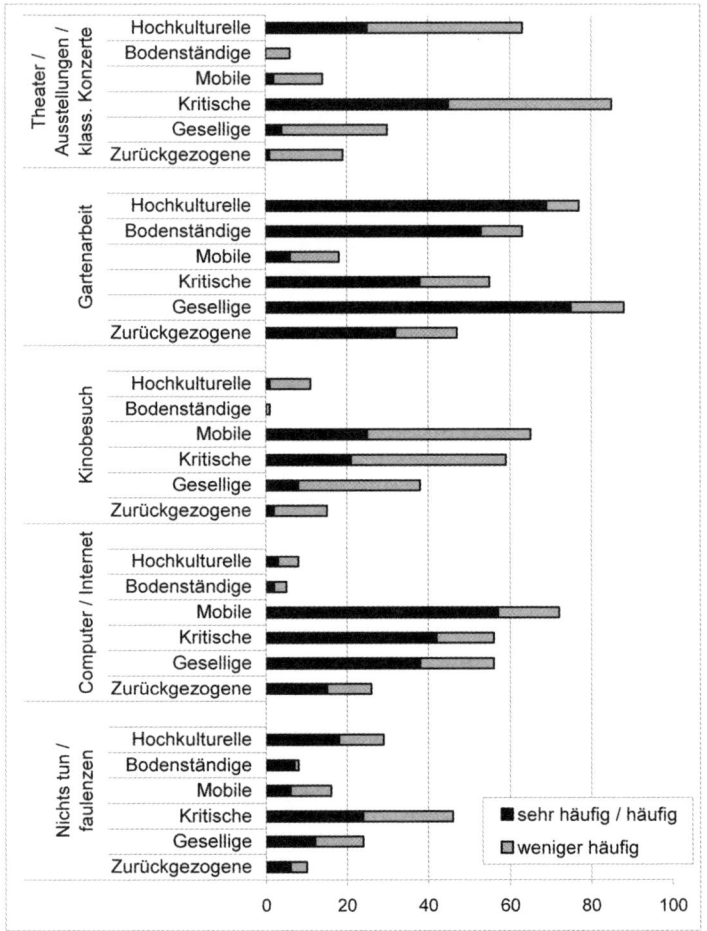

Abbildung 17: Die Freizeitbeschäftigungen der Milieus
Der Abbildung liegen die Befragungsdaten der EKD-Studie zugrunde. Hier ist in Prozent dargestellt, wie groß der Anteil der Kirchenmitglieder eines Milieus ist, die den einzelnen Freizeitbeschäftigungen sehr häufig/ häufig oder wenig häufig nachgehen.

welt. Dabei sind die Kritischen allgemein deutlich stärker bereit oder daran gewöhnt, aus dem Haus zu gehen und sich in fremden Umgebungen aufzuhalten, während die Geselligen sich stärker noch mit ihrem Garten befassen oder mit Arbeiten rund ums Haus (nicht in der Graphik). Die Kritischen sind ganz allgemein das Milieu mit den breitesten Interessen: Sie gehen ins Theater, in Konzerte und Ausstellungen und hören klassische Musik, während sie sich zugleich für Kino und Computer begeistern können. Sogar im Faulenzen sind sie die Spitzenreiter.

Die Übersicht in Abbildung 17 lehrt uns einiges über das Verständnis von Freizeit und Lebensgestaltung: Nur die Hochkulturellen und die Kritischen mögen beides, die Aktivität und das Stillsitzen, Schauen und Zuhören. Alle anderen Milieus haben deutliche Vorlieben im Bereich der Aktivität. Sie richtet sich bei den Mobilen stärker nach außen, in Kinos, Diskos und Sportveranstaltungen, aber auch in die virtuelle Welt des Internet, bei den Bodenständigen, den Zurückgezogenen und in gewisser Weise auch den Geselligen dagegen eher nach innen, auf die eigene Umgebung. Man könnte hier vorsichtig formulieren: Möglicherweise liegt bereits beim Bemühen einer Gemeinde, Menschen zu Gesprächskreisen zu sammeln, eine Ausgrenzung etlicher Milieus, denen das Sitzen und Reden schlicht zu wenig handgreiflich ist.

Eine weitere Erkenntnis lässt sich aus der „Faulenzer-Quote" ziehen: Wie kommt es, dass die in den erfragten Freizeitbereichen am wenigsten aktiven Milieus, allen voran die Bodenständigen und Zurückgezogenen, so wenig faulenzen? Können wir glauben, dass nur 10% von ihnen wenigstens ab und zu nichts tun? Vermutlich ist es eher so, dass man hier von großen Unterschieden in der Einstellung gegenüber dem eigenen Handeln und der eigenen Freizeit und ihrer Gestaltung sprechen muss, vermutlich auch von großen Unterschieden darin, wie die Milieus in der Öffentlichkeit über sich selbst reden: Die Kritischen gehen ganz bewusst zu einer Veranstaltung und setzen sich anschließend ganz bewusst aufs Sofa, um dort nichts zu tun. Vielleicht zählen die Kritischen sogar das Surfen im Internet oder das Tatort-Schauen am Sonntagabend zum Faulenzen, während andere Milieus stärker das Gefühl haben, hierbei etwas zu tun. Wer sehr aktiv ist, unterscheidet zwischen gefüllter und freier Zeit. Wer weniger aktiv ist, für den ist der Unterschied zwischen Aktivität und Ruhe weniger sichtbar. Das würde bedeuten, dass sich einige Milieus wie die Kritischen und Hochkulturellen stärker überlegen, was sie mit ihrer Zeit anfangen, welche Themen sie interessieren und welche Veranstaltungen oder Aktivitäten sie locken. Sie lesen Prospekte von Familienbildungsstätten oder Akademien und beachten das Plakat, das für die Aufführung eines Musikstücks wirbt. Sie überlegen: Ist das etwas für mich? Und sie gehen eher hin als andere, auch wenn es für die ebenso interessant sein könnte.

Es ist kein Wunder, wenn in Kirchengemeinden *gesellige Veranstaltungen* wie Feste und Basare einen Zugang zu Milieus verschaffen, die vom übrigen Programm oft nicht gelockt werden. Denn hier ist der Übergang vom Privatleben zur „Freizeitgestaltung außer Haus" fließend. Wer auf einem Flohmarkt für Kinderkleidung und Spielzeug im Gemeindehaus einen Stand betreibt, fühlt sich nicht wie auf einer Veranstaltung, sondern wie in der (erweiterten) Alltagsumgebung. Hier bekommt Kirche einen neuen Sinn: Sie bietet ein Forum für die eigenen Interessen aus der Lebenswelt außerhalb von Kirche. Mit Angeboten wie Familien-Freizeiten oder Vater-Kind-Ausflügen arbeiten manche Gemeinden an eben dieser Schnittstelle: Die Menschen möchten zusammen etwas erleben. Sie kommen nicht mit, weil man auf so einer Reise abends mit dem Pfarrer über Erziehungsschwierigkeiten und andere Lebensfragen reden kann. Aber sie freuen sich, wenn das dann möglich ist. Sie wollen Meinungen hören und sich austauschen – aber sie kämen nicht von sich aus auf die Idee, an einem Gesprächskreis teilzunehmen. Der Kontakt muss ein persönlicher sein, und er wird idealerweise durch das gemeinsame Tun und die Arbeit an konkreten Dingen gepflegt.

Was die Geselligen an ihrem Gemeindegesprächskreis schätzen

Gaby: Dass man dann 'ne Gruppe hatte, wo man hingehen konnte, und das sind ja nun wirklich so viel verschiedene Charaktere und so unterschiedliche Menschen, aber man findet sich zusammen und es ist ein Zusammenhalt, den ich grad nach der Wende oft wieder betont hab, so untereinander (...) Ich sage, man kann sich auf einander verlassen, wenn man zum Beispiel irgend ein Problem hat oder ein Fest organisieren will oder irgendwelche Jubiläen, dass man dann, jeder

> *bringt was mit, da ist das nicht so'n Aufwand. Aber auch in anderen Sachen fällt mir immer jemand ein, zu dem ich gehen könnte und der mir helfen wird. Und umgedreht wissen die anderen auch, dass sie sich auf mich verlassen können, dass sie kommen können, wie Markus vorhin sagt, Konrad ist handwerklich, und das schätz ich so an dieser großen bunten Truppe, dass also die Berufe und auch so das Ganze so unterschiedlich ist, dass man eigentlich immer, wenn man irgendwas hat, kann man zu irgendeinem gehen.*
> *(EKD: Gesprächskreis Ost)*

Man könnte meinen, hier trifft sich ein Kreis nur für das private Beisammensein, während der christliche Glaube keine Rolle spielt. Das ist aber nicht der Fall: Diese Menschen im Alter zwischen 40 und 55 Jahren treffen sich seit vielen Jahren regelmäßig zu Gesprächen über den Glauben und engagieren sich in der Gemeinde. Hier wird spürbar: Es gibt für die Kirche etliche Anknüpfungspunkte dort, wo Mitglieder und Interessierte die thematische Auseinandersetzung, den hochkulturellen Genuss oder das gemeinsame Miteinander mögen. Wo das nicht so ist, wird es ausgesprochen schwer. Wo Milieus sich nicht auf den Weg machen (können), um etwas Bestimmtes für sich zu erreichen oder etwas zu erleben, ist es für eine Gemeinde schwer, Kontaktpunkte zu erfinden. Wo Menschen nicht aktiv ihre Freizeit gestalten, kann Kirche kaum erfolgreiche Angebote machen. So ist dann für Zurückgezogene und auch für etliche Bodenständige ohne Kontakt zu einer Kirchengemeinde unter Umständen eine Beerdigung ein zentraler Moment der Begegnung mit der Kirche, weil hier Kirche und Alltagsleben miteinander in Berührung kommen, wie es im Bereich der klassischen „Freizeit" nicht möglich wäre.

7.4 Orte und Diskursformen der Bildung

Orte der Bildung müssen also damit umgehen, welche Bedürfnisse an Erlebnis, Gemeinschaft, Hochkultur und bewusstem Erleben die Menschen mitbringen – oder andersherum: an welche Menschen sich das Angebot richten soll. Dies gilt für Familienbildungsstätten ebenso wie für Akademien, wobei das gezielte Hinfahren zu einer Akademie, möglicherweise mit einer weiten Anreise und Übernachtung, eine größere Hürde darstellt als ein Kursangebot vor Ort. Akademien sind aber längst nicht mehr nur Orte, an denen Seminare und Tagungen auf hohem intellektuellen Niveau angeboten werden. Längst haben Theaterworkshops und Familienveranstaltungen auch hier Einzug gehalten. Man lernt konstruktives Konfliktverhalten und Rhetorik. Die zweckfreie Bildung geht mit der „nützlichen Bildung" Hand in Hand.

Stärker noch: Die eigentliche Tagungsarbeit tritt in Akademie-Konzepten neben das Bemühen, der eigenen Arbeit und den zentralen Themen auch außerhalb von Kirche die nötige Öffentlichkeit zu verschaffen. Thematische Tagungen leben nicht mehr nur vom Bedürfnis der Teilnehmenden, etwas zu erfahren. Sie arbeiten nicht mehr nur *für* Menschen, sondern stärker *mit* ihnen. Sie suchen Kontakte zu Menschen an wichtigen Schnittstellen in Kirche und Gesellschaft und tragen dabei Reflexionen in die kirchliche Praxis hinein. Sie kümmern sich um eine breite Vernetzung von Gemeindearbeit, funktionalen Diensten, Bildungs- und Verkündigungsarbeit, ermöglichen Begegnung und fördern Prozesse. Wo Bildung nicht mehr „angeboten", sondern vor allem von den Beteiligten erst ermöglicht wird, erreichen Akademien die Denkweise „neuer Zielgruppen", mindestens der Kritischen, möglicherweise aber auch der Geselligen. Dass sich das thematische Spektrum auf Beruf, Kinder und Familie ausweitet, ist dann mehr als eine kleine Korrektur.

Große Aufmerksamkeit verdienen – in Akademien wie in der einzelnen Kirchengemeinde – die „Töne", in denen miteinander kommuniziert wird, die *Diskursformen* oder das Verhalten in Auseinandersetzungen. Die Hochkulturellen lieben nicht nur den gelehrten Vortrag, sondern ebenso die thematische Diskussion, Zitate und schlüssige Begründungen. Die Bodenständigen schätzen viel stärker die Erzählung, das Verstehen tritt in den Hintergrund, es geht ums Begreifen und Erleben. Diese Einschätzung wird von den Geselligen und Mobilen oft geteilt, sie sind jedoch deutlich pragmatischer und meist sachlicher, sie möchten einen Nutzen haben oder auch nur Gemeinschaft und Spaß. Die Mobilen haben außerdem hohe Anforderungen an die Echtheit des

Dargebotenen: Erfahrungen, authentische Stellungnahmen reizen mehr als reines Wissen, und sie sorgen für die nötige Spannung im Geschehen.

Weiterführende Fragen

Wie sieht das Verhältnis von Bildung, Geselligkeit und Freizeit in meiner Gemeinde/meinem Arbeitsbereich aus? Entspricht es der Milieuzugehörigkeit der jeweiligen Zielgruppe?
Welches Bild vom Christsein kommuniziert die Gesamtheit unserer Veranstaltungsangebote? Entspricht es unserem Verständnis des Evangeliums? Gibt es hinreichende Überschneidungen mit den Vorstellungen der Milieus, die wir erreichen wollen?
Wie kann das Verhältnis von Freizeit, Bildung und dem Evangelium unter dem Dach der Kirche bestimmt werden?
Wie müssten Familienbildungsstätten und Evangelische Akademien arbeiten, dass sie auch in Zukunft für möglichst viele Menschen interessant bleiben?

8. Kunst, Musik und die Kultur

8.1 Erlebnisgesellschaft

Wo man die Zugänge der unterschiedlichen Milieus zur Kirche untersucht, ist die Kultur einer der wichtigsten Indikatoren dafür, was „zusammenpasst" oder sich gegenseitig abstößt. Gerhard Schulze hat in seiner *Gesellschaftsanalyse* die deutsche Gesellschaft ab Anfang der 80er Jahre als „Erlebnisgesellschaft" beschrieben. Die Charakteristika dieses gesellschaftlichen Wandels zeigen bereits, welche Maßstäbe und Bewertungen von beispielsweise Kunst und Musik die heutigen Vorlieben der Milieus bedingen:

Im Prozess der „Enthierarchisierung der Kultur" haben sich im Kulturkonflikt der 60er Jahre die Dinge entscheidend geändert. Die Jugend protestierte. Es war die reiche, gebildete Jugend, die gegen die eigenen Eltern protestierte, gegen das Steife, gegen die Bürgerlichkeit. Charakteristisch der Slogan aus dem Protest an den Universitäten: „Unter den Talaren der Muff von

1000 Jahren". Die Protestierenden verstanden sich dabei selbst noch nach dem bisherigen Schichten- und Klassenschema als Revolution im Namen der Arbeiter. De facto verbanden sich aber mit dieser Arbeiterklassenromantik noch ganz andere Ziele. Betont wurde der Genuss, und es gab eine ausgeprägte antikonventionelle Stilisierung. Man wollte die Alten provozieren und Spaß haben: Rockmusik, freie Liebe, Haschisch, lange Haare, Jeans. Mit all diesen Äußerungen wurde die Hierarchie der Werte in Frage gestellt.

Die klassischen bürgerlichen Kulturmerkmale galten nun nicht mehr. Die bürgerliche Kultur wertete als Kultur das, was sich einerseits vom Gewöhnlichen unterschied und andererseits antiexzentrisch war, also in Ruhe und Innerlichkeit wahrzunehmen. Die Jugend der 60er Jahre bildete einen eigenen Stil aus, in dem die jugendlichen Interessen an Spannung und Action betont wurden. Eine eigene Musik- und Literaturszene entstand. Zuerst gab sie sich als revolutionäre Alternative zur bürgerlichen Kultur, dann wurde sie zunehmend als Kleinkunst vor Ort gepflegt. Inzwischen ist sie längst in die Kulturhäuser eingewandert. Heute ist es gesellschaftlich eben nicht mehr festgelegt, welche Musik die kulturell hochstehendste ist, heute erscheinen ein Kinofilm und ein Theaterstück als kulturelle Aussagen je eigenen Rechts. Aus der Hierarchie von Hochkultur und Barbarei ist das Nebeneinander verschiedener Kulturausdrücke auf einer Ebene geworden. Aus Pop wurde Popart, aus dem Kitsch das ironisch verfremdete Zitat, aus den Ritualen der Primitiven das alternative Lebenskonzept.

Hand in Hand damit verlief der Prozess einer „Ästhetisierung der Religion": Religion findet sich heute in einer Gesellschaft vor, die Überfluss an Erlebnisangeboten hat. In den 50er Jahren waren kirchliche Veranstaltungen etwas ganz Besonderes, hoben sich heraus gegenüber der mit Erwerbsarbeit gefüllten Zeit, bei wenig qualitativer und quantitativer Konkurrenz. Abgesehen von Großstädten herrschte im Vergleich mit heute ein Mangel an öffentlicher Kultur. Wen gab es sonst noch, der ein Konzert auf die Beine stellte, Bildung für viele anbot, Freizeiten organisierte? Heute sind kirchliche Veranstaltungen *ein* Freizeitangebot neben den kommerziellen Konzertagenturen, kommunalen Bildungsangeboten und dem Reisemarkt.

Nicht nur die Anzahl der Alternativen hat zugenommen, sondern vor allem auch deren Professionalität. Ein Kindergottesdienst am Sonntagmorgen muss sich gegen das Spannungs- und Bilderangebot von unzähligen Fernsehprogrammen durchsetzen. Die Sommerjugendfreizeit mit der Fahrradtour zum kirchlichen Zeltplatz in fünfzig km Entfernung steht in Konkurrenz mit Unterwassertauchen im Indischen Ozean, angeboten durch das örtliche Sportgeschäft, und dem Kurztrip zur Love Parade. Religion wird nun zu einem Kulturanbieter neben anderen. Sie wird auch tendenziell in gleicher Weise verarbeitet wie viele andere Erlebnisse: als Gegenstand der Wahl, des Geschmacks. Der Erlebnisreiz spielt dabei eine immer größere Rolle: Was bietet sich hier Neues, Besonderes? Dieses Kriterium ist übrigens nicht nur für jüngere Menschen wichtig: heute wollen viele Ältere, auch Hochkulturelle, eine spannende Inszenierung im Theater oder in der Oper erleben. Sie mögen oft den Reiz des Veränderten, des Gewagten.

In Sachen des Inhalts sind die Menschen dabei viel weniger als früher auf eine bestimmte Konfession oder Religion festgelegt, dafür darf das Angebot auf jeden Fall nicht langweilig und dilettantisch dargeboten sein. Die Bereitschaft zu schnellerem Konsumieren, bei Nichtgefallen zur Wahl von Anderem hat sich erhöht. Wenn mir eine Pfarrerin oder ein Pfarrer nicht gefällt, suche ich mir einen anderen. Wenn mir ein Gottesdienst nicht gefällt, gehe ich da auch nicht mehr hin. Wenn mir die Kirche nicht gefällt, trete ich eben aus. Einen ästhetisch-dilettantischen Gottesdienst, einen langweiligen Vortrag, eine ihren Erlebnisvorlieben nicht ansprechende Gemeinde lassen sich die Menschen nicht mehr gefallen.

Was die Menschen der unterschiedlichen Milieus jedoch suchen, lässt sich beschreiben in einem gezielten Blick auf die unterschiedlichen aktuellen Erlebnisvorlieben der Milieus. Sie waren bereits in den spezifischen Freizeitbeschäftigungen sichtbar (III.7) und sollen hier ergänzt werden durch Aussagen über den *Musikgeschmack* und darüber, wie die individuellen Vorlieben in diesen Bereichen grundsätzlich mit dem kirchlichen Angebot, vor allem dem Gottesdienst, in Verbindung stehen. Aus den Milieucharakteristiken wissen wir bereits, dass klassische Musik besonders unter den Hochkulturellen und den Kritischen

Milieus und kirchliche Praxis

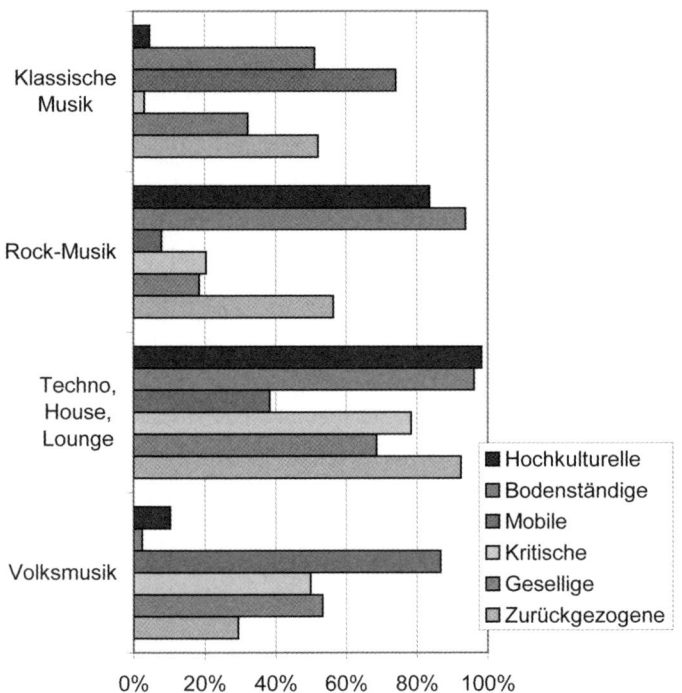

Abbildung 18: Welche Musik die Milieus nur ungern hören
Der Abbildung liegen die Daten der EKD-Studie zugrunde. Hier ist in Prozent dargestellt, wie groß der Anteil der Kirchenmitglieder eines Milieus ist, die angeben, die jeweilige Musik „überhaupt nicht gern" zu hören mit einem Wert von 1 oder 2 auf einer siebenstufigen Skala von 1= „überhaupt nicht gern" bis 7= „sehr gern".

Freunde findet, Rockmusik eher bei den Mobilen, Geselligen und Kritischen, Volksmusik dagegen vor allem bei den Bodenständigen und häufig unter den Zurückgezogenen. Wir haben hier den umgekehrten Weg beschritten und nach den Abstoßungseffekten gefragt, also danach, welche Musik die Menschen aus den unterschiedlichen Milieus ausgesprochen ungern hören. Jetzt wird sichtbar, wo tatsächliche Trennlinien verlaufen (Abbildung 18).

Das eindrücklichste Ergebnis dieses Vergleichs: Die Abneigungen der Milieus gegenüber verschiedenen Musikrichtungen sind nicht nur sehr stark. Sie sind derart gegenläufig, dass es auf den ersten Blick unmöglich scheint, überhaupt einen Musikstil auszumachen, der nicht sofort heftige Abneigungen in einem der Milieus hervorruft. Tatsächlich sind in der Graphik die extrem bewerteten Musikstile miteinander verglichen: Rockmusik und erst recht die Techno- und House-Musik rufen im Milieu der Bodenständigen, Hochkulturellen und Zurückgezogenen mehr Kritiker auf den Plan, als das bei der sanfteren Popmusik der Fall ist.

Die heftige Abneigung gegenüber der Popmusik fällt je nach Milieu zwischen 10 und 20% geringer aus als beim Rock (ohne Abbildung). Mit der gleichen Logik findet die Oper im Vergleich zur klassischen Musik deutlich mehr Gegner – selbst unter den Hochkulturellen und Kritischen, der deutsche Schlager ist für viele Feinde der Volksmusik wieder erträglich – für die Jugend wegen seines Kultcharakters, für andere wegen seiner Nähe zum Folk (ohne Abbildung).

8.2 Musik in der Kirche

Trotz dieser mildernden Perspektiven muss man festhalten: Im Bereich der Musik zeigt es sich so krass wie sonst nirgends – und mit Blick auf die kirchliche Arbeit gibt es keine anderen derartig dramatischen Erkenntnisse über *Abstoßungseffekte* in der Kirche: Was die einen mögen, können die anderen nicht leiden, was die einen schätzen, können die anderen kaum ertragen. Selbst die normalerweise breit interessierten Kritischen und Geselligen lehnen zu 50% volkstümliche Musik ab. Wer aber Volksmusik mag, also die Bodenständigen, viele Hochkulturelle und etliche Zurückgezogene, kann wiederum andere Musikrichtungen kaum ertragen – mit Ausnahme der Hochkulturellen, die für klassische Musik offen sind, nicht aber für die verschiedenen Richtungen moderner Musik.

Dass klassische Kirchenmusik hoch selektiv ist, also nur einen kleinen Teil der Kirchenmitglieder anspricht, ist bekannt. Wer dort nicht hingeht, hat in der Regel nicht nur keinen Zugang zu milieuspezifischen Veranstaltungsformen wie Chorsingen (mit verbindlicher Gemeinschaft und oft gewissen fachlichen Ansprüchen) oder Konzerten (mit Stillsitzen ohne Beteiligungsmöglichkeit im festgefügten Rahmen). Solche Menschen können die klassische Musik ganz grundsätzlich nicht leiden. Was sie umgekehrt bevorzugen, hat nicht nur wenig Verbindung zur Kirche und ihrer Tradition, sondern findet auch nur selten Orte für Aufführungen. Wer es merkwürdig findet, dass in einer Kirche zum Jugendkonzert Kabel verlegt und kräftige Verstärker angeschlossen werden, hat noch ein anderes, viel tiefer gehendes Problem: Er empfindet das, was dort vor sich geht, meistens als klangliche Zumutung, als Krach. Selbst bei vollem Bewusstsein dessen, dass die Jugend nun mal andere Musik liebt als man selbst und ein Recht hat, „ihre" Musik auch in der Kirche zu bekommen, fällt es schwer, etwa als Kirchenvorstand, so ganz und gar gegen das eigene Stilempfinden zu entscheiden. Dennoch haben gerade die Hochkulturellen, beseelt vom Wunsch, Menschen mit unterschiedlichen Vorlieben in der Kirche mit Musik zu erreichen, dafür gesorgt, dass Popularmusik in die kirchenmusikalische Ausbildung aufgenommen wurde.

Umgekehrt haben wir nach *integrativen Musikstilen gefragt*. In einer empirischen Studie an der Universität Bonn wurden Menschen danach gefragt, welche Musik sie bevorzugen – speziell auf den Gottesdienst bezogen. Zunächst liefert diese Studie viele erwartbare Ergebnisse: Freunde des traditionellen Sonntagsgottesdienstes oder der liturgischen Andacht schätzen eine klassische kirchenmusikalische Gestaltung des Gottesdienstes, vor allem das Orgelspiel und den Kirchenchor sowie – weniger stark – den Posaunenchor. Sie schätzen es weniger, wenn die Pfarrerin zur Gitarre greift oder eine Band spielt. Sie mögen Jazz, Gospelchor oder Kinderchor nicht besonders gern. Wer aber Familiengottesdienste schätzt, betrachtet Kinder- und Gospelchor positiver – insgesamt aber nicht positiver als das Orgelspiel oder den Kirchenchor. Hier handelt es sich offenbar um eine Zielgruppe, die nicht wegen der Musik einen Gottesdienst besucht, ebenso wenig wegen der Musik fern bleiben würde. Gitarrenbegleitung und Band finden überhaupt nur bei den Anhängern von Jugend- und Kindergottesdiensten und ansatzweise im Familiengottesdienst Wertschätzung.

In dieser Studie wird jedoch sichtbar: *Musik im Gottesdienst* hat deutlich schwächere Abstoßungseffekte als Musik im Freizeitbereich. Möglicherweise liegt das daran, dass der Besuch eines Gottesdienstes auf mehrere Erlebnisebenen ausgerichtet ist, so dass die Musik selten ein entscheidender Faktor ist. Es lassen sich zwar die beschriebenen Abstoßungseffekte nachvollziehen, sie bewegen sich aber im Bereich des Akzeptablen. Sowohl die Orgel als auch Chöre – vor allem Kinderchöre – haben kaum echte Feinde. Man würde sich diese Musik vielleicht nicht aussuchen, empfindet aber keine starke Abneigung. Offenbar ist Kirche hier, zumindest mit ihrem Angebot „Gottesdienst", recht unspezifisch und für alle Milieus mehr oder weniger zugänglich. Echte Unverträglichkeiten, zum Beispiel die Abneigung gegenüber Gospel, Pop oder Jazz, wie sie bei den Liebhabern der klassischen Kirchenmusik zu finden ist, sind für die Kirche „ungefährlich": Sie sind eine Abneigung solcher Menschen, die sehr kirchenverbunden sind, eher traditionelle Sonntagsgottesdienste besuchen und gewiss nicht austreten.

Solche Abstoßungseffekte sind darum eher theoretischer Natur: Hochkulturelle gehen selten zum Gospel- oder Jugendgottesdienst, wie sie auch selten zum Popkonzert gehen. Und wenn ein Gottesdienst vor allem klassische musikalische Elemente umfasst, ist das für Menschen mit abweichendem Musikgeschmack meist kein Problem: Orgel ist das Instrument der Kirche. Es wird erwartet, in diesem Kontext geschätzt und im schlimmsten Fall in Kauf genommen.

8.3 Kunst und Musik – trennend oder verbindend?

Musik im Gottesdienst, vermutlich ebenso Elemente der Kunst wie kurze Lesungen, Bildbetrachtungen etc., haben ihre Chancen, dem Stilempfinden der Milieus zu entsprechen. Dies ist wichtig bei speziellen Gottesdiensten zu familiären Anlässen, bei Hochzeiten, Taufen oder Konfirmationen. Wo ein Gottesdienst aber Zielgruppen-unspezifisch stattfindet, trägt die Musik, soweit sie sich im Rahmen traditioneller Kirchenmusik (Orgel, Kirchenchor) bewegt und damit der verbreiteten Vorstellung von Gottesdienst entspricht, weit weniger zu Abstoßungseffekten bei als andere Dimensionen des Gottesdienstes: die „Inszenierung", die Sprache oder die Kommunikationsform (siehe Abschnitt III.1).

Dagegen dürften dort, wo Kirche im *Miteinander in der Gemeinde* erfahrbar wird, die geschmacklichen Unterschiede gegenüber Musik und Kunst sehr viel stärkere Folgen haben. Ob beim Gemeindefest der Posaunenchor spielt, der Gospelchor singt oder die Jugendrockband ihren Auftritt hat, kann durchaus entscheidend dafür sein, ob Menschen der verschiedenen Milieus sich von solchen Veranstaltungen angesprochen fühlen. Hier kann Musik ein Schlüssel sein – oder ein Signal dafür, dass man hier am falschen Ort ist.

Gleichzeitig können anhand der Milieuperspektive die unterschiedlichen Beteiligungswünsche der Menschen ernst genommen werden – auch oder gerade in Bezug auf Kunst und Musik. Vermutlich ist es weniger entscheidend, welche Musikgruppe auf dem Gemeindefest zum Auftritt kommt. Wichtiger dürfte es sein, welche Verbindung die Besucherinnen und Besucher des Festes zur Musik bekommen: Kennen sie die Menschen, die dort singen oder spielen? Dürfen sie Stücke aussuchen oder mitsingen? Hat die Darbietung einen Unterhaltungswert – über den künstlerischen Wert hinaus? Ähnliches gilt für Ausstellungen oder Kunst in Kirche und Gemeindehaus: Ermöglichen sie es, selbst mit dem Gezeigten in Kontakt zu treten? Darf man teilnehmen, Ideen aufschreiben, mitgestalten oder künftige Aktionen mit planen? Erlebt man „bloße Kunst", die man bestaunen und verstehen kann? Oder erlebt man Menschen, die Künstlerin in ihrem Tun, den Künstler bei der Arbeit, das Entstehen und Vergehen eines Werks, die Kommunikation zwischen Künstler, Thema und Betrachterin?

Auf diese Weise scheinen die Grenzen zwischen Milieus am leichtesten aufzuheben: Wenn es die Möglichkeit gibt, selbst einbezogen zu sein, entpuppen sich Menschen aus den eher kulturfernen Milieus als begeisterungsfähig. Wo Kunstschätze in einer Gruft bei nächtlicher Führung mit Taschenlampe zu entdecken sind, begeistern sich selbst Jugendliche für die „toten Gegenstände". Möglicherweise ist dieser Bereich kirchlicher Arbeit derjenige mit der höchsten Integrationskraft: Hier kommt es vor allem darauf an, die Vorlieben der Milieus zu kennen und damit entsprechend zu arbeiten (vgl. Tabelle 4 im Anhang).

Weiterführende Fragen

Wie lässt sich die Tatsache nutzen, dass im Bezug auf den Gottesdienst offenbar geringere Abstoßungseffekte wirken als bei anderen kirchlichen Angeboten?

Welche Milieus ziehen die musikalischen/kulturellen Angebote meiner Gemeinde/kirchlichen Einrichtung an, welche stoßen sie ab?

Gibt es Möglichkeiten der musikalischen Ausgestaltung von Gottesdiensten, die kein Milieu von vornherein abstoßen?

Wie könnte angesichts der starken Differenzen und Abstoßungseffekte zwischen den Milieus gerade im ästhetischen Bereich eine Kooperation mit anderen Gemeinden/kirchlichen Einrichtungen in meiner Region aussehen, so dass jedes Milieu einen kirchlichen Raum findet, der den eigenen Vorlieben entspricht?

9. Citykirchen, Eintrittsstellen und die gute Gelegenheit

Es gibt viele Möglichkeiten, mit der Kirche in Kontakt zu kommen. Da ist der Bereich kirchlicher Angebote: Gottesdienste, Gemeindeleben, Gruppen, Kreise und Veranstaltungen. Wir wissen: Um solche Angebote zu nutzen, bedarf es entweder bestimmter Gewohnheiten, einer gewissen Vertrautheit mit der Gemeinde oder eines konkreten Anlasses. Aber Kirche ist noch auf einem weiteren Weg erreichbar und attraktiv: Sie verfügt über Räume, über Orte, die Menschen anregen, sich einmal wieder Zeit zu nehmen, sich zu besinnen, sich etwas Gutes zu tun. Die Bedürfnisse sind hier sehr verschieden – und zwar quer durch die Milieus. Das folgende Zitat stammt aus einer Gruppendiskussion mit jungen Frauen im Alter von Anfang dreißig, die im ländlichen Bereich wohnen und zu den Geselligen zu zählen sind. Die Frauen sind sich nicht einig darüber, ob Kirche vor allem in der religiösen Gemeinschaft ihren Sinn hat, etwa im Gottesdienst, oder ob sie eher mit ihrem Gebäude, als „stiller Raum", wichtig wird, in dem man sich besinnen kann:

Wie jüngere Gesellige über kirchliche Orte sprechen

Gunda: Also ich mein, ist alles gut mit Familiengottesdienst sonntags morgens, aber wenn ich das Bedürfnis habe, in die

> *Kirche zu gehen, dann kommt das bei mir spontan. Und wenn dieser Moment da ist, ist unsere Kirche zugeschlossen. Und das gefällt mir nicht. Ich meine, gut, mit Vandalismus alles gut und schön, aber ich möchte dann in die Kirche gehen können, wenn mir der Moment grad danach ist, und nicht, wenn es mir die Kirche vorschreibt. Und wenn ich jetzt so Urlaub gemacht hab, in Bayern unten, da sind die Kirchen auf, die kleinste Kapelle ist auf. Mein Mann erklärt mich schon für verrückt, weil ich da in fast jede reingegangen bin, und hab mich da erst mal für zehn Minuten hingesetzt. Und wenn ich jetzt zum Beispiel wegen meiner Oma das Gefühl hab, ich müsste mich jetzt da mal 'ne halbe Stunde hinsetzen, kann ich nicht, und das finde ich irgendwie schade.*
>
> Gabi: *Ja, ich wollte sie mir auch mal ansehen, als wir hierher gezogen sind, man kommt nicht rein.*
> Gitta: *Das ist wegen der Diebstähle, ganz einfach.*
> Grit: *Also ich weiß von Leuten, die dann wirklich auf die Pfarrer zugehen. Du kannst da ja hingehen und dir den Schlüssel geben lassen, das ist nicht das Problem. Also ich denk, man muss schon die Initiative ergreifen, also das was einem wichtig ist, in Gang setzen. Dann ist es kein Problem.*
> Gabi: *Aber es kommt drauf an, welche Schwelle man überwinden muss, hier ist es ja anders, das geht weg vom Gottesdienst, mehr Kirche als stillen Raum.*
> Gunda: *Ich mein, ich möchte da jetzt vielleicht allein sitzen, wo kein Pastor redet, wo kein Mensch da ist, wo ich nur alleine da sitze und halt meine Gedanken machen kann. Das wäre für mich jetzt wichtiger, als wenn da noch die halbe Gemeinde um mich rum sitzen würde.*
> Grit: *Obwohl, ich muss sagen, für mich ist die Kirche ein Ort der Gemeinschaft. Ich seh das auch so im Glauben, dass da die Gemeinschaft gewünscht ist und auch angebracht ist, dass das nicht ein Alleinakt von uns Menschen ist.*
> *(VBV: „Nüchtern-Pragmatische")*

Die geistliche Chance von Kirchengebäuden – zunächst ganz losgelöst von Gottesdienst, Orgelspiel und Kunstschätzen – wird zunehmend von Gemeinden erkannt und bewusst genutzt, besonders im städtischen Lebensraum. Das Wissen um die „Schwelle", um das Problem der verschlossenen Kirchen, aber auch um die Problematik der „Angebotsform" führt dazu, dass sich Citykirchen etablieren und oft mit erheblichem finanziellem Aufwand betrieben werden. Eine Studie der Evangelisch-Theologischen Fakultät der Universität Bonn hat mit einer Befragung in mehreren Gemeinden und einigen, sehr unterschiedlichen Citykirchen-Einrichtungen gezeigt: Citykirchen erreichen – anders als Ortsgemeinden – ebenso viele Männer wie Frauen und überdurchschnittlich viele Singles und Menschen ohne Kinder. Sie sprechen offenbar Menschen aller Alters- und Einkommensgruppen an und – verglichen mit den Ortsgemeinden – ein Vielfaches an Konfessionslosen.

Nun ist dieser Arbeitsbereich der „Kirchen in der Stadt", der Personalgemeinden und Wiedereintrittsstellen ebenfalls ein Bereich, in dem die Frage nach Vorlieben der Milieus nahe liegt. Ohne Zweifel schaffen Citykirchen, was manche Ortsgemeinde nicht leisten kann: Sie bieten punktuelle, unverbindliche Möglichkeiten, mit Kirche und Glauben in Berührung zu kommen, aus dem Alltag herauszutreten und spirituelle Elemente auszuprobieren. Hier können spezielle Interessen im Bereich von Kunst, Musik oder Gottesdienstgestaltung wahrgenommen werden. Darin kommen etliche Milieus mit Sicherheit viel besser auf ihre Kosten, als das in der Ortsgemeinde möglich ist. Allen voran die Milieus mit geringem Interesse an Geselligkeit (Mobile, Kritische und Zurückgezogene), die Milieus mit einem speziellen Interesse an personenzentriertem, experimentellen oder auch besonders unverbindlichen Arbeiten in der Kirche (Mobile, Kritische, Gesellige) und die Milieus mit einem besonderen Interesse an Architektur, Kunst, Liturgie und Musik (Hochkulturelle und Kritische).

Neben den mit der Kirche hoch Verbundenen, die in einer Citykirche ihre Beteiligung am kirchlichen Leben weiter steigern oder für sich optimal gestalten können, zählen hier wie sonst wohl kaum die so genannten kirchenfernen Mitglieder und ebenso die Konfessionslosen zur typischen Besucherschaft. Niemand wird bezweifeln, dass Citykirchen hier eine erhebliche Leistung erbringen, indem sie niedrigschwellige Zugänge eröffnen und ungewöhnliche Kontaktpunkte schaffen. Nimmt man noch einmal die bisher beschriebenen Dimensionen der Vorlieben und Abneigungen der Milieus in den Blick, ließen sich nun ausgiebig typische Angebotsformen der Citykirchen zusammenstellen, sortiert nach den sechs Milieus (vgl. Tabelle 6 im Anhang).

Gleichzeitig stellt sich aber bei den Citykirchen stärker als in anderen Arbeitsbereichen die Frage, welchen Sinn die Milieuperspektive hier bekommt: Geht es darum, die Arbeit gezielt auf bestimmte Milieus auszurichten und für diese die heiklen Abstoßungseffekte der Ortsgemeinde zu vermeiden? Oder geht es darum, einen Ort zur Verfügung zu stellen, zu dem alle kommen können und dort etwas nach ihrem Geschmack finden? Zunächst tut Kirche ja nichts anderes, als Räume zu öffnen und zu gestalten, die bereits vorhanden sind und die offenbar viele Menschen ansprechen. An prominenten Orten, wo *berühmte Kirchengebäude* eine wichtige Rolle für eine Stadt und ihre Geschichte spielen, braucht man gar nicht gesondert einzuladen: am Berliner oder Kölner Dom, in der Gedächtniskirche in Berlin, der Nikolaikirche in Leipzig oder der Frauenkirche in Dresden. Das „Programm" einer solchen Kirche nun milieuspezifisch ausbauen zu wollen, scheint wenig sinnvoll.

Hier geht es jetzt darum, auf das einzugehen, was die Menschen bewegt, die in eine solche Kirche kommen. Jetzt ist es ausgesprochen nützlich, die Perspektive der Milieus einzunehmen und zu unterscheiden, was für die einen und die anderen der Mehrwert einer Citykirche ist. Es geht darum, die Dimensionen der Vorlieben zu erkennen und darauf sensibel zu reagieren: Die einen wollen den Raum erleben, eindrucksvolle Orgelmusik hören, andere wollen Kunstschätze bewundern. Dritte schauen aus größerer Distanz, sie möchten erst einmal die wichtigsten Dinge erfahren: Woran glauben Christen, was kann man in einer Kirche tun, was ist ein Altar oder ein Taufbecken?

Daneben gibt es eine ganz andere Art der „Kirche in der Stadt". Auch jenseits der prominenten Orte *öffnen Kirchen ihre Türen*, die zentral oder idyllisch gelegen sind: die Stadtkirche am Markt, die Kapelle auf einer Anhöhe, eine mittelalterliche Kirche mitten in der Fußgängerzone. Man spürt: Hier gibt es einen Bedarf der Menschen, die sich an solchen Plätzen aufhalten. Es ist ein Bedarf an Ruhe oder Anregung, an Gesprächsmöglichkeiten oder Erlebnissen außerhalb der üblichen Alltags. Manchmal geht

Kirche noch einen Schritt weiter in die Offensive, mietet *Ladenlokale* oder präsentiert sich anderweitig und schafft damit Kontaktflächen zu Menschen, die sich nicht um einen Kontakt zur Ortsgemeinde bemühen würden, aber die durchaus einmal hereinschauen, wenn Kirche an ihrem Weg liegt.

Bisher sind viele Gemeinden, Kirchenkreise oder Landeskirchen eher intuitiv mit ihren Beständen und den Erwartungen der verschiedenen Kirchenmitglieder umgegangen: Die Kirchen waren da, ihre Öffnung schien angebracht. Zugleich spürte man, dass es Interessen gibt, die möglicherweise leichter jenseits der Ortsgemeinde zu befriedigen sind, ganz abgesehen davon, dass viele Mitarbeitende sich wünschen, stärker mit den Menschen und ihrem Alltag in Kontakt zu kommen, selbst neue Anstöße zu erhalten und auf diese Weise mehr Bewegung in die vertraute Arbeit zu bringen. In einer Bestandsaufnahme zeigen wir anhand von tatsächlich existierenden, sehr verschiedenen Citykirchen, wie die Milieus diese Arbeit im positiven Sinn wahrnehmen und nutzen können. Hieraus lässt sich sehen, wie Citykirchen bereits durch ihre jeweiligen Konzepte eine milieuspezifische Arbeit machen:

> **Helga** (67) **und Helmut** (70) besuchen einmal im Monat die Gottesdienste im Dom. Sie mögen es, wenn mehrere hundert Menschen im Kirchenschiff sitzen, dann ist es, als ob der Gesang einen forttrüge. So stellen sie sich Kirche vor: eine starke gesellschaftliche Kraft, die ihre Überzeugung eindrucksvoll inszeniert. Hier hat die gesungene Liturgie noch ihren Sinn, das Abendmahl ist eine würdige Angelegenheit, kein vertrauliches Weiterreichen von Toastbrot. Es predigen Menschen mit Rang und Namen: der Bischof, Professoren der theologischen Fakultät, die akademisch ausgewiesene Dompredigerin oder interessante Gäste. Diese Leute haben etwas zu sagen, ihre Rede ist anspruchsvoll. Die Kirchenmusik hat ein hohes Niveau, ein Gottesdienst ist zugleich ein Orgelkonzert, wenn nicht sogar eine Kantate aufgeführt wird. Helmut und Helga kennen hier kaum jemanden und finden das auch nicht nötig.
>
> **Brigitte** (74) wohnt seit ihrer Jugend in dem kleinen Ort, dessen Kirche erst nach der Wende wieder ordentlich renoviert wurde. Sie mag das alte Kirchgebäude, nicht nur, weil sie damit viele Er-

innerungen verbindet. Sie findet, dass es ihren Tag bereichert, wenn sie sich ab und zu Zeit nimmt, dort ein wenig zu sitzen. Meistens verbindet sie das mit dem Gang zum Friedhof oder dem Besuch bei einer Freundin. Seit zwei Jahren hat sie sich mit anderen Frauen darum bemüht, die Kirche während des Tages offen zu halten. Zuerst waren viele skeptisch, aber jetzt schätzen die meisten im Dorf, dass es da einen ruhigen Ort gibt, wo man seinen Gedanken nachhängen kann.

Manuela (17) hat sich während des Konfirmandenunterrichts in der Gemeinde nicht richtig wohlgefühlt. Danach, in der Jugendgruppe, wurde es anders, vor allem, als eine alte Kirche nahe dem Stadtzentrum zur Jugendkirche umgewandelt wurde: Sie ist tagsüber offen, es gibt ein „Café Untergrund" im Raum neben der Krypta, es ist immer jemand da. Manuela muss jetzt mehr als früher für die Schule tun, aber sie kommt mehrmals in der Woche vorbei. Sie zündet manchmal eine Kerze an, sie merkt, dass es ihr gut tut, einen „heiligen Ort" zu wissen, an dem ihr keiner etwas anhaben kann, an dem die Welt sie in Ruhe lässt.

Kerstin (52) war vor über dreißig Jahren aus der Kirche ausgetreten. Sie fand damals alles so eng, moralisch und einfach unglaubwürdig. Sie konnte gut leben, ohne dass ihr jemand erklärte, was gut und böse ist. Als sie älter wurde und in eine größere Stadt gezogen war, wünschte sie sich Möglichkeiten, mit anderen über Sinnfragen ins Gespräch zu kommen. Kerstin besuchte Meditationskurse und esoterische Gruppen, fand das aber zu abgehoben. Dann eröffnete auf dem Marktplatz neben dem Dom ein Kirchenladen, die Tür stand offen. Kerstin schaute rein und kam mit der Pfarrerin ins Gespräch. Es gab dort Informationen über verschiedene Gemeinden und Angebote. Für Menschen in ihrem Alter war es natürlich nicht so einfach. Aber es war gut, einmal mit jemandem zu reden, auch über ihre Erfahrungen mit der Kirche damals. Kerstin besucht manchmal Diskussionsabende im Kirchenladen.

Gert (48) war im letzten Jahr mit dem Kegelverein in Berlin und hatte bei einer Stadtrundfahrt den Dom besichtigt. Er war seit Jahren nicht mehr in der Kirche gewesen und fand es zunächst albern, sich mitten im Gewühl der Stadt in die Kirchenbank zu drücken, Orgelmusik und eine Ansprache der Pfarrerin zu hören und ein Vaterunser zu sprechen. Aber dann war er beim nächsten Einkaufs-Samstag auch mal zu Hause in die geöffnete Marktkirche gegangen. Er fand es gut, eine Kerze anzuzünden für seine Toch-

> ter, die gerade ein Praktikum in Afrika angefangen hatte. Diese Idee war ihm von Anfang an nicht geheuer gewesen, und die Vorstellung, dass noch ein anderer auf sie aufpasst und zur Stelle ist, tat ihm gut. Vielleicht, dachte er, ist das mehr ein Aberglaube, aber das brauchte er ja mit keinem zu diskutieren.
>
> **Rolf** (50) besucht alle vier Wochen seine Mutter, die im psychiatrischen Landeskrankenhaus in der nahen Kleinstadt untergebracht ist. Er fährt mit dem Zug und bummelt dann hinterher noch etwas durch die Fußgängerzone. Die ganze Situation nimmt ihn sehr mit, ihm ist nicht nach Einkaufen zumute, aber allein sein möchte er auch nicht. Vor einigen Monaten hat er das Kirchencafé entdeckt. Eigentlich ist es mehr ein Ladenlokal mit ein paar Tischen drin. Es gibt Getränke zum Selbstkostenpreis, man kann die Zeitung lesen, Musik hören und mit jemandem reden, wenn man das möchte. Beim ersten Mal kam eine Mitarbeiterin auf ihn zu, Rolf hat sich eine Weile mit ihr unterhalten. Er musste nicht lang und breit erzählen, was los war, aber er konnte ein bisschen reden, das tat gut. Eine Art Insel in der Stadt.

Citykirchen haben ihre Stärke dort, wo Menschen sich nach punktuellen Kontakten sehnen, nach unverbindlichem Dabeisein, nach flüchtigen Bekanntschaften. Dieses Bedürfnis teilen auch Menschen, die ansonsten vor allem hoch verbindliche, langfristige und intensive Kontakte pflegen, in der Familie, im Freundeskreis oder auch im Beruf. Citykirchen bieten gerade deshalb wichtige, niedrigschwellige Zugangsmöglichkeiten zur Kirche, weil viele Menschen fürchten, in der Kirche, ebenso wie sonst auch im Leben, völlig vereinnahmt zu werden, in Gruppen integriert oder für Initiativen verantwortlich gemacht.

Vor allem im Bereich des Glaubens ist eine solche *Unverbindlichkeit* wichtig: Zumeist sind es nur die Hochkulturellen und Bodenständigen, die traditionellen Formulierungen für den christlichen Glauben zustimmen. Die anderen sind sich häufig nicht so sicher, was sie glauben sollen. Sie formulieren oft vage und unbestimmt, nähern sich vorsichtig an. Es gibt aber üblicherweise in Ortsgemeinden wenig Wege der Annäherung, es sei denn, man meldet sich offiziell zum Taufunterreicht oder zum „Glaubenskurs für Zweifler" an. Die meisten Menschen gehen davon aus, dass sich in der Kirche die Glaubenden versammeln und dass einen Bibelkreis nur die besuchen sollten, die schon davon überzeugt sind, in der Bibel eine Richtschnur fürs Leben zu finden. Selbst unter den Kritischen, die Zweifel und Suche oft positiv deuten als wichtige Schritte in der Persönlichkeitsentwicklung, mögen sich die wenigsten (kirchen-) öffentlich als Zweifelnde oder Unwissende zeigen. Viel wichtiger: Das Interesse an religiösen Fragen oder zurückhaltender: die Idee, dass solche Fragen einen interessieren könnten, ist bei den meisten Menschen sehr schwach. Solches latente Interesse braucht Orte, an denen es entdeckt und entwickelt werden kann.

Einige Angebote, die besonders in Citykirchen ihren Platz haben, sind darum einerseits besonders niedrigschwellig konzipiert, andererseits bewusst milieuübergreifend und mehrdimensional gestaltet. Eine Thomasmesse beispielsweise ist meist speziell für Kirchenferne oder Menschen in Halbdistanz gestaltet, die nach einem geeigneten Zugang zu Religion und Glaube suchen. Sie enthält Möglichkeiten zur intellektuellen Auseinandersetzung mit Glaubensthemen, Anteile sinnlicher Erfahrung, spirituelle Angebote sowie traditionelle Formen. Zuweilen bieten sich hier individualisierte Gelegenheiten, aus denen die Teilnehmenden dann auswählen können, wie etwa die Beichte, Segnung oder Salbung innerhalb des Gottesdienstes. Man kann teilnehmen oder nach Bedarf einfach nur in der Kirchenbank sitzen und Musik hören.

So ist das Resultat der Analyse im Bereich der Citykirchen ein doppeltes: Citykirchen, offene Kirchen, Läden, Cafés und Wiedereintrittsstellen verdienen unter anderem deshalb Unterstützung, weil sie in gewissem Sinn für alle Milieus bedeutsam sind und sehr verschiedene Bedürfnisse erfüllen, die an anderen Orten nicht in der Form erfüllt werden können. Darüber hinaus ist nicht zu übersehen, dass die allermeisten Citykirchen sich mit ihren Arbeitsschwerpunkten an die Milieus richten, aus denen die meisten Pfarrerinnen und Pfarrer selbst stammen: an Hochkulturelle und Kritische.

Mit Ausnahme von solchen Einrichtungen, die speziell eine diakonische oder seelsorgerliche Arbeit in den Mittelpunkt stellen oder sich um Jugendliche bemühen, ist die Arbeit von Citykirchen vor allem Menschen plausibel, die bereits einen Zugang zu Architektur, Kunst oder spirituellen Elementen haben. Sie wissen bereits, was ein Kirchengebäude „mit ihnen macht", und nutzen es bewusst. Sie fühlen sich angesprochen, wenn etwa die St. Petri-Kirche in Dortmund im Internet schreibt, die Kirche sei „durch ihre spezifische, hier und dort unberechenbare, hallige Akustik ein spannender Klangraum". Sie schätzen den Kontrast von heiligem Raum und weltlichem Theater und wünschen sich, dass Kirche in diesem Sinn mehr Mut zum Experiment zeigt. Den Akteurinnen und Akteuren der Citykirchen ist darum zu wünschen, dass sie über die Milieugrenzen hinweg arbeiten und, wenn sich der Kegelverein in die Mittagsandacht der offenen Marktkirche „verirrt", in der Ansprache die frohe Botschaft in mehreren Sprachen zu hören ist.

Weiterführende Fragen

Welche Chancen für milieuspezifische Arbeit bieten die Räumlichkeiten meiner Gemeinde/meiner Einrichtung? Mit welchen Konzepten lassen sie sich am Besten nutzen?

Wo finden sich in meiner Region Orte, die eine günstige Gelegenheit schaffen? Für welche Milieus sind sie besonders interessant? Mit welchen Konzepten arbeiten sie oder könnten sie arbeiten, um für diese Milieus einladend zu sein?

Inwiefern berücksichtigen kirchliche Orte, die vor allem milieuspezifisch arbeiten, auch die Bedürfnisse der Menschen aus anderen Milieus?

10. Konfessionslose, Ausgetretene und die Wiederkehr der Religion

Jedes Milieu findet auf seine Weise Zugang zum kirchlichen Handeln und zu Elementen der Verkündigung – sofern die Menschen grundsätzlich auf religiöse Fragen und gesellige oder ästhetische Erscheinungsformen von Kirche und Gemeinde ansprechbar sind. Von hier ist es ein kurzer Weg zu einer anderen Frage, die uns sehr bewegt: Welche Chancen hat eine Kirche in Zukunft in ihrer Arbeit mit Menschen, die mit der traditionsbewahrenden Funktion der Kirche wenig anfangen können oder auf die weder kirchliche Bildungsangebote noch das gemeinschaftliche Miteinander einen Reiz ausüben? Diese Frage führt in vielem über das hinaus, was den besonderen Aspekt der Milieus betrifft, aber wir halten es für wichtig zu bedenken, was man aus der Milieuperspektive über Kirchendistanz und Konfessionslosigkeit sagen kann.

Anders als in den anderen Kapiteln fragen wir hier nicht danach, was die Perspektive der Menschen unterschiedlicher Milieus auf konkrete Arbeitsbereiche sind. Wir fassen statt dessen in allgemeiner Form zusammen, wo es *Anknüpfungspunkte* geben könnte für diejenigen, die nicht Mitglied der Kirche sind. Dabei lässt sich zunächst einiges aus den Beobachtungen der anderen Kapitel lernen: Ob jemand Kirchenmitglied ist oder nicht – vieles von dem, was Kirche macht, ist für viele Menschen reizvoll, vor allem auf der Ebene der kulturellen Arbeit, der Bildungsarbeit, der Arbeit an der eigenen Persönlichkeit, im Miteinander in einer Gruppe oder in Fragen des Sinnlichen und Ästhetischen.

Man muss jedoch ehrlich bemerken, dass einen solchen Reiz kirchlicher Arbeit oft vor allem solche Menschen empfinden, die bereits etwas über Kirche und Religion wissen und idealerweise eigene Erfahrungen damit verknüpfen. *Ausgetretene*, die früher einmal eine Verbindung zur Kirche hatten, reagieren oft deutlich positiver und interessierter als Menschen, bei denen das nicht der Fall ist, die beispielsweise nie einer Religionsgemeinschaft angehört haben und *immer schon konfessionslos* waren. Die biographische Distanz zu Kirche und Religion wirkt sich enorm stark aus. Noch etwas drastischer ausgedrückt: Wer nie eigene Erfahrungen mit Religion und Kirche gemacht hat und keine Vorstellung davon besitzt, was diese für das eigene Leben bedeuten könnten, der hat in der Regel kaum Bezug zur kirchlichen Arbeit, auch wenn er viele einzelne Aspekte der Kirche durchaus schätzt. So gelten nahezu alle Erkenntnisse darüber, was Menschen der unterschiedlichen Milieus an der Kirche anspricht, ebenso gut für Mitglieder wie für Menschen, die ausgetreten sind, aber dennoch durch ihre Erfahrungen eine gewisse Nähe zur Kirche behalten haben. Unter dieser Voraussetzung kommen viele Attraktionen der Kirche auch für kirchenferne Menschen der verschiedenen Milieus zur Geltung. Hier haben dann vor allem Citykirchen und Wiedereintrittsstellen ihren Sinn. Hier sind dann Kirchen und Gemeinden selbstverständlich Partnerinnen in sozialen Projekten und kulturellen Angelegenheiten. Auch die repräsentative Funktion von Pfarrerinnen und Pfarrern hat noch eine gewisse Relevanz.

Vor allem in den neuen Bundesländern, aber eben zunehmend auch in den alten, muss sich die Kirche damit auseinandersetzen, dass Menschen nur wenige oder keine Erwartungen an Kirche haben, auch nicht in sozialer oder kultureller Hinsicht. Hier wird deutlich: Auch wenn es derzeit eine „Rückkehr der Religion" geben mag – sie wird keine Rückkehr der Kirchlichkeit sein. Die Kirche muss jetzt sehr genau überlegen, welche Bereiche ihrer Arbeit tatsächlich an die Interessen der verschiedenen Milieus anschlussfähig sind und zu welchen Bedingungen. Sie muss klären, wie sie Konfessionslosen ihre Arbeit plausibel macht – diesseits oder jenseits der religiösen Fragen. Wo empirische Studien die Meinungen Konfessionsloser untersucht haben, zeigt sich, wie schwer die Anknüpfung zuweilen fällt.

Die Menschen unterscheiden sich in den Milieus nicht nur darin, was sie an der Kirche schätzen, sondern auch darin, wie sie sich selbst gegenüber der Kirche sehen. *Zurückgezogene* haben beispielsweise schon als Kirchenmitglieder den Eindruck, dass sie nicht Beteiligte oder gar Verantwortliche innerhalb der Kirche sind. Diese Haltung haben sie gegenüber allen größeren Organisationen oder Institutionen, sie empfinden häufig eine große Differenz zwischen dieser (fremden) Welt und ihrer eigenen. Gibt es zu dieser Wahrnehmung nicht die Brücke der Tradition, etwa indem die Zurückgezogenen Kirche als Teil ihrer Tradition erkennen, ist es schwer, eine Verbindung zu schaffen. Kirchliche Arbeit wird dann möglicherweise plausibel in ihrer „Zuwendung zu den Schwachen", zu denen sich die Zurückgezogenen oft selbst rechnen: „Die sollen mal etwas für uns tun!"

Auch die *Geselligen* haben oft einen ausgeprägten Sinn für den Nutzen verschiedener Organisationen oder Institutionen. Kirche erscheint, vor allem den konfessionslosen Geselligen, als Trägerin bestimmter, oft sozialer Angebote. Kirche soll sich kümmern, dazu ist sie ja schließlich da. Sie erscheint als Teil des öffentlichen Lebens – ob man sie mag oder nicht, gehört sie nun mal ins Dorf und ist mögliche Partnerin, wenn es um Projekte für Kinder oder soziale Anliegen geht. Sie ist auch von Nichtmitgliedern oft als Gruppe von Engagierten gesehen, denen gesellschaftliche Fragen, das Zusammenleben und ein fairer, freundlicher Umgang miteinander am Herzen liegt. Was hier bei Konfessionslosen wie eine selbstverständliche Wertschätzung anmutet, kann sich als Anspruchshaltung entpuppen, etwa wo Kirche „wagt", ihre Mitglieder bei der Vergabe von Plätzen für die Jugendfreizeit zu bevorzugen. Dahinter steckt dann ein strukturelles Problem: Weil Konfessionslose, vor allem die Geselligen und Bodenständigen unter ihnen, Kirche als allgemeine, gemeinnützige Institution betrachten, reizt Kirche sie zum Widerspruch, wenn sie sich als „Tendenzbetrieb" zeigt, für den die Botschaft gegenüber den konkreten Handlungen Vorrang hat. Ein Beispiel aus einer Gruppendiskussion mit Geselligen, darunter etliche Konfessionslose, zeigt, welche Dynamiken sich hier finden:

Gesellige über Kirchenmitgliedschaft und Konfessionslosigkeit

Gitta: *Wenn jetzt wirklich welche sagen, ich trete aus. Weil, ob die Glocken läuten bei meiner Beerdigung, oder sie läuten nicht, das hör ich sowieso nicht mehr, von daher ist es mir völlig schnurze, ob ich drin bin. Ich mein, ich bin noch drin.*

Gabi: *Das geht ja generell an dem vorbei, ich bin nicht in der Kirche, und ich arbeite hier, also ehrenamtlich, und jetzt mal angenommen, hier wird 'ne Stelle frei. Und ich bin mir sicher, die finden zum Teil meine Arbeit gut, die ich hier mache.*

Mehrere Frauen aus der Gruppe: *Die nehmen dich aber nicht.*

Gabi: *Und allein das Ding, dass ich nicht in der Kirche bin, und ich finde, das geht völlig am Leben vorbei.*

Gitta: *Aber die werden das noch gar nicht wissen, dass du nicht drin bist.*

Gabi: *Mich hat nie einer gefragt.*

Gunda: *(Berichtet über ihre Mitarbeit als Nicht-Mitglied im Elternbeirat des Spielkreises, die sie gern macht.) Aber ich warte auf den Tag, dass das auffliegt, dass ich eben nicht hier in Bergdorf in der evangelischen Kirche bin, und ich stelle mir vor, dass es dann Menschen gibt, bestimmt nicht alle, aber es gibt Menschen, die dann sagen: Hmmm. (VBV: „Nüchtern-Pragmatische")*

In dieser Gruppe, in der auch die konfessionslosen Frauen einen engen Bezug zur Kirche und ihren Arbeitsbereichen haben, erscheint Kirche als sinnvoll und nützlich. Die Arbeit mit Kindern bietet eine gute pädagogische Versorgung zu günstigen Konditionen und lädt alle ein, sich zu engagieren. Dass die Kirche aber mehr ist und ein Drinnen und Draußen kennt, ist aus der Perspektive dieser Geselligen „am Leben vorbei" gedacht. Was die Kirche tut, kann, wie in diesem Fall, plausibel erscheinen, dennoch wird es für die Frauen nicht attraktiv und schon gar nicht selbstverständlich, Mitglied zu werden. Während sie vermutlich nicht überrascht wären, wenn ihr Sportverein ihnen nach einer Zeit des gemeinsamen Trainings die Mitgliedschaft nahe legte, sind sie bei der Kirche der Meinung, dass auch Nichtmitglieder gleichberechtigt dazugehören sollten. Kirche ist in ihren Augen so etwas wie eine Gruppe der gemeinsam Engagierten. Dieses Miteinander ist auf eine nicht näher bestimmte Weise durchaus „christlich", das wird an anderer Stelle im Gespräch deutlich. Dass Kirche aber ebenso die Dimension einer Organisation hat, die über mehr als ein freundliches Miteinander wacht, ist unangenehm. So hat eine an sich freundlich erscheinende Kirche einen schlechten Beigeschmack. Es gibt hier immer den Verwaltungsapparat jenseits der realen Gemeinschaft. Er folgt einer anderen Logik als der, die den Geselligen vertraut ist.

Hier kann man sagen: Die Nähe, die die Kirche in Form von Ortsgemeinden zu Geselligen entwickelt hat, wirkt sich in vieler Hinsicht hinderlich aus, vor allem dort, wo eine nachbarschaftliche Kirche eben nicht nur gute Nachbarin ist, sondern eine Organisation, in deren „Computer" vermerkt ist, wer dazugehört und wer nicht. Eine theologische Profilierung kann darum gerade bei den Konfessionslosen auf Widerstand stoßen, für die Kirche zunächst so problemlos akzeptabel war.

Die *Kritischen* haben es hier zunächst leichter. Sie wissen, dass Kirche eine Botschaft hat, die letztlich wesentlicher ist als das konkrete Handeln etwa in der Ortsgemeinde. Sie teilen unter Umständen die Wertschätzung der Geselligen für das soziale und pädagogische Engagement einer Gemeinde, aber vor allem konfessionslose Kritische misstrauen der Kirche zugleich: Bei allem allgemein-gesellschaftlichen Engagement, etwa für Kinder, bleibt Kirche dennoch immer ein Tendenzbetrieb und steht unter Ideologieverdacht. Auch wenn man Leistungen der Kirche nutzt, muss man wissen, welche Ziele sie insgesamt hat und inwiefern man mit ihnen übereinstimmt. Darum haben konfessionslose Kritische mit ihrem „Interesse an der Sache" zwar einerseits oft eine größere inhaltliche Distanz zur Kirche, andererseits aber auch größere Chancen, über eine Beteiligung am kirchlichen Leben tatsächlich an ihrer inhaltlichen Arbeit Interesse zu entwickeln.

Der Graphiker aus Erfurt, der in Hamburg ehrenamtlich das Layout des Gemeindebriefs übernahm und nach zwei Jahren in die Kirche eintrat, oder die vor vielen Jahren ausgetretene Lehrerin, die über den Kindergarten wieder Interesse an der biblischen Botschaft bekommen hat und heute im Kirchenvorstand ist, sie sind wahre Beispiele für eine Attraktivität der Kirche gegenüber Konfessionslosen. Solche Geschichten finden sich aber häufiger unter Kritischen als unter Geselligen. Bei ihnen spielt das Interesse an der kulturellen, wertorientierten oder gesellschaftskritischen Arbeit der Kirche, an Ritualen und Dialog, weiterhin eine große Rolle. Wo Kritische aber wenig Interesse haben an derartigen Themen, finden auch sie wenig Anknüpfungspunkte. Wo ihnen eine Religion mit einem gewissen Wahrheitsanspruch suspekt ist, kann Kirche auch mit großer Dialogbereitschaft kaum punkten. Ein Beispiel aus einer Gruppe der globalisierungskritischen Organisation Attac aus dem Rhein-Main-Gebiet soll das verdeutlichen:

Kritische über die Besonderheit der christlichen Religion

Klaus: Ich bin zwar katholisch erzogen, ich glaube nicht, dass ich mein Sozial-, – ich war in vielen Ländern. Es ist überall dasselbe. Kürzlich hatte ich noch ein Erlebnis, in einem islamischen Land bin ich mit einem jungen Mann gegangen und schiebe eine Glasscherbe, die liegen auf dem Gehweg, und ich schieb sie in den Rinnstein, so dass sich keiner drüber stolpert. Da sagt er zu mir, der war so etwa achtzehn, ich sei doch sicher Muslim. Ich sag, wieso? Ja, weil ich etwas tue für jemand anders, ohne dass es mir hilft, und das kann doch nur ein Muslim sein und sonst niemand. Und das zeigt, wie alle Religionen meinen, sie sind besonders die, die sich um den andern kümmern und tatsächlich ist das weltweit überall. (EKD: Attac West)

Obwohl die Mitglieder dieser Gruppe die Überzeugung von religiösen Menschen achten, vor allem dort, wo sie der gesamten Gesellschaft zugute kommt, empfinden sie nicht die Notwendigkeit, sich selbst für eine solche Überzeugung zu entscheiden oder sich überhaupt damit auseinander zu setzen. Es geht um ein menschenfreundliches Verhalten – ob man dies nun über die Bindung an eine Religion entwickelt oder andere Quellen für (sozial-) ethische Maßstäbe heranzieht, ist dabei unerheblich.

Ganz ähnlich lässt sich dies bei den *Mobilen* beobachten. Papst Benedict XVI. hat es im Jahr 2005 zum Weltjugendtag in Köln als erster Kirchenvertreter auf das Mega-Poster der Bravo geschafft. Der Papst ist „kultig", er ist „ein Popstar". Was aber macht seinen Reiz aus? Hier ist das Interesse an medialen Events und einzelnen Persönlichkeiten größer als das Interesse an der Überzeugung oder gar der Erscheinungsweise von Kirche als Ortsgemeinde. Der Papst ist in dieser Wahrnehmung von der Arbeit in einer Ortsgemeinde so weit entfernt wie die Lebenswelt junger Menschen es eben nur sein kann. Wenn dann den nicht religiös sozialisierten Mobilen nicht einmal der Rückgriff auf die „gute alte Tradition" möglich ist (den religiös sozialisierten Mobilen gelingt dies teilweise in einer Mischung aus Scherz, Kult und ernsthaftem Bedürfnis nach Beheimatung), muss die Kirche kreativ werden und ganz neue Arten der Anknüpfung entdecken.

Die *Bodenständigen* haben es wie schon die Zurückgezogenen ungemein schwer, einen Zugang zur Kirche zu finden, wo es keine traditionellen Anknüpfungspunkte gibt. So können Menschen mit einer traditionell nichtkirchlichen Haltung die Arbeit der Kirche kaum würdigen. Für sie kann eine Attraktivität der Kirche über Zusammenhänge mit dem Ort liegen, etwa in Zusammenarbeit mit Heimat- oder Kirchenbauvereinen. Vor allem für solche Bodenständigen, die bisher wenig Verbindung zu religiösen Themen hatten, bleibt jedoch vermutlich eine schwer zu überwindende Kluft zwischen den unterschiedlichen Lebenswelten. Weckt man ihr Interesse, dann auf eine ganz elementare Art und Weise, wie die folgende wahre Begebenheit zeigt:

Konfessionslose Bodenständige begegnen dem Christkind

Am frühen Abend des 24. Dezember 2006 spazieren zwei Frauen von etwa sechzig Jahren durch Berlin. Sie kommen an einer gro-

> ßen Kirche vorbei und nehmen wahr, dass viele Menschen hier herauskommen, einige wenige auch hineingehen. Neugierig geworden betreten sie schließlich selbst die Kirche, in der gerade ein Gottesdienst vorüber ist. Vor dem Altar und der weihnachtlichen „Installation" tauschen sie sich über ihre Beobachtungen aus:
> *Berta:* Du, schau mal, da – da ist ein Kind drin.
> *Brigitte: Tatsächlich, ja. Aber das ist gar keine Wiege, das ist eher so ein Futtertrog, für Tiere.*
> *Berta:* Ja, das glaub ich auch. Sind ja auch Tiere dabei. Esel.

Die konfessionslosen *Hochkulturellen* zeigen zunächst, durch ihre traditionsorientierte Haltung, eine ähnliche Haltung gegenüber der Kirche wie die Bodenständigen: Wo sie positiv bewertete biographische Erfahrungen mit der Kirche haben, finden sie recht leicht einen Zugang über kulturelle Anknüpfungspunkte oder Angebote wie Citykirchen und Wiedereintrittsstellen. Wo dies nicht der Fall ist, hat Kirche deutlich geringere Chancen, ihnen den Sinn ihrer Arbeit plausibel zu machen. Jedoch ist bei den Hochkulturellen der Sinn für das Informative – analog zum hochkulturellen Lebensstil – deutlich ausgeprägt: Sie sind es, die an fremden Orten Kirchen besuchen, obwohl sie immer schon konfessionslos waren. Es treibt sie die Neugier, die Lust am Lernen, die Suche nach Verständnis für eine gesellschaftliche Kraft, von deren Wichtigkeit sie zumindest in Ansätzen überzeugt sind.

Weiterführende Fragen

Welche Anknüpfungspunkte für Konfessionslose bietet meine Gemeinde/kirchliche Einrichtung? Für welche Milieus sind sie besonders interessant? Welche zusätzlichen Angebote wären denkbar oder wünschenswert?

Wie wirken unsere Angebote (z.B. Gottesdienst, Gemeindefest, Seminare, Glaubenskurse, Tagungen, Beratungsstellen) auf Konfessionslose aus unterschiedlichen Milieus, wenn sie daran (zufällig oder absichtlich) teilnehmen sollten?

Welche Rolle weisen wir Konfessionslosen zu, mit denen wir in Kontakt kommen? Wie entspricht diese Rolle deren Selbstverständnis?

IV. Rahmenbedingungen und Methoden für Analyse und Planung

1. Parochie, Region und funktionale Dienste

Wenn die Menschen derart verschieden sind, wie das im vorangegangenen Kapitel immer wieder spürbar wurde, wie kann die Kirche es dann schaffen, für alle Menschen Anknüpfungspunkte für Fragen des Glaubens zu bieten und dazu die notwendige Vielfalt an Möglichkeiten, diese Fragen zu vertiefen, die Zuwendung Gottes zum Menschen zu erfahren und mit anderen zu teilen? Man ahnt, dass die meisten Ortsgemeinden sich schwer tun, der Vielfalt der Milieus in ihrer Arbeit und ihren Erscheinungsformen gerecht zu werden. Möglicherweise kann man auch hier schon sagen: All die unterschiedlichen Erwartungen kann eine Parochie mit ihrer typischen Reichweite, ihrer notwendigen Binnenorganisation, die oft eher an einen Verein als an eine spirituelle Gemeinschaft erinnert, gar nicht erfüllen. Ihre Bedeutung ist zweifellos sehr groß, aber zugleich sind ihre Kapazitäten begrenzt. Andere kirchliche Orte, die Region, funktionale Dienste oder spezifische Einzelangebote rücken ins Blickfeld.

Wie man mit den verschiedenen Milieus umgeht, schließt deshalb auch die Frage ein, auf welcher Ebene kirchlicher Arbeit dies passieren soll oder kann. Umgekehrt hängt es vom Standort in der kirchlichen Landschaft ab, welche Milieus als sinnvolle Zielgruppen in Frage kommen oder welche mit einer bestimmten Arbeitsform eher nicht erreicht werden. Im Folgenden betrachten wir die verschiedenen Ebenen der kirchlichen Arbeit unter dieser Fragestellung und diskutieren, mit welchen Methoden eine Analyse der Milieus in einem konkreten Raum durchgeführt werden kann (IV.2) und welche Vorentscheidungen oder Zielbestimmungen dafür nötig sind (IV.3).

Eine *Ortsgemeinde* hat zumeist den Anspruch, dauerhaft für die Menschen am Ort zu arbeiten und dabei „alle zu erreichen".

Sie hat eine große räumliche Nähe zu den Menschen und dadurch vergleichsweise häufige Kontakte. Hier ist es ausgesprochen nützlich, genau zu wissen, in welchen Lebenslagen die Menschen sich befinden, welche Werte sie teilen und wo Abstoßungseffekte liegen. Beschließt etwa eine Gemeinde in einer ländlichen Region, vor allem eine Arbeit mit Jugendlichen zu machen, weil sie dort eine besondere Chance sieht, ist das möglicherweise ein Zeichen für engagierte und effektive Arbeit. Zugleich stellt eine solche Entscheidung vieles von dem in Frage, was aus der Perspektive älterer Menschen Kirche ausmacht, dass sie nämlich gerade keine Zielgruppen definiert, dass sie vor allem integrierend arbeitet, statt sich auf bestimmte Aufgaben zu konzentrieren. Symbolisch steht dafür das Bild des Pfarrers, der durchs Dorf geht und mit den Menschen redet.

Eine Ortsgemeinde muss, vor allem mit Blick auf eine nachhaltige Entwicklung, gründlich bedenken, welche Menschen zu ihr gehören und welche Herausforderungen sich daraus für ihre Arbeit ergeben. Sie macht darin unweigerlich die Erfahrung, dass es ohne Entscheidungen für bestimmte, besonders wichtige Arbeitsbereiche nicht geht, vor allem dort, wo das Personal knapper wird. Zugleich hat aber, auch für die Menschen aus den unterschiedlichen Milieus, Kirche darin ihren Reiz, dass sie flächendeckend und in mancher Hinsicht unspezifisch arbeitet, Traditionen bewahrt und ein Basisangebot aus Gottesdiensten, Seelsorge und Amtshandlungen bereit hält.

So löst die Milieuperspektive dann bei vielen Verantwortlichen in Ortsgemeinden einen Effekt aus, der vor allem durch die üblichen parochialen Denkmuster hervorgerufen wird: „Bestimmte Milieus erreichen wir bislang mit unserem Angebot nicht, also müssen wir noch mehr machen: eine Krabbelgruppe, eine Gruppe für Alleinerziehende, ein Angebot für heimwerkende Männer im mittleren Alter, mehr Events für Jugendliche, mehr Beteiligung für jüngere Senioren …"

Wir wünschen uns zunächst die umgekehrte Wirkung: Die Milieuperspektive kann auch eine ungeheure Entlastung bieten. Es lässt sich aus ihr beispielsweise lernen, dass die meisten Menschen von der Kirche gar keine „Angebote" für sich selbst erwarten. Sie schätzen es, wenn eine Kirche „lebendig" ist, was auch immer die Einzelnen darunter verstehen, aber sie selbst haben nur selten ein konkretes Interesse, am Leben einer Gemeinde teilzunehmen und regelmäßig Veranstaltungen zu besuchen. Sie schätzen es, wenn Kirche prinzipiell für die Menschen da ist, wenn sie ein freundliches Erscheinungsbild hat, wenn Menschen, wie zum Beispiel Pfarrerinnen und Diakone, persönlich und öffentlich für die Kirche stehen und prinzipiell ansprechbar sind – auch wenn sie selbst diese Möglichkeiten kaum nutzen.

Das könnte bedeuten, dass so manche Gemeinde eine dem entsprechende Präsenz mit deutlich weniger Ressourcen schaffen und so Freiräume gewinnen könnte, sich auf Bereiche zu konzentrieren, die einen starken Einsatz fordern und in denen Kirche tatsächlich unverwechselbar ist. So bedeutet es beispielsweise eine erhebliche Arbeit, die Verkündigung so zu gestalten, dass Menschen unterschiedlicher Milieus die Botschaft im Kontext ihrer Lebenswirklichkeit verstehen können. Wo Menschen noch keinen Zugang zum christlichen Glauben haben (und dazu zählen nicht nur Kinder und Jugendliche), erfordert es enorme Energie, solche Zugänge zu eröffnen. Daneben kann eine Gemeinde mit einer gewissen Aufmerksamkeit für die unterschiedlichen Bedürfnisse und geschmacklichen Vorlieben der Milieus dafür sorgen, dass extreme Abstoßungseffekte nicht auftreten. Hier helfen in der Regel bereits kleine Schritte, etwa Veränderungen in der Erreichbarkeit des Gemeindebüros, in der Transparenz der Arbeit oder in einer stilistischen Ausgestaltung von Gemeinderäumen, mit der die Abstoßungseffekte der verschiedenen Milieus verringert werden können.

Kirchenkreise oder Regionen haben im Vergleich zur Parochie manchen Vorteil: Sie können sich „unter dem Dach der Region" mehr Konzentration auf „Zielgruppen" und zahlreiche Differenzierungen leisten. Hier können sich Ortsgemeinden gegenseitig entlasten und ergänzen: Jugendgottesdienste, Seniorenreisen oder thematische Veranstaltungsreihen gehen nicht unmittelbar „auf Kosten" anderer Interessen, zugleich schaffen sie, was eine Parochie nicht so leicht schaffen kann: Sie berücksichtigen die räumliche Orientierung der verschiedenen Milieus. Während manche Milieus Kirche als „Kirche im Dorf" schätzen, sind andere stärker überregional orientiert und suchen sich, wie in ihrem Freizeitverhalten allgemein, auch in der Kirche das, was ihnen entspricht (siehe II.3.4). Sie schrecken weniger vor Anfahrtswegen zurück oder vor der Begegnung mit Fremden. Ihnen geht es um Stil und Inhalt, manchmal auch um persönliche Beziehungen, selten jedoch um den lokalen Bezug von Kirche. Die Schattenseiten einer solchen „Differenzierung in der Region" liegen auf der Hand: Wer Kirche vor allem vor Ort mit Bezug auf das Leben im Ort oder Stadtteil erleben möchte, tut sich schwer mit einer Vorstellung wie der, dass sonntags jede zweite Kirche leer bleibt.

Versuche mit zielgruppenorientierten Angeboten in der Region zeigen jedoch: Hier lassen sich tatsächlich Menschen ansprechen, die zu ihren Ortsgemeinden wenig oder keinen Kontakt haben, sich aber dennoch für Kirche oder Glaubensthemen interessieren. Gleichzeitig wird hier eine wesentliche Voraussetzung sichtbar: Menschen kommen nur dann zu einer kirchlichen Veranstaltung, wenn sie einen wie auch immer gearteten positiven Bezug zur Kirche haben. Wer der Kirche – sei es als abstrakte Institution oder konkrete Organisation – nicht zutraut, dass sie wesentliche Impulse liefern, zentrale Themen kompetent bearbeiten und einen passenden sozialen Rahmen bieten kann, der tut sich trotz passender Angebote schwer, an kirchlichen Veranstaltungen teilzunehmen. Hier ist dann weniger die Entwicklung von Angeboten entscheidend als vielmehr eine Vertrauen schaffende Öffentlichkeitsarbeit, die vielfach ebenfalls in der Region oder im Kirchenkreis leichter zu leisten ist als in der Parochie.

Auf der regionalen Ebene lassen sich extreme Unterschiede beobachten, vor allem zwischen städtischen und ländlichen Lebenskontexten. Spezifisches Arbeiten und Aufgabenteilung zwischen Parochien sind dort leichter zu realisieren, wo die Entfernungen gering sind. Wer auf dem Land wohnt, wünscht sich meist eher lokal vernetzte Angebote, auch wenn die Herausforderungen des Erwerbslebens längst auch den Menschen im ländlichen Bereich eine enorme Mobilität abverlangen. Darum braucht es den Mut zu flexiblen Einzelfall-Lösungen, in denen die jeweiligen kirchlichen Strukturen zu den Bedürfnissen der Menschen passen, ohne dass Kirche ihre integrierende Kraft verliert. Jede Region steht vor der Aufgabe, anhand einer sorgfältigen Analyse selbst zu verantworten, mit welchen Strukturen sie diese Herausforderung am besten angeht.

Besonderes Augenmerk verdienen jedoch die *funktionalen Dienste*, die in den Landeskirchen in unterschiedlichen Strukturen arbeiten: als „Dienste und Werke", als spezifische Ämter, etwa für Öffentlichkeits-, Bildungs-, politische oder diakonische Arbeit sowie mit einzelnen Beauftragungen für spezielle Anliegen oder Probleme. Aus der Milieuperspektive stellt sich das Verhältnis zwischen funktionalen Diensten und Ortsgemeinden, das heute oft als Konkurrenz erlebt wird, anders dar: Funktionale Dienste können die Arbeit der Ortsgemeinde ungemein bereichern, indem sie spezielle Fragen aufnehmen und Leistungen anbieten, die innerhalb der Parochie häufig nicht sinnvoll bereitgestellt werden können. Die Milieuperspektive zeigt deutlich, dass einige Milieus durch funktionale Dienste wesentlich besser erreicht werden können als durch Angebote der Ortsgemeinden. Die funktionalen Dienste könnten also entlasten, wo zielgruppenspezifische Arbeit die integrativen Funktionen einer Gemeinde zu stark überlagert. Gleichzeitig gilt jedoch: Die Aufgabe der Kirche, die Unterschiede zwischen den Menschen und ihren Lebenswelten wahrzunehmen, darf weder an funktionale Dienste noch an die Region delegiert werden. Sie ist eine Aufgabe für jede Gemeinde.

In der Arbeit der funktionalen Dienste nützt die Milieuperspektive, um Zielgruppen einer bestimmten Arbeitsform oder für ein bestimmtes Angebot möglichst exakt festzulegen. Akademien oder Fachreferate tun gut daran, genau in den Blick zu nehmen, wer ihre Arbeit ganz besonders braucht oder wer sie typischerweise zu schätzen weiß, wenn sie also die unterschiedlichen Milieus der Betroffenen berücksichtigen und ihre Instrumente danach ausrichten. Umgekehrt lassen sich jetzt für bestimmte Zielgruppen geeignete Arbeitsformen oder die kommunikative Gestaltung dieser Arbeit definieren. Wo etwa eine Fachstelle die Öffentlichkeitsarbeit verbessern soll, ist der Blick auf spezielle Milieus ausgesprochen bereichernd. Auch die Reflexion möglicher Abstoßungseffekte von Kirche wird durch die Milieuperspektive erleichtert: Hier sind Voraussagen darüber möglich, welche Milieus zu einer bestimmten Art der Arbeit voraussichtlich Distanz empfinden.

Einzelne funktionale Dienste, etwa ein Meditationszentrum, richten sich mit ihren Angeboten teilweise an bestimmte Milieus, teilweise, wie eine kirchliche Beratungsstelle, auch an die Gesamtheit von Christen einer ganzen Region. Bei der Ausrichtung auf ein bestimmtes Milieu weist die Milieuperspektive darauf hin, dass jedes Angebot auch Abstoßungseffekte bei anderen Milieus hervorruft, also das Bild von Kirche insgesamt beeinflusst. Bei der Ausrichtung auf eine große Gesamtheit erinnert die Milieuperspektive daran: Ich kann die Menschen nicht über einen Kamm scheren. Die Suchtberatung gewinnt gerade dann enorm an Wirksamkeit, wenn sie sich auf die unterschiedlichen Milieus einstellt, aus denen die Betroffenen kommen, auf unterschiedliche Gewohnheiten in der Kommunikation und Lebensdeutung.

Aus diesen sehr unterschiedlichen Chancen von Parochie, Region und funktionalen Diensten erhebt sich die Frage nach der *Beziehung der verschiedenen Ebenen* zueinander. Wie in der Kirche die lokale Arbeit und regionale oder gar überregionale Strukturen aufeinander bezogen sein sollen, ist derzeit angesichts der notwendigen Einsparungen heftig umstritten. Folgt man der These, dass Kirche zunehmend Merkmale einer Organisation ausbildet, dann ergeben sich die folgenden *drei Szenarien*:

Das Szenario der „*Kongregationalisierung*" sieht die Priorität der kirchlichen Arbeit bei den Lokalgemeinden, die sich von selbstverständlichen Institutionen zu frei gewählten Organisationen wandeln. Im Ergebnis ist dies vergleichbar mit den Verhältnissen in den USA, wo Menschen sich eine Gemeinde nach ihrem Geschmack suchen, in der Nähe der Wohnumgebung oder darüber hinaus. Dieses Modell schafft „Milieugemeinden", also Gemeinden, die die Bedürfnisse und Interessen bestimmter Milieus besonders berücksichtigen. Dies hat den Vorteil einer spezialisierten Arbeit, in der die Rücksicht auf andere Milieus in den Hintergrund treten darf. Zugleich wirkt ein solches Modell trennend innerhalb der Kirche. Man könnte formulieren: Kirche spaltet sich in ihre Milieus auf. Bereits bestehende Abstoßungseffekte zwischen verschiedenen Stilen werden verstärkt. Die so genannten Distanzierten, also Menschen, die eine gewisse Kirchenbindung aufweisen, ohne am kirchlichen Leben teilzunehmen (momentan der volkskirchliche Normalfall), haben es vermutlich in einer kongregationalisierten Kirche schwerer, weil eine Zugehörigkeit ohne konkrete Teilnahme hier kaum möglich ist.

Wo in Synoden die Vertreterinnen und Vertreter der Ortsgemeinden die Mehrheit haben, votieren sie häufig dafür, regionale und funktionale Aufgaben einzusparen, denn diese erbringen für Gemeinden nur einen indirekten Nutzen und sind zunächst in finanziellen Einbußen spürbar. So hat dieses Szenario möglicherweise die größten Chancen, sich dauerhaft durchzusetzen. Doch was lediglich strukturkonservativ beginnt, bedeutet langfristig, viele Stärken aus der besonderen volkskirchlichen Tradition in Deutschland zu verspielen. Nicht zuletzt droht hier auf Dauer die Dominanz der „Starken" über die „Schwachen": Gut ausgebildete Kirchenmitglieder, die über entsprechende Ressourcen materieller oder geistiger Art verfügen, können einer Gemeinde über Fördervereine und qualifizierte ehrenamtliche Arbeit zu deutlich größeren Spielräumen verhelfen als andere. Milieugemeinden verstärken damit die Tendenz, dass Gemeinden in strukturschwachen Gebieten oder sozialen Brennpunkten auf die Solidarität anderer Gemeinden angewiesen sind. Für die Milieus bedeutet das: Milieugemeinden sind (als Einzelfälle) mit Sicherheit eine besondere Chance für die gesamte Kirche, sie nützen jedoch nur wenigen Milieus, während andere auf eine Durchmischung stärker angewiesen sind.

Dagegen liegt im Szenario der *„Filialisierung"* die Priorität auf der Organisationswerdung der Gesamtkirche, im Kern vergleichbar mit den Verhältnissen in der römisch-katholischen Kirche. Besonders wichtig ist hier die Grundversorgung in der Fläche mit verlässlichen und wiedererkennbaren Angeboten und Handlungen. Milieudifferenzen bleiben dagegen zwangsläufig unberücksichtigt, mit Ausnahme einzelner spezieller Angebote. Dieses Modell könnte, zumindest im Ansatz, deutlich integrierender wirken als das der Kongregationalisierung. So genannte Distanzierte finden überall eine Kirche, die ihnen bekannt vorkommt und zu der sie sich zugehörig fühlen können. Dies hat jedoch in der Praxis zur Folge, dass wenige Milieus – oder sogar nur ein einziges – eine Dominanz gegenüber den anderen entwickeln. Dominant sind in dieser Hinsicht typischerweise Milieus mit einem großen Interesse an geselligem Miteinander im vereinskirchlichen Sinn oder Milieus mit einer hohen Affinität zu Bildung und Hochkultur.

Das dritte Szenario lässt sich als *„Regionalisierung"* beschreiben: Die Priorität liegt hier auf der Organisationswerdung der Regionen. Die beschriebenen Chancen der kirchlichen Arbeit in der Region kommen hier in einer gemeinsam in der Region verantworteten Milieudifferenzierung der einzelnen kirchlichen Orte zum Tragen. Nicht alle Gemeinden und Einrichtungen machen dasselbe, aber innerhalb eines kirchlichen Gesamtverbandes sind die Mitglieder nicht gezwungen, sich einer bestimmten Gemeinde zuzuordnen, um ein Zugehörigkeitsgefühl zu behalten. Wer möchte, hat die Wahl zwischen verschiedenen Angeboten und anderen Beteiligungsformen. Wer möchte, kann weiterhin in der eigenen Gemeinde aktiv sein und bekommt ein recht stabiles Basisangebot (Gottesdienste, Amtshandlungen, Seelsorge ...) in erreichbarer Nähe.

Was wie ein idealer Kompromiss anmutet, ist zugleich das Szenario mit den meisten Herausforderungen für diejenigen, die es umsetzen möchten. Es setzt die Bereitschaft zum deutlichen Umsteuern voraus. Es erfordert eine tragfähige Gesamtkonzeption der Region, eine intensive Zusammenarbeit aller Beteiligten, verlässliche Absprachen und eine sinnvolle Leitungsstruktur – Voraussetzungen, die nicht ohne weiteres gegeben sind. Eine sinnvolle Leitungsstruktur bedeutet etwa, Prozesse der Entscheidungsfindung zu verbessern. Dazu gehört eine Leitungskultur, die Partizipation in der Konzeptentwicklung praktiziert und zugleich die Entscheidungen über Rahmenbedingungen, Schwerpunkte und Stellenpläne der kirchlichen Orte auf der nächsthöheren Ebene ansiedelt, etwa auf der Ebene der Dekanate. Dies erfordert von vielen Verantwortlichen einen zumindest zeitweiligen Verlust von Einflussmöglichkeiten und viel Vertrauen in die Partnerinnen und Partner im Prozess. Außerdem sollte eine Region in ihrem Zuschnitt einer gewissen Logik folgen. Sie sollte als eine „natürliche" wahrnehmbar sein und eine hinreichende Verkehrsinfrastruktur aufweisen. Das ist im städtischen Kontext oder in überschaubaren geographischen Regionen anders möglich als in Regionen, die etwa den Speckgürtel einer Großstadt umfassen oder eine Anzahl von Dörfern ohne erkennbaren Mittelpunkt.

Es ist deutlich geworden: Für eine kirchliche Arbeit, die die Milieuperspektive nutzt, sind Entscheidungen zu treffen. Zwischen Spezialisierung und Integration, zwischen lokalen und überregionalen Zusammenhängen, zwischen konkreten Angeboten und einer Arbeit am Image von Kirche liegen Spannungsräume, die nach einer genauen Analyse von Hintergründen und strategischen Parteinahmen verlangen. Im folgenden Abschnitt (2.) stellen wir zunächst mögliche Schritte einer genauen Analyse der eigenen Gemeinde oder Region vor und anschließend (3.) Planungshilfen für grundlegende Entscheidungen und konkrete Konzeptionen. Die theologische Perspektive, damit auch die Frage nach einer milieugerechten Verkündigung, behandeln wir ausführlich im letzten Kapitel dieses Buchs (Teil IV.).

Weiterführende Literatur

Eberhard Hauschildt, Hybrid Evangelische Großkirche vor einem Schub an Organisationswerdung, in: Pastoraltheologie 96 (2007), 56–66.

Claudia Schulz, Zielgruppenspezifische Ortsgemeinde. Kirchentheoretische Erwägungen zu Konzepten einer mitgliederorientierten Arbeit in der Parochie, in: Wolfgang Nethöfel/Klaus-Dieter Grunwald (Hg.), Kirchenreform strategisch! Projekte, Analysen, Perspektiven, Netzwerk Kirche Bd. 2, Hamburg 2007, 159–167.

2. Methoden der Analyse

Wir denken, dass bereits das Wissen um die Gegebenheiten der eigenen Gemeinde oder Region die Sensibilität für Menschen aus unterschiedlichen Milieus erhöht. Solche Gegebenheiten lassen sich erstens erfassen in bereits vorliegenden Daten aus Kirche und Kommune, die mit einfachen Mitteln selbst zu sammeln und aufzubereiten sind. Daneben gibt es zweitens kommerzielle Anbieter mit einer größeren oder geringeren Nähe zur kirchlichen Arbeit, die zusätzliche Daten oder Perspektiven zur Verfügung stellen. Nicht zuletzt verfügen drittens die Mitglieder einer Gemeinde oder die Bewohnerinnen und Bewohner einer Region selbst über ein erhebliches Wissen über die Menschen, die dort wohnen, über Lebensstile, Vorlieben, das kulturelle Kolorit von Dörfern, Stadtteilen und Straßenzügen. Solches Wissen zu sammeln und daraus Schlüsse für die kirchliche Arbeit zu ziehen, erfordert etwas Zeit und Energie – eine Investition, die sich aus unserer Sicht unmittelbar auszahlt, denn sie ist ein wichtiger Teil einer Gemeindeentwicklung, die die Lebenswirklichkeit der Menschen – auch der in der Gemeinde „unsichtbaren" – berücksichtigt. Diese drei Möglichkeiten der Datengewinnung möchten wir hier näher beschreiben und praktische Hinweise für ihre Anwendung geben.

2.1 Auswertung von Mitgliederdatei und lokalen statistischen Daten

Nahezu alle Gemeinden verfügen über eine *Mitgliederkartei*, die mehr ist als eine Kartei im ursprünglichen Sinn: Daten lassen sich „quer lesen", Mitglieder lassen sich sortieren, mindestens nach Alter und Familienstand. Zahlreiche Landeskirchen nutzen das Mitgliederverwaltungsprogramm „netKIM", angeboten von der ECKD GmbH. In diesem Programm lassen sich mit geringem Aufwand in einer Gemeinde, aber auch für eine Region, solche Mitglieder erfassen, die zugezogen oder ausgetreten sind, die einen Geburtstag oder ein Jubiläum feiern. Die Straßen eines Gemeindebezirks sind einzeln auswertbar. Für einen Pfarrbezirk können mit der „Statistik-Funktion" (beschrieben im „netKIM-Handbuch") die Mitgliederdaten nach Jahrgängen, Geschlecht und Familienstand sortiert werden. Diese Sortierung ist auch für weniger Computerbegabte mit wenigen Handgriffen in eine Excel-Datei exportierbar. Von hier aus lassen sich die Verhältnisse graphisch darstellen. Definiert man die Zahlen eines der Geschlechter als negativen Wert, erhält man einen „Mitglieder-Baum", der höchst aussagekräftig ist (s.u.).

Im folgenden Beispiel sind die Daten von zwei Gemeinden in derselben Großstadt abgebildet, St. Anton und St. Brigitta genannt. Sie befinden sich beide abseits des Stadtkerns, die Gemeinde St. Anton in einer Distanz von etwa zwei Kilometern, die Gemeinde St. Brigitta in einer Distanz von 500 Metern. Man sieht auf den ersten Blick, dass die Gemeinde St. Anton größer ist, sie umfasst etwa 4500 Gemeindemitglieder, St. Brigitta nur 3000. Dies ist aber nicht der wichtigste Unterschied. Zu St. Brigitta gehört eine ungewöhnlich große Gruppe von jungen Menschen zwischen Anfang zwanzig und Anfang dreißig Jahren. Man kann vermuten (und bekommt es in einer entsprechenden

Auswertung der Daten zum Familienstand bestätigt), dass es sich hier um Menschen handelt, die überwiegend nicht mehr bei ihren Eltern wohnen und ebenso wenig als Ehepaar leben. Es handelt sich hier möglicherweise um Studierende – die Auswertung der Bewegungsdaten (Zu- und Wegzüge) bestätigen diese Vermutung. Die klassische Familie – ein verheiratetes Paar mit Kindern – gehört vergleichsweise selten zu St. Brigitta. Es gibt hier nur wenige (verheiratete) Menschen zwischen dreißig und fünfzig Jahren, ebenso sehr wenige Kinder. Ob ungetaufte Kinder oder nicht-evangelische Ehepartner in den Haushalten wohnen, lässt sich übrigens im Mitgliederprogramm „netKIM" gleichfalls ersehen. Außerdem wohnen in St. Brigitta vergleichsweise wenig ältere Menschen – sie sind im Mitgliederbestand der gesamten EKD die größte Gruppe. Im Gemeindeleben von St. Brigitta sind jedoch, wie in so mancher Gemeinde, vor allem Ältere und Menschen mit Kindern präsent. Hier ist sofort ersichtlich, welche Herausforderung für die Gemeinde in ihren immensen Beständen an „unsichtbaren" Mitgliedern liegt.

Der Mitgliederbestand von St. Anton liegt dagegen näher am durchschnittlichen Mitgliederbestand einer Großstadt – mit signifikanten Ausnahmen: Hier sind die älteren Männer deutlich unterrepräsentiert. Von den hier lebenden älteren Frauen sind also sehr viele geschieden oder verwitwet – oder ihre Männer sind ausgetreten, was jedoch für dieses Alter ungewöhnlich ist. Dafür sind die Familien deutlich überrepräsentiert. Den sehr starken Jahrgängen zwischen dreißig und Mitte fünfzig entsprechen verhältnismäßig viele getaufte Kinder und Jugendliche. Der Anteil der Verheirateten unter diesen Menschen in den mittleren Lebensjahren ist vergleichsweise sehr groß.

Unterschiede wie hier zwischen St. Anton und St. Brigitta sind im städtischen Kontext keine Seltenheit, auch nicht unter Gemeinden, die benachbart sind oder sogar eine Kooperation oder Fusion planen. Hier eröffnen die Daten der Mitglieder zahlreiche Erkenntnisse über das Profil der Gemeinde – oder über bestehende Gegensätze. Die Daten der Mitgliederkartei lassen sich durch *Daten der statistischen Landesämter* noch deutlich erweitern. Häufig sind die Bezirke und Wahlkreise dem Zuschnitt der Gemeindebezirke ähnlich, so dass die Daten unmittelbar nutzbar sind.

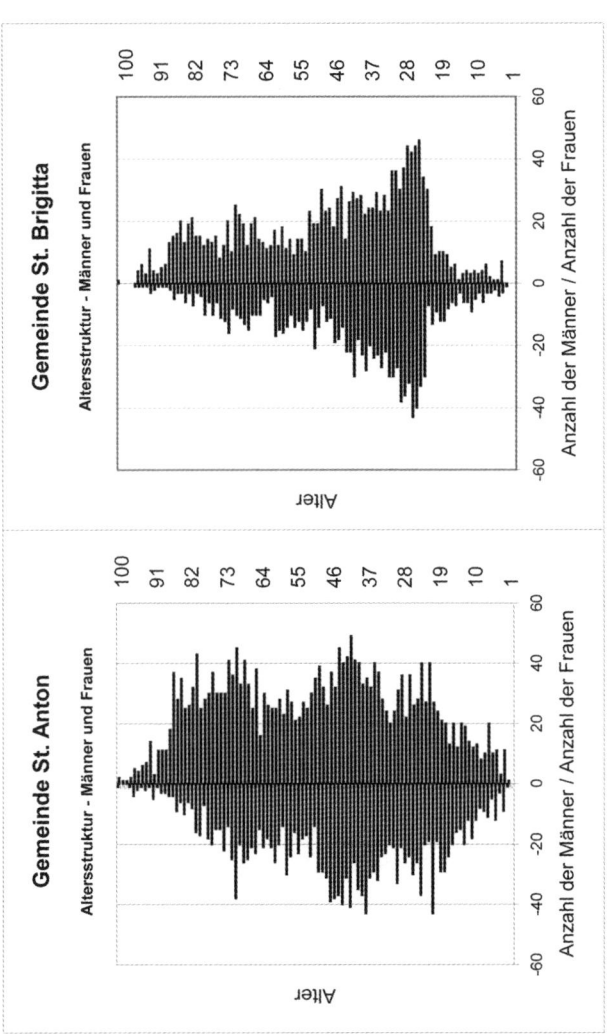

Abbildung 19: Zwei Großstadt-Gemeinden im Vergleich
Der Abbildung liegen die Mitgliederkarteien von zwei Gemeinden innerhalb derselben Großstadt zugrunde. Hier ist in absoluten Zahlen dargestellt, wie viele getaufte Männer und Jungen (Balken nach links) und Frauen und Mädchen (Balken nach rechts) in der Gemeinde im Jahr 2006 gemeldet waren.

Im Beispiel der Gemeinden St. Anton und St. Brigitta sind etwa die Daten über den Bildungsstand der Wohnbevölkerung in den Gemeindegebieten interessant: Während sich in St. Brigitta überdurchschnittlich viele Menschen mit akademischer Ausbildung finden, sind die Menschen im Wohnbereich von St. Anton unterdurchschnittlich gebildet, was zunächst auf das vergleichsweise hohe Alter der Menschen zurückzuführen ist: Jüngere Menschen sind formal üblicherweise höher gebildet als ältere. Dem entsprechen jedoch in St. Anton eine hohe Zahl von (ehemaligen) Arbeiterinnen und Arbeitern, handwerklich Tätigen sowie Menschen in Hilfstätigkeiten, in St. Brigitta neben Menschen in der Ausbildung und solchen, die von Transferleistungen leben, überdurchschnittlich viele Angestellte und Selbständige mit höheren Einkommen. Die Daten der Bevölkerungsentwicklung in den Stadtteilen zeigt, dass die Menschen in St. Anton im Durchschnitt deutlich länger an ihrem Wohnort verbleiben als die Menschen in St. Brigitta. Dies verwundert nicht, denn die Lebensform der Familie führt, ebenso wie ein hohes Alter, zu einer geringeren Mobilität.

Aus der Milieuperspektive lässt sich vermuten, dass das Milieu der Kritischen sich, ebenso wie das Milieu der Mobilen, eher in der Parochie von St. Brigitta angesiedelt hat, das Milieu der Geselligen eher in St. Anton. Hier dürften die Menschen im mittleren und höheren Lebensalter auch eher den Zurückgezogenen oder Bodenständigen zuzuordnen sein als den Hochkulturellen – immer gilt: von Ausnahmen abgesehen. Der Pfarrer der Gemeinde St. Anton fühlte sich angesichts von allgemeinen kirchlichen Profilierungstendenzen in seiner Stadt verunsichert, weil er „nur" das klassische Programm aus Gottesdiensten und der Arbeit mit Kindern, Jugendlichen, Familien und Senioren anbietet. Ohne die Qualität seiner Arbeit zu kennen, könnte man vermuten, dass seine Sorge weithin unbegründet ist.

Die Gemeinde St. Brigitta plant, das Gemeindehaus in ein „Familienzentrum" umzuwandeln, in dem sich Alt und Jung trifft. Die Analyse stellt eine solche Idee aber in Frage: Die Lebensform „Familie" findet sich hier kaum, dagegen sind Modelle jüngerer Menschen, vermutlich auch vieler „Alternativer" und Studierender, wenig am Bild der Familie orientiert. Was schwerer wiegt: Vermutlich entstammen die jungen und älteren Menschen in dieser Gemeinde sehr verschiedenen Milieus. Hier wohnen Bodenständige neben Mobilen und Kritischen. Welches Konzept für ein Haus der Begegnung zwischen den Milieus möchte es in absehbarer Zeit schaffen, die zu überwinden?

In vieler Hinsicht bestätigen derartige Analysen der Gemeindesituation das, was die Verantwortlichen schon längst selbst beobachtet haben. Bei näherem Hinsehen sind jedoch Überraschungen gewiss – vor allem im Vergleich der Struktur von Kirchenvorständen oder Presbyterien mit der der gesamten Gemeinde – oder im Vergleich der Gemeindemitglieder mit der Gesamtbevölkerung im Stadtteil. Fast immer stellen die Verantwortlichen fest, dass sie große Teile der Gemeinde bisher „übersehen" haben, obwohl sie dachten, ihre Gemeinde recht gut zu kennen. Hier stellt sich die Frage neu, was eine „Kirche für die Menschen" bedeuten kann, vor allem für die Entscheidungen, auf die wir im Abschnitt 3 eingehen wollen.

2.2 Kirchengeographie – kommerzielle Angebote

Im Wirtschaftsleben, vor allem im Bereich des Marketing, ist es längst eine Selbstverständlichkeit, Wissen über die Kunden und solche, die es werden könnten, zu sammeln und zu verwerten. Nutzt Kirche die Milieuperspektive, befindet sie sich in guter Gesellschaft mit Unternehmen, die schon lange ihre Produkte auf einen „Kundennutzen" hin entwickeln und die Wünsche derer, die sie nutzen sollen, gut kennen. Das hat zur Folge, dass ein immenses Wissen über viele einzelnen Menschen in Deutschland verfügbar ist, über Einkommensverhältnisse, Lebensstandards und Vorlieben. Kommerzielle Anbieter bieten nicht nur Kundendaten zum Verkauf, sondern auch Milieuprofile für Regionen bis hin zu einzelnen Straßenzügen. So ist etwa bei der Deutsche Post AG mit den „Mosaic-Milieus" eine Milieuanalyse eines gewünschten Territoriums erhältlich, für die das mikrogeographische Datensystem der „microm Micromarketing-Systeme und Consult GmbH" mit dem Modell der Sinus-Milieus verknüpft ist. Hier bekommt man genaue Angaben über die Milieus im eigenen Gemeindegebiet oder der Region.

Näher an den Interessen von Kirche und Religion ist das Institut für Kirchengeographie in Erlangen (www.kirchengeographie.de). Die Wissenschaftler erstellen hier mit geographischer und theologischer Kompetenz Kartenmaterial aus den Daten, die das Institut über die Bevölkerung eines bestimmten Gebietes recherchiert hat. Hier werden nicht unmittelbar Milieus abgebildet, aber zahlreiche Informationen aus der kirchlichen und amtlichen Statistik, die eine enorme Hilfe für die Milieuperspektive bieten, also Angaben über Haushaltsgrößen, Lebenslagen, Bildung, Alter, Einkommen etc. „Liest" man diese Informationen in dem „thematischen Strukturatlas", den das Institut erstellt, so wird anschaulich, wie sich die Kirchenmitglieder im Raum, etwa in einem Kirchenkreis, Ortsteil oder Seelsorgebezirk, unterschiedlich verteilen und wie ein kirchliches Gebiet in sich räumlich gegliedert ist. Der Strukturatlas dient mit seinen vielen Einzelkarten als Grundlage für eine kirchengeographische Strukturanalyse.

In der Arbeit mit dem Kartenmaterial lassen sich persönliche Einschätzungen vertiefen, überprüfen, korrigieren und mit anderen teilen. Es entsteht in der Raumwahrnehmung ein vertiefter Eindruck von den Alters- und Sozialstrukturen und den Lebenslagen eines Gebietes. Auch ohne den Zukauf von Marktforschungsdaten lassen sich auf diese Weise konkrete Anhaltspunkte ermitteln, in welchen Stadtvierteln bzw. Ortsteilen welche Milieus häufiger bzw. seltener zu finden sind. Aber auch wichtige Einflussfaktoren wie das räumliche Verbundenheitsgefühl, Pendlerbewegungen, aktuelle Themen vor Ort und lokale Besonderheiten einer Gegend sind auf den Karten leicht verständlich. Der Blick auf die Besonderheiten von Teilräumen steht im Zentrum, was besonders für die Analyse einer Region und die Planung von Kooperationen oder Fusionen interessant ist. Daraus ergeben sich wertvolle Anhaltspunkte für inhaltlich-thematische Schwerpunktsetzungen und für die räumliche Organisation des kirchlichen Handelns. Die Frage, welche Bereiche eher nahräumlich-lokal und welche eher regional organisiert werden sollen, lässt sich mit Hilfe dieser Betrachtungen pragmatisch und problemorientiert beantworten.

Im folgenden Beispiel sind die Daten einer kirchlichen Region, der Kleinstadt Vachhausen in der Diaspora mit ihren Stadtteilen und umliegenden Dörfern abgebildet. Diese Karte aus dem

Institut für Kirchengeographie (ehemals „Civos Geodata GbR") setzt eine Information aus den Meldedaten um, die für kirchliche Arbeit und auch für die Arbeit mit der Milieuperspektive sehr aufschlussreich ist (vgl. Abbildung 20, S. 236): den Anteil der Unverheirateten an den Kirchenmitgliedern in der Altergruppe von 25 bis 34 Jahren. In dieser Altersgruppe finden sich vor allem Mobile, Kritische und Gesellige. Für ältere Mobile und vor allem für Kritische ist es typisch, in diesem Alter eher (noch) nicht zu heiraten. Die Mobilen sind mit der Gestaltung und dem Genuss ihres Lebens befasst, langfristige Bindungen sind für sie oft erstrebenswert, aber im eigenen Leben in dieser Altersgruppe noch „nicht dran". Kritische stehen der Ehe häufig skeptisch gegenüber. So bekam im Herbst 2007 der Vorschlag der Kandidatin für den CSU-Vorsitz Gabriele Pauli, Ehen auf sieben Jahre zu befristen, in der online-Abstimmung der Tageszeitung „taz" über 40% Zustimmung. Bis zum Alter von 34 Jahren nicht verheiratet sind besonders häufig Menschen mit einer guten Ausbildung oder sogar einem Studium, mit einer Affinität zur Hochkultur und mit meinem Weltbild, in dem Ehe und Familie keine zentrale Rolle spielen. Die Geselligen sind dagegen üblicherweise in diesem Alter bereits verheiratet, viele haben bereits Kinder und wohnen in einem Haus.

Am Beispiel Vachhausens kann man diese Verteilung nachvollziehen und aus der Quote der Unverheirateten zugleich etliches über die Wohnsituation und die Lebensführung der betreffenden Menschen erfahren: Zunächst fallen die großen Unterschiede auf. Die Spanne reicht von Gehlren, wo nur 36% der Menschen dieses Alters nicht verheiratet sind, und dem Stadtgebiet Vachhausens, wo dies für deutlich mehr als die Hälfte zutrifft. Zieht man weitere Informationen über die Region hinzu, wird das noch transparenter: Rund um Vachhausen ist die Struktur klassisch dörflich, vor allem in Gehrlen und Otterbach finden sich viele landwirtschaftliche Betriebe.

Im Bezirk St. Johannes und im angrenzenden Bereich von St. Jakob liegen Rathaus, Busbahnhof, Fußgängerzone und zahlreiche Kneipen und Restaurants. Dieser Bezirk ist belebt, aber nicht schick. Die vielen älteren Häuser in diesem Bezirk sind für mehrere Parteien ausgerichtet, es gibt aber wenige große Wohnungen. Wer hier wohnt, mag das eher städtische Leben auf kleinem

Raum – oder kann sich ein anderes nicht leisten. Eine weitere Karte über die gesamte Bevölkerung zeigt: Vor allem im Bezirk St. Johannes ist der Anteil der Alleinerziehenden verhältnismäßig hoch, ebenso der Anteil von Menschen ohne deutschen Pass sowie der Anteil von Familien mit mehr als drei Kindern. Ein solcher Kinderreichtum findet sich innerhalb der Kleinstadt nur noch im Bezirk St. Jakob und daneben vor allem auf den umliegenden Dörfern, hier ist aber die Zahl der Alleinerziehenden viel niedriger. Hier kann man auf einen Blick den Kinderreichtum von Menschen in relativer Armut (im Bezirk St. Johannes) und dem Kinderreichtum in den so genannten gesicherten Verhältnissen (im „Reichenviertel" von St. Jakob oder auf den Dörfern) unterscheiden – zwei völlig verschiedene Lebenssituationen.

Vachhausen hat etwas Industrie, einige Dienstleistungsunternehmen, ein Krankenhaus, eine Fachschule für Landwirtschaft und mehrere Berufsschulen. Hier findet sich unter den Evangelischen bereits im Alter von etwa dreißig Jahren das typische Muster der Milieu-Unterscheidung bis in die Wohnumgebung hinein: Gesellige ziehen mit ihrer Familie vor allem in die an Vachhausen grenzenden Ortschaften in Ein- oder Zweifamilienhäuser. Die Unverheirateten wohnen hier überwiegend entweder noch bei den Eltern oder leben als unverheiratetes Paar ohne Kinder zusammen. Besonders im Pfarrbezirk St. Johannes ist mit sehr hoher Wahrscheinlichkeit der Anteil der Mobilen und Kritischen gegenüber den Geselligen überproportional.

Weiterführende Literatur

Evangelisches Missionswerk in Deutschland (Hg.), Arbeitsbuch Ökumenische Gemeindeerneuerung. Bausteine zur Gemeindeentwicklung in ökumenischer Weite, Hamburg 1998.
Ksenija Auksutat, Handbuch Mitgliederorientierung (in Arbeit, erscheint 2008).

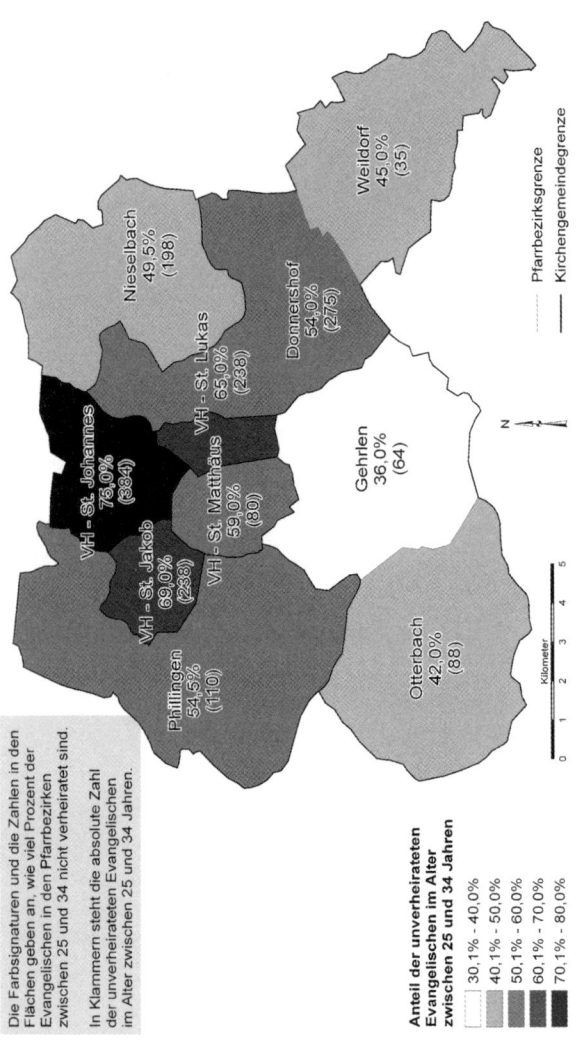

Abbildung 20: Anteil der Unverheirateten – Evangelische von 25–34 Jahren, © Civos Geodata GbR 2007; Dr. Florian Scherz, Mathias Besser. Der Abbildung liegen reale Daten zugrunde, die hier in Form einer anonymisierten kirchlichen Region dargestellt sind. Die Abbildung gehört in eine umfangreiche Reihe von Karten, den so genannten Strukturatlas einer Region, und ist für dieses Buch stark vereinfacht worden.

2.3 Eigene Analyse und zugleich Gemeindeentwicklung – ein Workshop

Wer Daten über die eigene Gemeinde und Region zur Verfügung hat, findet darin mit Sicherheit eine Hilfe, um Menschen unterschiedlicher Milieus und ihre Interessen wahrzunehmen. Wichtiger ist aber aus unserer Sicht, dass sich die Verantwortlichen für die Arbeit in Gemeinde oder Region mit den Erkenntnissen intensiv beschäftigen und es wagen, Konsequenzen daraus zu ziehen. Neben der Nutzung „fertiger" Daten scheint es uns darum wesentlich, Daten selbst – aus eigenem Wissen der Gemeindemitglieder – zu erheben. Hierbei sind alle Beteiligten dazu angeregt, genau hinzusehen, eigene Kenntnisse einzubringen und spielerisch fremde Perspektiven einzunehmen. Wir stellen darum in diesem Abschnitt Methoden und Hilfsmittel vor, um in einer Gruppe die eigene Gemeinde oder Region unter die Lupe zu nehmen, Erkenntnisse zu sammeln und für die weitere Entwicklung aufzubereiten.

Für viele Menschen – auch für solche, die in der Kirche Verantwortung tragen – ist es nur bedingt reizvoll, sich mit Menschen aus fremden Milieus zu befassen und sie als gleichberechtigt in der Gemeinde zu betrachten. Unterschiedlichkeiten machen Mühe, und wenn die Verschiedenheit so groß ist, dass es kaum gemeinsame Erlebnisräume gibt, bedeutet das Verunsicherung und Irritation. Darum sollen die beschriebenen Methoden motivieren und das persönliche Gespräch fördern. Sie sind vielfach erprobt und haben sich bewährt: Wer dabei ist, erhält nicht nur Erkenntnisse und Einsichten, sondern bekommt auch mehr Spaß daran, die Verschiedenheit der Menschen in der Kirche zu berücksichtigen und zu nutzen.

Günstig ist es, wenn sich eine Gruppe von mindestens fünf Personen für einen Workshop findet und sich mindestens einen halben Tag für die Milieuperspektive Zeit nimmt. Hilfreich ist es ebenfalls, wenn sich jemand findet, der die Gruppe leitet, moderiert und Ergebnisse zusammenfasst, ohne selbst in der Verantwortung zu sein. Zum Einstieg in das Denken von Milieus empfehlen wir einen *Zugang mit Bildern oder Gegenständen*. Ob jemand vor der Veranstaltung Fotos von sehr unterschiedlichen Hauseingängen oder Fenstern im Gemeindegebiet macht oder fertige Bilder mitbringt, spielt keine Rolle. Hilfreich sind auch Gegenstände (Designer-Uhr, Edel-Kugelschreiber, geblümte Kaffeekanne, Eierwärmer, Brieföffner, I-Phone ...) oder Zeitschriften (Schöner Wohnen, Eltern, Hörzu, bella, Glamour, Psychologie Heute, Ökotest, Vanity Fair, Men's Health ...).

__Materialien und Hilfen für Workshops__

Die Evangelische Kirche von Kurhessen-Waldeck (EKKW) hat in der Vorbereitung der Kirchenvorstandswahl im September 2007 eine ausführliche Arbeitshilfe verfasst, um Menschen unterschiedlicher Milieus zur Kandidatur zu gewinnen. Dort sind (in der Systematik der Vester/Bremer/Vögele-Studie) unter anderem Fotos von Menschen unterschiedlicher Milieus genutzt, die sich auch für den Workshop nutzen lassen. Sie werden auf Anfrage verschickt und sind z.T. online zugänglich.
Adresse: www.ekkw.de/kv-wahl/kv_material
    Die Katholische Sozialethische Arbeitsstelle in Hamm (KSA) bildet Multiplikatorinnen und Multiplikatoren für die Arbeit mit der Milieuperspektive aus (in der Perspektive der Sinus-Studie). Hierfür hat die Arbeitsstelle Hilfen zur Visualisierung der Milieus und zur Überprüfung von Angeboten entwickelt, die sich unmittelbar nutzen lassen.
Adresse: www.ksahamm.de

Die Anwesenden suchen sich Bilder, Gegenstände oder Zeitschriften aus und beraten sich in kleinen Gruppen darüber, welche Menschen hier dargestellt sind bzw. welche Menschen so etwas besitzen oder lesen – und welche nicht. Anschließend sammelt die Gruppe *„Dimensionen der Verschiedenheit"*: Worin unterscheiden sich Menschen? Wer kann mit wem etwas anfangen – und wer nicht? Wo finden wir uns selbst wieder? Zum Vervollständigen kann die Übersicht über die Dimensionen nach Abschnitt II.3 dieses Buchs dienen:

Dimensionen der Verschiedenheit

Ältere	↔	Jüngere
Vorliebe für städtische Umgebung	↔	Vorliebe für ländliche Umgebung
Orientierung an Autoritäten	↔	Orientierung am Individuum
Vorliebe für geordnete Erlebnisse	↔	Vorliebe für spontane Erlebnisse
Geringe soziale Distanz: gesellig	↔	Hohe soziale Distanz: nicht gesellig
Vorliebe für einfache Erlebnisse	↔	Vorliebe für komplexe Erlebnisse
Starke Kirchenverbundenheit	↔	Schwache Kirchenverbundenheit

Anschließend erhält die Gruppe eine *Übersicht über die sechs Milieus* einschließlich einer knappen Einführung in die unterschiedlichen Typen. Hierzu dienen die Übersicht über die Milieus am Ende dieses Buches und die sechs Profile mit den fiktiven Lebensgeschichten aus Kapitel II.2. Nützlich ist es auch, wenn anhand von konkreten Beispielen deutlich wird, wie sich die Milieus im kirchlichen Leben unterscheiden, was sie mögen, was sie ablehnen, wonach sie sich sehnen, was ihnen wichtig ist. Für eine solche Einführung eignen sich die Graphiken und Zitate im Kapitel III.

Jetzt werden die Bilder, Gegenstände oder Zeitschriften zugeordnet: Wer wohnt wo? Wer liest was? Hilfreich ist es in jedem Fall, sich in kleineren Gruppen bereits jetzt darüber auszutauschen, welche Milieus wo im Gemeindeleben „sichtbar" oder beteiligt sind, welche eher nicht und woran dies liegt. Ziel dieses Arbeitsschrittes ist es, die Beteiligten mit den Milieus derart vertraut zu machen, dass sie anschließend tatsächlich verschiedene Perspektiven einnehmen können. Um den Perspektivwechsel spielerisch einzuüben und die Dramatik der Verschiedenheit zu verdeutlichen, lässt sich mit einem Zeitaufwand von etwa dreißig Minuten das folgende Spiel einer Gemeindeversammlung in den Workshop integrieren. Das Spiel bietet den Beteiligten die Chance, ihr längst vorhandenes, umfangreiches Wissen über Menschen aus den verschiedenen Milieus zu aktivieren und in Meinungen, Körperhaltungen und Kommunikationsformen umzusetzen – humoristischen Einlagen sind dabei keine Grenzen gesetzt.

> *„Gemeindeversammlung"* –
> *Ein Spiel zur Einübung in die Milieuperspektive*
>
> Bis zu zwanzig Mitspieler/innen ziehen Lose, auf denen jeweils eines der sechs Milieus steht. In einer ersten Runde sollen sich die Spieler/innen einen passenden Namen ausdenken, anschließend Menschen aus dem gleichen Milieu finden, sich in ihren Kleingruppen gegenseitig kurz vorstellen und sich damit an ihre Rolle gewöhnen. Die Spielleiterin beobachtet den Stand der Dinge in den Kleingruppen und geht nach etwa fünf bis acht Minuten auf die einzelnen Gruppen zu und informiert:
> „Guten Tag. Danke, dass Sie gekommen sind! Wir haben hier im Gemeindesaal gleich unsere Gemeindeversammlung. Denn unser Kirchenmusiker (Alternative: unsere Pfarrerin) geht ja in den Ruhestand, und wir müssen überlegen, was für jemanden wir hier in der Gemeinde brauchen, was er oder sie können sollte … Sie können sich ja noch einen Moment beratschlagen, es geht in wenigen Minuten los."
> Alle Anwesenden versammeln sich dann im Stuhlkreis. Die Spielleiterin führt in die Gemeindeversammlung ein, erläutert nochmals die Situation und bittet die einzelnen (oder Gruppen) um Stellungnahmen, was ihnen wichtig ist, wonach sie sich sehnen, was sie für verzichtbar halten. Nach der ersten Runde moderiert sie das Gespräch, sammelt Kriterien und benennt Widersprüche. Nach einer Weile kann eine weitere Frage nach Mitbestimmungs- und Beteiligungswünschen folgen: „Was meinen Sie, wer sollte diese Entscheidung treffen, wer sollte daran unbedingt beteiligt werden?"
> Eine Alternative ist es, die Versammlung unter der Maßgabe einzuberufen, dass die Gemeinde in den nächsten fünf Jahren 25.000 € einsparen muss. Worauf könnte man verzichten – worauf auf keinen Fall? Diese Variante empfiehlt sich nur in Gemeinden, die keinem akuten Spardruck unterliegen.
> Das Rollenspiel wird beendet durch eine Phase des „Entrollens". Die Anwesenden tauschen die Plätze, sind wieder sie selbst und berichten, wie es sich in der Rolle lebt, die sie gespielt haben. Hierbei steht dann die Frage im Mittelpunkt, welche Bedeutung die unterschiedlichen Perspektiven für die Gemeinde haben, wo (und wo nicht) sie artikuliert und gehört werden können und welche Kommunikationsform das erleichtert.

Dieses *Einüben in die Milieuperspektive* kann mit einer komplexen Gemeindeerkundung verbunden werden. Hierfür begehen die Beteiligten in Gruppen das Gemeindegebiet und erfassen unterschiedliche Wohnsituationen, Lebensbedingungen, sichtbare Probleme oder relevante Themen, beliebte öffentliche Orte, Treffpunkte und Kommunikationszentren, Randgebiete (und Randgruppen), wichtige Einrichtungen, Vereine etc. Hierfür haben zahlreiche Arbeitsstellen für Gemeindeentwicklung, Verantwortliche in der Vikarsausbildung oder auch das Gemeindekolleg der VELKD Checklisten und Erkundungsbögen erarbeitet, die sich hier nutzen lassen. Eine Fundgrube ist außerdem das Arbeitsbuch Ökumenische Gemeindeerneuerung, das den komplexen Prozess von Gemeindeentwicklungsteams beschreibt und zahlreiche Arbeitshilfen liefert (Literaturangabe s.u.).

In einem weiteren Schritt bekommen die am Workshop Beteiligten eine in hoher Vergrößerung kopierte Karte vom betreffenden Gemeindegebiet. Sie erarbeiten jetzt eine *Analyse der räumlichen Anordnung der Milieus*. Dafür tragen sie mit verschiedenen Farben die Milieus in die Straßenzüge ein: Wer wohnt wo und warum? Welche Gruppe dominiert wo? Was hat das zu tun mit Kosten, mit dem Alter, mit der Tradition, mit den Voraussetzungen der Lebensführung? Es ist sinnvoll, zu diesem Schritt die Gruppe zu teilen. Dabei sind zwei Varianten denkbar: Entweder die gesamte Karte wird in Stücke geschnitten und jede Teilgruppe bearbeitet (mit allen sechs Farben) einen Teil der Gemeinde oder der Region. Dann können in der Auswertung die Stücke an einer Pinnwand wieder zusammengefügt werden. Oder es bearbeitet jede Gruppe ein oder zwei Milieus auf einer Kopie der Gesamtkarte. Damit ist die Herausforderung verbunden, dass die Ergebnisse hinterher nur in einem entsprechend großen Raum auf mehreren Pinnwänden verglichen werden können und anschließend auf eine gemeinsame Karte übertragen werden müssen. Zum Ausgleich ist die Arbeit bei dieser Variante meist intensiver. Wo man zu Anfang meint, ein Milieu gebe es in der Gemeinde gar nicht, kommt die Gruppe dann meist doch auf erstaunliche Ergebnisse.

Anschließend empfiehlt sich eine *Auswertungsphase*, zum Beispiel anhand der Angebote einer Gemeinde. In welchem Stil finden die Angebote statt, für welche Milieus sind sie attraktiv?

Ebenso: Zu wem passen das Layout des Gemeindebriefs, die Öffnungszeiten des Gemeindebüros, die Gardinen im Gemeindesaal? Was bedeuten die gesammelten Erkenntnisse für die Gemeinde? Wer müsste dringend von ihnen erfahren und wie kann das geschehen? Welche Konsequenzen könnte oder sollte das haben und wer müsste dafür gewonnen werden?

Ein solcher Workshop wird im Ergebnis immer beides erreichen: eine gründliche, erfahrungsgestützte Datensammlung über die Situation der Gemeinde und eine starke Aktivierung der Beteiligten. Die Bedeutung der Verschiedenheit auf den unterschiedlichen Ebenen wird im Lauf eines solchen Workshops sinnlich erfahrbar und prägt sich ein. Der Workshop eignet sich – in verkürzter Form – auch sehr zur Teamentwicklung in Kirchengemeinden und Einrichtungen. Er stärkt das Verständnis füreinander und trägt verlässlich dazu bei, Atmosphären zu beleben.

3. Leitfaden für die Planung

Die Analyse von Milieus in der eigenen Gemeinde oder Region erhöht ohne Zweifel die Sensibilität für Unterschiede und damit für die eigenen Mitglieder und solche, die darüber hinaus an der kirchlichen Arbeit Interesse haben. Darüber hinaus lassen sich Konsequenzen für die kirchliche Arbeit nur dort erreichen, wo Entscheidungen getroffen werden darüber, welche Folgen die Erkenntnisse für die eigene Arbeit haben können oder sollen. Solche Entscheidungen sind nicht pauschal für die gesamte Kirche oder jede Gemeinde zu treffen. Sie müssen vor dem Hintergrund der eigenen Situation und der regionalen Besonderheiten entwickelt werden. In diesem Abschnitt geben wir Anregungen und Hinweise zur strategischen Planung kirchlicher Arbeit – von grundsätzlichen Entscheidungen (3.1) über die konkrete Verständigung auf die Ziele der Arbeit für oder mit Milieus (3.2) bis zu Hinweisen für milieugerechte Arbeits- und Beteiligungsmuster. Was dies für den Glauben und die Theologie bedeutet, steht im Zentrum des Kapitels V., etwa in der Frage, wie das eine Evangelium für Menschen unterschiedlicher Milieus verstehbar werden kann.

3.1 Grundsatzentscheidungen

Was nützt es den Verantwortlichen in einer Gemeinde oder einem Kirchenkreis, um die Vielfalt der Milieus zu wissen? Die Milieuperspektive verhilft zunächst dazu, die eigene Sichtweise, auch die eigene Bewertung kirchlicher Arbeit zu relativieren. Idealerweise stärkt sie die Wertschätzung für die anderen, für Menschen, deren Lebensweise oder Einstellung wenig zur eigenen passt – und die trotzdem kirchliche Arbeit nicht nur nutzen, sondern auch mitgestalten können sollen. Die Milieuperspektive ist nicht das einzig wahre Wahrnehmungsraster, aber eines, das sehr deutlich auf die Grenzen der eigenen Möglichkeiten verweist und Fragen aufwirft. Wo sich Gruppen mit dieser Perspektive befassen und mit ihrer Hilfe die eigene Arbeit betrachten, stellt sich fast immer die Erkenntnis ein: So wie bisher kann es nicht weitergehen, wenn wir wirklich für alle da sein wollen.

Wollen wir denn in der Kirche für alle da sein? Wollen wir allen ein „Programm" bieten, das ihnen gefällt und nützt, oder ist es nicht sinnvoller, sich zu konzentrieren, zum Beispiel auf solche Menschen, die die Kirche wirklich brauchen, weil sie noch nie vom Evangelium gehört haben, weil sie sich in Not befinden und eine Anlaufstelle suchen oder eine christliche Gemeinschaft gut gebrauchen könnten? Oder müsste man nicht sagen, dass das Angebot der Kirche inzwischen derart bekannt ist, dass alle, die es nutzen wollen, sowieso den Weg finden? Dann wären die, die sich dafür interessieren, schon längst da. Eine Hinwendung zu den „anderen", zu Menschen, die sich bislang nicht interessierten, die nicht teilnehmen mochten – verschwendete Energie? Dann könnte man sagen: Wir sollten die Arbeit tun für die, die zu uns kommen, nicht für die, die weg bleiben und meckern.

Die Milieuperspektive zeigt uns, dass wir hierin vermutlich einem Trugschluss unterliegen. Denn die Interessen sind – ebenso wie offenbar die Zugangschancen zur Kirche – zwischen den Milieus nicht gleich verteilt. Es hat offenbar der soziale Status, das Alter, die Wohnsituation oder der Musikgeschmack etwas damit zu tun, wie leicht Menschen zur Kirche oder zum Glauben finden. Und wenn wir davon ausgehen, dass das Evangelium wirklich für alle Menschen bestimmt ist, stellt sich die Frage:

Darf das sein? Natürlich sind Menschen mit viel freier Zeit leichter in eine Gruppe im Gemeindehaus einzuladen. So verwundert es nicht, dass vor allem Ältere (Frauen) und nicht-Erwerbstätige am kirchlichen Leben teilnehmen, während Erwerbstätige und/ oder Jüngere, vor allem Männer, besonders häufig überhaupt nicht teilnehmen. Untersuchungen über das Ehrenamt, z.B. der Freiwilligensurvey, zeigen, dass gerade Männer im mittleren Alter, besonders die mit Familie, Haus und anstrengendem Beruf, sich am Feierabend noch fürs Gemeinwohl engagieren, im Sportverein, in der Bürgerinitiative oder in der freiwilligen Feuerwehr. Das macht Spaß, lässt die eigenen Kompetenzen spüren, bringt nette Gesellschaft und soziale Anerkennung und ist nicht zuletzt noch für einen guten Zweck.

So wie man Arbeiterkinder selten an der Universität trifft, finden vor allem junge erwerbstätige Menschen, die gern etwas erleben, sich gern einbringen und ausleben oder Bildungsveranstaltungen nicht zu ihren Hobbys zählen, nicht so recht in die Kirche. Und das ist ungerecht. Langfristig ist es zudem höchst ungünstig, denn solche Menschen finanzieren die Arbeit der Kirche zu einem enorm großen Teil. Und sie erziehen die Kinder, die auch in zwanzig Jahren noch einen Zugang zum Glauben haben und zur Kirche gehören sollen.

Manche Menschen brauchen tatsächlich in ihrem Leben die Gemeinschaft von Menschen in einer Kirchengemeinde nicht besonders. Sie haben ihre Arbeit, ihren Freundeskreis, ihre Familie. Sie haben ausreichend Informationen über alles Mögliche, und immerzu zahlreiche Angebote außerhalb der Kirche, die auf ihre Zielgruppe zurechtgeschnitten sind. Sie brauchen nicht noch weitere Vorträge, Konzerte, Gespräche oder Feste – es sei denn, es hätte einen Bezug zu Themen oder Lebensbereichen, in denen sie bisher unterversorgt waren, zum Beispiel zu Sinnfragen, Fragen des Glaubens oder einer spirituellen Praxis. Wenn zum Beispiel eine Kritische aus einer solchen Motivation heraus sechs Wochen lang an Exerzitien in der Passionszeit teilnimmt, aber niemals an einem der anderen Kreise der Gemeinde, kann dies ein gelungener Zugang zum Glauben sein und für die Kirche möglicherweise ein „Erfolg". Wir mögen nicht darüber urteilen, was für den jeweiligen Menschen gelungen ist und woran man dies messen könnte.

Manche Anziehungs- und Abstoßungseffekte haben ihren Sinn, zum Beispiel dort, wo 40-Jährige nicht auf die Idee kommen, zum Erzählcafé zu kommen, in dem eine Fachkraft für Seniorenarbeit mit einem biographischen Zugang arbeitet, oder dort, wo sich Ältere nicht zur Zelt- und Kletterfreizeit anmelden. Zum Orgelkonzert kommt eben nur, wer die Orgel schätzt, zur Nacht der Kirchen kommt nicht, wer nach der Tagesschau zu Bett geht. Wenn aber ein Pfarrer Gottesdienste für Hochkulturelle feiert und davon ausgeht, dass sich dann eben das Publikum sortieren werde, dass Menschen mit anderen Vorlieben sich andere Gottesdienste suchen werden, ist das nicht mehr so einfach. Denn wenn „Gottesdienst" auf dem Programm steht, gehen wir in aller Regel davon aus, dass ein solcher Gottesdienst „für alle" sei oder gar das „Zentrum" all dessen, was in der Kirche geschieht. Kommt also beispielsweise ein Geselliger oder Mobiler zufällig auf die Idee, den Gottesdienst zu besuchen, und erfährt er auf sinnliche Weise „am eigenen Leibe", dass das nichts für ihn ist, sucht er sich kaum einen anderen Gottesdienst. Ist er der Kirche nicht bereits sehr verbunden, wird er nicht suchen, sondern das Erlebte bewerten: „Kirche ist nichts für mich".

Jetzt müsste es darum gehen, die Anziehungs- und Abstoßungseffekte bewusst zu steuern, sie zu nutzen, damit das Evangelium tatsächlich alle Menschen erreicht. Ein Gottesdienst für Hochkulturelle könnte dann zum Beispiel als solcher gekennzeichnet sein und einen Verweis auf Veranstaltungen aller Zielgruppen enthalten. Wo Effekte auf Menschen der verschiedenen Milieus gewollt sind, braucht es aber mehr als kleine Korrekturen. Es bedarf einiger strategischer Entscheidungen, die zugleich theologische sind: Wenn nicht nur Lebens-, sondern auch Glaubens- und Theologiewelten so unterschiedlich sein können wie die von Kristina, Bruno und Melanie am Anfang dieses Buches (Kapitel I.), und wenn doch die christliche Botschaft allen Menschen gilt, wie ist dann der Zusammenhang – nicht nur der Unterschied – zwischen diesen unterschiedlichen Milieuformen des Glaubens zu denken? Zerfällt die Kirche dann eben doch de facto in Milieukirchen? Lässt sich die Botschaft als Botschaft für alle so umsetzen, dass das kirchliche Leben sich jenseits aller Milieus befindet? Anhand von drei Modellen möchten wir zeigen, was das bedeuten kann:

Modell 1 – jedem Milieu seine Kirche: Dieses Modell ist am leichtesten vorstellbar: Bruno bekommt seine Traditionskirche vor Ort, Melanie die themenorientiert arbeitende Gruppe bei der Stadtakademie, Kristina eine Kulturkathedrale. Die Stile und Interessen dieser kirchlichen Welten driften mit ihren Milieus immer weiter auseinander. Am Ende der Entwicklung stünden dann anstelle der einen großen Kirche eine Anzahl von Milieukirchen, die die Vorurteile voneinander pflegen – und dabei die Botschaft vertreten, dass vor Gott die Unterschiede von Mann und Frau, Sklave und Freier, griechischer oder jüdischer Tradition (Gal 3,28) – und dann doch wohl auch die Unterschiede der Milieus – nichts gelten. Eine recht unglaubwürdige Situation – und eine, die das Potenzial der deutschen Volkskirche verspielen würde, ein Potenzial, das es in den USA mit seiner Fülle von Denominationen, nicht selten nach sozialem Status gewählt, nicht gibt.

Modell 2 – eine Kirche jenseits der Milieus: Es gibt Kirchen, die das versuchen, vor allem solche mit einer Erweckungstradition. Sie bieten eine eigene neue Lebenswelt und eine eigene Glaubenssprache. Menschen, die hier heimisch werden wollen, müssen ihr altes Milieu aufgeben und ihre alte Sprache verlernen. Diese Kirche bildet dann so etwas wie ein eigenes kleines Milieu. Und von außen darauf blickend wundert man sich, wie hier Menschen aus den unterschiedlichen Herkunftsmilieus blendend miteinander auskommen und intensiv miteinander zu tun haben. Sie alle reden davon, wie sie sich bekehrt haben, das Jesus Christus jetzt in ihr Leben gekommen ist, üben Gebetsgemeinschaft und stille Zeit. Allerdings müsste schon ein großer Zufall dazu kommen, dass Kristina, Bruno oder Melanie in diese Gruppe finden, vielleicht weil jemand, den sie kennen, sie einlädt und weil sie zu diesem Zeitpunkt eine Lebenskrise haben und sich danach sehen, aus ihrem alten Leben auszusteigen. Ein Modell für die Volkskirche und ihre vielen Kirchenmitglieder ist es nicht. Und auch das könnte man fragen: Muss sich dieses Sondermilieu dann nicht doch langfristig irgendwo im Spektrum der Stile verorten, ein Übergewicht einiger Milieus verzeichnen und dann mehr darauf zielen, alle in ein bestimmtes Milieu mit bestimmten musikalischen Vorlieben oder bestimmten Geselligkeitsvorlieben hinein zu bekehren?

Modell 3 – eine Kirche, die Milieus miteinander verbindet: Kristina, Bruno und Melanie drücken ihren Glauben unterschiedlich aus, aber es müsste doch auch Zeichen geben, die es ihnen und den anderen anzeigen: Wir dürfen unterschiedlich sein und sind dennoch gemeinsam Christen, aber es gibt etwas, was uns verbindet. Wo und wie erleben sie das? Eine Analyse und Planung kirchlicher Arbeit wäre unvollständig, wenn sie zur Beantwortung dieser Frage nicht auch Antworten liefern würde. Aber es dürften keine vorschnellen und oberflächlichen Antworten sein, die so tun, als ließe sich damit die Erkenntnis wieder zurücknehmen, dass unsere Gesellschaft und mit ihr die Kirche sich in Milieus ausdifferenziert. Deswegen werden wir diese Frage erst zum Schluss des Buches in Kapitel V. wieder aufnehmen.

3.2 Menschen „erreichen" und andere Ziele

Eine Gemeinde, ebenso eine Region oder ein funktionaler Dienst, sollte sich darüber im Klaren sein, was das eigene Ziel ist: Warum wollen wir Menschen „erreichen"? Welche Phantasien sind hier vorherrschend darüber, wie Menschen für den Glauben ansprechbar sind, in welchen (sozialen) Formen sie sich damit beschäftigen müssen, um einen „lebendigen Glauben" zu haben? *Was erwarten wir von den Menschen*, mit denen wir es zu tun haben? Sollen sie regelmäßig kommen und an etwas teilnehmen? Sollen sie mitarbeiten, regelmäßig zum Gottesdienst gehen – und was verstehen wir unter regelmäßig? Hinter der Formel „Menschen erreichen" versteckt sich meist eine unklare Vorstellung davon, was das heißt. Das Ziel „Glauben wecken und fördern" scheint demgegenüber zunächst präziser und plausibler, denn schließlich geht es der Kirche letztlich nicht darum, Freizeitangebote zu machen und dafür Interessierte zu werben. Störend an dieser Formel ist jedoch der unklare Bezug zur eigenen Arbeit: „Glauben wecken" kann auch die Radio-Andacht oder das Gespräch mit der Nachbarin, ohne dass wir wüssten, wie wichtig die Arbeit in einer Gemeinde dabei gewesen ist.

Manche erheben darum eine Beteiligung am Gemeindeleben zum Ziel und investieren alle Energie in diesen Bereich der

Arbeit: Aus Kindergarteneltern sollen freiwillige Kuchenbäcker beim Gemeindefest werden oder Teilnehmerinnen am Glaubenskurs. Mütter aus der Krabbelgruppe sollen neue Gruppen anleiten. Gottesdienstbesucher sollen hinterher am Gespräch über die Predigt teilnehmen und am besten selbst am Gottesdienst mitwirken. Ein Mehr an Teilnahme bedeutet hier ein Mehr für die Gemeinde. Teilnahme ist der Indikator dafür, ob die bisherige Arbeit gelungen ist oder nicht.

Aus der Milieuperspektive ist dies eine wenig zweckmäßige Haltung. Es gibt zahlreiche Milieus, etwa die Mobilen, Kritischen oder Zurückgezogenen, die Geselligkeit in der Gemeinde wenig schätzen: „Es ist wunderbar, wenn mein Kind einen guten Konfirmandenunterricht bekommt und in der Gemeinde glaubwürdige Menschen trifft. Warum sollte ich deswegen an einem Gesprächskreis teilnehmen oder selbst beim Unterricht mitmachen?" Angehörige mancher Milieus mögen auch nicht in verantwortliche Positionen geraten, sie trauen sich nicht mehr zu, als selbst etwas zu nutzen, das ihnen angeboten wird. Sie sind keine „Macher" und „Planer". Oder sie sehen grundsätzlich in einer längerfristigen Bindung an eine Gemeinde keinen Sinn. Sie fragen nach dem aktuellen Geschehen und verabschieden sich, wenn das nichts für sie ist. Sie haben „ihre Leute" außerhalb der Gemeinde, „docken sich an", wo es passt, sind aber nie auf Dauer zu gewinnen.

Wir denken, dass das „Erreichen" von Menschen darum anders verstanden werden sollte: als ein zweckmäßiges, attraktives „Angebot" von Berührungspunkten, an denen sich Glaube und Lebenswelt begegnen und das eine für das andere an Bedeutung gewinnt. Gelungen ist dies im Raum der Kirche dort, wo Menschen solche Berührungspunkte sehen und nutzen können, wo für alle Menschen der *Reiz des Evangeliums* in einem Stil spürbar wird, der nicht abstößt, und wo sie eine Vorstellung davon gewinnen können, wie sich diese Berührung mit dem Wirken Gottes bewahren, die Erfahrung fortsetzen lässt. Solche Fortsetzungen muss es außerhalb von Gruppen und Kreisen in der Ortsgemeinde geben, ebenso wie eine Ortsgemeinde mit dem Wirken nichtparochialer „Angebote" rechnen kann.

So gesehen bedeutet die Milieuperspektive eine deutliche *Entlastung*. „Angebote" gehören darum in unseren Augen in

Anführungszeichen. Es kann nicht darum gehen, vom Wissen über Milieus sechs verschiedene Gottesdienste anzubieten oder immerzu Feste für die einen und Meditation für die anderen. Es muss kein Mehr an Arbeitsbelastung geben, nur ein Mehr an Aufmerksamkeit für die Kommunikationsgewohnheiten der Milieus. Dann stellen wir fest, dass eine gute Öffentlichkeitsarbeit für manche Milieus mehr Verständnis für das Evangelium schafft als das „Angebot" der Ortsgemeinde, dass punktuelle, zufällige Erfahrungen mehr bewirken können als Hausbesuche oder Kreise – bei anderen Milieus wird es umgekehrt sein.

Welche *Konsequenzen* hat nun aber das Wissen um die Verschiedenheit der Menschen für eine Orientierung an Zielgruppen kirchlicher Arbeit? Natürlich wird keine Gemeinde wirklich „Milieugottesdienste" unter diesem Titel anbieten. Sehr wohl wissen wir aber, dass zahlreiche Gottesdienste längst „Milieugottesdienste" sind – für Hochkulturelle oder Bodenständige, manchmal auch für Kritische oder Gesellige. Was ist die Konsequenz daraus? Ist es die Haltung, dass einige Milieus vergleichsweise leicht für einen Gottesdienst zu gewinnen sind, anderen Menschen eher ein Event, ein Fest oder ein guter Gemeindebrief geboten werden muss? Oder das Ziel, zumindest einige Milieus in bestimmten Arbeitsbereichen zu integrieren?

Hier ist der Gedanke der *Mission* unmittelbar berührt: Milieubotschaften sind Botschaften nach innen und ebenso nach außen. Wie ist Mission als Wendung nach außen, wie ist eine neue Kommunikation von Fragen der Religion und des eigenen Glaubens denkbar? Welche Rolle spielen die Missionarinnen und Missionare? Müssen die „Profis" alle Sprachen sprechen, oder genügt es, wenn sie sich auf das spezialisieren, was sie kennen, auf das Milieu, aus dem sie selbst stammen? Niemand kann aus seiner Haut, niemand kann so tun, als teile er fremde Vorlieben. Trotzdem: Müssten wir nicht von den Menschen mit Verkündigungsauftrag erwarten, dass sie mehr als eine Sprache sprechen, das Evangelium in mehr als einer Sprache darstellen, mit mehr als einem milieuspezifischen Clou? Oder dürfen wir – im Sinn einer Priesterschaft aller Glaubenden und jenseits der Erwartungen an Pfarrerinnen und Pfarrer – darauf vertrauen, dass die Kirche jetzt schon in allen Milieus ihre Botschafterinnen und Botschafter hat?

Im Folgenden stellen wir Methoden vor, die Arbeits- und Beteiligungsformen kirchlicher Arbeit so zu planen, dass Menschen unterschiedlicher Milieus ihren Zugang finden.

3.3 Arbeits- und Beteiligungsformen milieugerecht gestalten

Milieus und Arbeitsformen können auf unterschiedliche Weise aufeinander bezogen werden. Hier sind bereits Entscheidungen vorausgesetzt, die notwendigerweise einen kirchenreformerischen Ansatz haben. Fünf Ansätze zeigen, wie unterschiedliche Entscheidungen bestimmte Arbeitsformen nach sich ziehen und den Menschen entsprechend sehr unterschiedliche Beteiligungsformen bieten. Diese Ansätze folgen verschiedenen Logiken, über die wir nicht urteilen wollen. Im Mittelpunkt stehen für uns die Vor- und Nachteile, die in den jeweiligen Ansätzen plastisch zum Ausdruck kommen:

„Aufbauen auf Bestehendes" lautet ein Ansatz, der pragmatisch und ressourcenorientiert vorgeht: Man lässt sich bei der Entscheidung davon leiten, was man schon gut kann, wer bereits da ist, an Angeboten teilnimmt und Aufgaben übernimmt. Das bedeutet, den bisher schon (unbewusst) bestehenden Milieu-Schwerpunkt weiter auszubauen. Das ist für eine optimale Ausnutzung der gegenwärtig vorhandenen, begrenzten Kräfte durchaus sinnvoll: Wir tun das, was wir am besten können, mit den Menschen, die wir jetzt schon erreichen. Fraglich ist, ob dieser Ansatz sich langfristig bewähren kann und nicht zwangsläufig ein enormes Abschmelzen des kirchlichen Mitgliederbestands zur Folge hat, weil er für bestimmte Milieus keine Anknüpfungspunkte mehr bietet. Ein weiterer Nachteil dieses Ansatzes besteht darin, dass er meist stark auf Hauptamtliche ausgerichtet und in der Beteiligung von Ehrenamtlichen eher statisch ist: Wer ausfällt, wird ersetzt durch jemanden, der diese Arbeit übernimmt. Eigene Interessen der Beteiligten und neue Impulse spielen eine untergeordnete Rolle.

„Auf Wachstum ausgerichtet" könnte man einen Ansatz nennen, der sich als missionarisch versteht und vor allem den Erfolg für die Organisation, eine zweckmäßige soziale Einheit, zum Ziel hat: Wie können wir neue Mitglieder gewinnen? Durch

welches Handeln können wir erfolgreich für uns (und die Botschaft) werben? Hier bietet sich das Milieu der Geselligen an, weil es leicht für ein vereinskirchliches Christentum mit starken geselligen Elementen und einer hohen Wertschätzung für die Lebensform der Familie bei nicht zu radikaler Modernisierung geworben werden kann – wie blühende Vorstadtgemeinden oder auch überregionale Gemeindebildungen zeigen. Dieser Ansatz punktet mit einer Optimierung in bestimmten Dimensionen – und vernachlässigt andere. Er macht es Menschen schwer, die eine höhere soziale Distanz bevorzugen, eine Abneigung gegen zu enge Bindungen an Menschen außerhalb von Familie und engstem Freundeskreis und gegen allzu starke Überzeugungen und weltanschauliche Positionierungen haben. Auch kommen nach diesem Ansatz Milieus, die vor Ort dominieren, weniger zu ihrem Recht, vor allem traditionsorientierte Bodenständige oder Zurückgezogene. Obwohl dieser Ansatz sich zunächst durch eine relativ hohe Orientierung an den Bedürfnissen der Interessierten auszeichnet, ist auch hier die Beteiligungsform eher statisch: Die Gemeinschaft und ihr Bestand und Wachstum dominieren die Interessen der Einzelnen und begrenzen die Möglichkeiten der Veränderung und die Vielfalt der Organisation.

„Image-orientiert" nennen wir einen Ansatz, der sich der Präsenz und der Ausstrahlung einer „Kirche am Ort" bewusst ist. Er fragt danach, wie eine Gemeinde in ihrem Umfeld die größte Wirkung erzielen kann, welche Milieus die öffentliche Meinung bestimmen und darum vor Ort besonders wichtig sind, wo also die Querverbindungen in das relevante Leben am Ort bestehen. Dieser Ansatz ist zwangsläufig stark auf die Bildungsmilieus konzentriert und richtet die Aufmerksamkeit zunächst vor allem auf Hochkulturelle und Kritische. Von hier aus fällt es häufig schwer, Arbeitsformen auszubilden, die auch Menschen aus den anderen Milieus integrieren, und eine Wertschätzung von Ehrenamtlichen jenseits des sozialen Status zu erreichen. Dafür bietet dieser Ansatz die Chance, durch die Einbindung vieler Personen, zum Teil aus dem öffentlichen Leben, die Basis der Aktiven zu verbreitern. Wo man Verantwortung übernehmen und der Kirche und ihrer Botschaft zu mehr Geltung verhelfen mag, hat man hier zahlreiche Möglichkeiten, wenn sie nicht durch die Binnenstruktur der Gemeinde begrenzt werden.

„Ökumenisch-vernetzungsorientiert" ist eine parochiale Arbeit, die die eigene Gemeinde in einem Netzwerk mit Nachbarkirchen verortet. Während der Horizont der meisten Entscheidungsmodelle die jeweils eigene Gemeinde ist – das, was ihr am besten nützen könnte, hat dieser Ansatz das Wohl der Kirche insgesamt im Blick. Er akzeptiert auf eine pragmatische Weise die Gemeindegrenzen, bewegt sich in seinen Arbeitsformen und Entscheidungsprozessen jedoch in einem Gesamtsystem von mehreren Gemeinden. So soll die überlokale Mobilität bestimmter Milieus Berücksichtigung finden, gleichzeitig die „Kirche am Ort" sichtbar und erreichbar bleiben. Hierin ergibt sich die Möglichkeit, Milieuschwerpunkte von Einzelgemeinden mit den Nachbargemeinden abzustimmen zu einem Netz an unterschiedlichen Milieuschwerpunkten. So kann die Kirche gewährleisten, dass die vielen Milieus je ihren Schwerpunktort finden können und nicht nur die Milieus bedient werden, die der Organisation den größten Nutzen bringen oder die sich insgesamt gegenüber anderen durchsetzen. Erst dann wird auch der als letzter genannte, diakonisch-auftragsorientierte Ansatz seinen bedeutsamen Platz finden können.

Der ökumenisch-vernetzungsorientierte Ansatz bringt jedoch auch größere Herausforderungen mit sich: Er kann nur Früchte tragen, wo sich starke Partner zusammentun, die es wagen, auf Arbeitsbereiche zu verzichten und sich im Gegenzug dort zu profilieren, wo sie stark sind. Und er ist abhängig von einer gewissen Bandbreite der Verschiedenheit in der jeweiligen Region, damit wirklich unterschiedliche Milieus zum Zuge kommen. Darüber hinaus fordert er eine Mobilität von allen, die auf diese Weise direkt am Wohnort nicht optimal „bedient sind". Einige Milieus schaffen es weniger gut, in der Nachbargemeinde zum Gottesdienst zu gehen, wenn die Gemeinde direkt vor der Tür sich auf Jugendliche spezialisiert hat und nur noch Rock-Gottesdienste am Sonntagabend stattfinden. Nicht zuletzt ist dieser Ansatz abhängig von einer guten Öffentlichkeitsarbeit, die den Menschen am Ort das Modell transparent macht, dafür sorgt, dass keine Missverständnisse entstehen und allen deutlich wird, welche Chancen sich dadurch ergeben. Ähnlich viel Mühe bedeutet es, für die Verschiedenheit der kirchlichen Orte auch eine Verschiedenheit der Beteiligungsmuster zu schaffen.

„*Diakonisch-auftragsorientiert*" nennen wir schließlich den Ansatz, der die christliche Nächstenliebe, unabhängig vom Glauben oder von bestehenden Bindungen an die Kirche, in den Mittelpunkt der eigenen Arbeit stellt. Wenn eine Gemeinde dafür den Auftrag und die nötige Unterstützung erhält, vor allem von anderen Gemeinden des Kirchenkreises, dann kann sie ermutigt werden, die gewohnten Pfade kirchlicher Veranstaltungstypen zu verlassen und die Rechtfertigung ihrer Arbeit nicht aus Besucherzahlen der Sonntagsgottesdienste oder einem bestimmten Spendenaufkommen zu erzielen. Dann kann sie zu einer „Gemeinde für die Armen" werden – oder für die, bei denen das gängige Verständnis christlicher Bildung und christlicher Sozialität neu durchbuchstabiert werden muss. Dieser Ansatz ist, ganz abgesehen von diversen anderen Chancen, besonders dazu angetan, freiwillig Mitarbeitende zu integrieren und ihre Ideen und Visionen optimal zu nutzen.

Unabhängig vom Ansatz milieuorientierter Arbeit ist zu bedenken, dass eine Auseinandersetzung mit der Verschiedenartigkeit der Menschen immer eine *Arbeit mit Projektcharakter* bedeutet. Wer ein Projekt entwickelt, muss sich automatisch mit den Dynamiken des Projektmanagements auseinandersetzen, etwa einer relativen Infragestellung des Bestehenden und der Notwendigkeit, fremde Perspektiven in die Arbeit einzubeziehen. Als Projekte im engeren Sinne werden in der Literatur zur Leitung von Betrieben und Sozialeinrichtungen Aufgabestellungen beschrieben, die dadurch charakterisiert sind, dass sie eine erhebliche Neuerung der Arbeit darstellen, sehr komplex sind und ihre Umsetzung nicht nebenbei im Rahmen der üblichen Tätigkeiten sinnvoll ist. Darum brauchen Projekte eine deutliche Entscheidung für das Projekt. Dabei ist das Ziel klar zu definieren, an die nötigen Ressourcen zu denken und ein Zeitplan zu entwickeln.

Ein Beispiel für ein solches Projekt unter Verwendung der Milieuperspektive ist die Angebotsdatenbank des evangelischen Dekanats Wiesbaden. Ziel war es, der Verschiedenheit der Kirchenmitglieder in einem städtischen Kontext durch ein spezifisches Diversity-Management Rechnung zu tragen:

> *Die Angebotsdatenbank des evangelischen Dekanats Wiesbaden*
>
> Das evangelische Dekanat Wiesbaden hat eine Angebotslandkarte sämtlicher kirchlicher Angebote (neben Gottesdiensten, Kasualien und Einzelseelsorge) erstellt und dabei Milieuatmosphären in den Blick genommen. Solche Informationen, in einer elektronischen Fassung für sämtliche Mitarbeiter zugängig, verhelfen im Dekanat zu zielgerichteten Entscheidungen bei der Planung der Arbeit. Jetzt ist es möglich, dass Synodale und Kirchenvorsteher sich selbständig informieren.
>   Damit werden Entscheidungen auf breiterer Basis erleichtert. Damit wird es auch für die Ortgemeinden leichter, zu entscheiden, wo sie Schwerpunkte setzen wollen, die in die Region ausstrahlen, und wo sie sich nicht engagieren, weil andere etwas für sie mitmachen. Es wird einfacher zu klären, für welches Milieu man die Arbeit vor Ort weiterführen sollte und wo man auf andere Angebote im Dekanat verweisen kann.

Die Anregungen aus Wiesbaden haben auf unsere Vision von Kirche als Netzwerk stark eingewirkt. Diese Erfahrungen belegen aber auch, wie wichtig es ist, ein Projekt so einzurichten, dass auch die folgende, andauernde Pflege und Fortentwicklung dessen, was ein Projekt neu schuf, gewährleistet ist. Eine solche Projektarbeit bedeutet vor allem für Menschen mit einer hohen Traditionsbindung eine gewisse Herausforderung. Für einige Milieus, etwa für Bodenständige oder Zurückgezogene, ist es oft schwer, sich projektweise einzubringen, eigene Interessen zu vertreten und zur Umsetzung des Gelernten beizutragen. Langfristig werden sich derartige milieusensible Strukturen jedoch positiv auswirken und die Zahl der Anknüpfungspunkte für Glauben und Kirche deutlich erhöhen.

Weiterführende Literatur

Eberhard Hauschildt, Ist die Kirche ein Unternehmen? Ökonomische Gütertheorie und die Praxis im Evangelischen Dekanat Wiesbaden, in: Pastoraltheologie 93 (2004), 514–528.

Eberhard Hauschildt, Eine Angebotslandkarte für das Evangelische Wiesbaden, Milieutheorie und die Projekt-Kooperation mit der praktisch-theologischen Wissenschaft, in: Wolfgang Nethöfel/ Klaus-Dieter Grunwald (Hg.), Kirchenreform jetzt! Projekte – Analysen – Perspektiven, Netzwerk Kirche Bd. 1, Schenefeld 2005, 223–244.

Hans-Dieter Litke/Ilonka Kunow, Projektmanagement, Freiburg [6]2006.

Claudia Schulz, Milieuspezifische Profilierung von Ortsgemeinden. Umgemeindung in der Bremischen Evangelischen Kirche als Modell für mehr Beteiligung und Kirchenbindung? in: Pastoraltheologie 94, 2005, 341–359.

V. Milieubewusste Arbeit als theologische Herausforderung

1. Milieus als Problem und als Reichtum für die Kirche

Wir haben in Kapitel III. vorgeführt, wie stark das Erleben von Kirche milieugeprägt ist. Es bilden sich milieuspezifische Vorstellungen davon, wie Kirche überhaupt sein solle und wie nicht (siehe Tabelle 6). Da die Kirche aber für alle Milieus offen sein will, ergibt sich hier ein Problem: Menschen, die einem Milieu angehören, grenzen sich automatisch von anderen ab und verstärken mit der Distanz das Gefühl der Zugehörigkeit zur eigenen sozialen Gruppierung. Mitglieder von Milieus erfahren deutlich, dass andere (aus anderen Milieus) anders sind, irgendwie seltsam, unpassend, unnormal. So bilden sich grobe, abwertende Klischees darüber, wie andere Milieus seien. Die eigenen Milieubesonderheiten hingegen sind positiv besetzt. Die Nähe zu Menschen, mit denen man sich umgibt, zum eigenen Milieu, fällt nicht auf, sie ist das Selbstverständliche. Zum Thema wird, wie abseitig die anderen sind.

Distanzen zwischen Milieus gehören also immer dazu, wenn auf der anderen Seite Anziehungskräfte wirken. So befindet sich Kirche, ob sie will oder nicht, in einem Feld der Dynamiken von Anziehung und Abstoßung, ohne dass dies unmittelbar mit der eigenen Arbeit etwas zu tun hätte. Dass die Kirche sehr vielfältig ist und zu ihr die verschiedensten Milieuatmosphären gehören, macht es sehr wahrscheinlich, in ihr auch auf Menschen zu treffen, die den seltsamen Milieugeruch der anderen haben. Diese Begegnungen sind es dann auch, die den Menschen aus sporadischen Erfahrungen mit der Kirche am ehesten in Erinnerung bleiben – weil sie emotional stark besetzt sind.

Und selbst, wer gute Erfahrungen mit der Kirche macht bzw. sich in ihr engagiert, kennt dies: dass es in der Kirche die störend anderen Milieuformen gibt. Die Klischees der Kirchenkritik stehen den Milieus zur Verfügung: Die Kirche der Hochkulturellen gilt den anderen Milieus als „stolz", die Kirche der Bodenständigen den anderen als „kitschig", die Kirche der Mobilen als zu „laut", die Kirche der Kritischen als zu „beunruhigend", die Kirche der Geselligen als zu „vereinnahmend", die Kirche der Zurückgezogen als „nicht-existent". Dabei verraten solche Urteile mehr über die, die sie fällen, als über die mit den Urteilen Gemeinten. Denn dahinter stehen jeweils eigene Vorstellungen des jeweiligen Milieus von dem, was eine gelungene Kirche ist und was darum als empfindliche Störung dieses Gelingens erlebt wird.

In der öffentlichen Wahrnehmung, in dem, was man so redet über die Kirche, summieren sich die Negativketten. Und egal, was Kirche tut, egal worin sich eine Gemeinde engagiert, sie wird dabei immer das Feindbild bestimmter Milieus bedienen. Wenn dann einmal etwas nicht in das negative Klischee passt, gilt es als rühmlicher Ausnahmefall, der eben noch längst nicht die Regel widerlegt. Will die Kirche es nun stattdessen immer zugleich allen Milieus recht machen, dann ist auch dieser Mischmasch weit entfernt von den Vorstellungen des jeweiligen Milieus über gelungene Kirche. Man stelle sich etwa einen Gottesdienst vor, der zugleich niveauvoll und ganz eingängig, ordentlich und experimentell, traditionsorientiert und völlig innovativ sein will. Aus diesem *Milieu-Dilemma* gibt es kein Entkommen. Es ist wahrzunehmen. Auch positive Erfahrungen werden die Feindbilder nicht zum Verschwinden bringen. Aber die Feindbilder werden dann immerhin nicht das einzige sein, was einem zu Kirche einfällt (vgl. Tabelle 5 im Anhang).

Doch die Vielfalt der Milieus stellt für die Kirche längst nicht nur ein Problem dar, sie ist zugleich etwas in der Gesellschaft ziemlich Ungewöhnliches und Wertvolles. Dieser *Milieu-Reichtum* der Kirche stellt einen besondern Schatz dar: Welche Organisationen in der Gesellschaft mit freiwilliger Zugehörigkeit gibt es denn sonst noch, die die verschiedenen Milieus zu übergreifen versuchen? Wo ist es einigermaßen wahrscheinlich, Menschen aus einem anderen Milieu in Formen von Gemeinschaft wirklich zu begegnen? Die Kirche bietet einen der ganz wenigen Orte, wo der Anspruch besteht, dass dies möglich und gewünscht ist.

In der Tat: Zu den großen evangelischen Kirchen im deutschsprachigen Raum gehören Menschen aus den verschiedensten Milieus. Es macht einen Reichtum der Kirche – der „Volkskirche", zu der viele gehören – aus, dass Menschen ihren christlichen Glauben in der Vielfalt der Milieus dort leben können und sollen. Von diesem Reichtum profitieren die Kirche und die Gesellschaft. Es ist ein Milieu-Reichtum *für die Kirche*. Die unterschiedlichen Milieus bringen je ihre Weise des Glaubens in die Kirche ein. Sie betonen Elemente des christlichen Glaubens, die ohne sie leicht untergingen. Wer, wenn nicht die Mobilen, bringt in unsere Kirchen einen Sinn für das Ekstatische und Rauschhafte des Glaubens ein? Wer, wenn nicht die Bodenständigen, zwingt die Pfarrerinnen und Pfarrer dazu, sich mit der Einfachheit und Traditionsverhaftetheit der Glaubenspraxis auseinanderzusetzen?

Wer, wenn nicht die Hochkulturellen, begreift die Kirche konsequent in ihrer Leistung für die gesamte abendländische Kultur? Wer, wenn nicht die Kritischen, übernimmt in aller Schärfe die Herrschaftskritik des Evangeliums? Wer, wenn nicht die Geselligen, beharrt auf lebenspraktischer Sozialität des Glaubens? Wer, wenn nicht die Zurückgezogenen, erinnert konsequent daran, dass Glaube nicht in Geselligkeit aufgeht? Die jeweiligen Besonderheiten der Milieus sind theologieproduktiv. Sie bringen das Verständnis dessen, was die Botschaft des Evangeliums für die Menschen bedeutet, voran. Sie bringen die Predigerinnen und Prediger dazu, milieuspezifisch Theologie zu entwerfen (siehe Abschnitt V.3).

Aber ebenso ist der Milieu-Reichtum auch ein Reichtum *für die Gesellschaft*: Wenn es in der Kirche gelingt, etwas zur Begegnung zwischen den Milieus und zum Verständnis der Milieus für einander beizutragen, dann gibt sie von diesem Reichtum an die Gesellschaft weiter. Sie hilft dabei, dass es eine bessere Kommunikation und mehr Verständnis zwischen den Milieus der Gesellschaft gibt. Die Grenzen der Milieus gehen oft auch quer durch die Familien, mindestens verstärken sie Barrieren zwischen den Generationen. Darum hat jede milieubewusst gestaltete Kasualie hier Bedeutung für die Familienkulturen. „Suchet der Stadt Bestes" (Jer 29,1): Vom Reichtum gelingender Kontakte zwischen den Milieus der Kirche können alle profitieren.

2. Milieubewusste Arbeit und Zielsetzungen kirchlichen Handelns

Wie findet sich die Verantwortung dafür, mit milieubewusster Arbeit der Botschaft des Evangeliums zu dienen, in den Zielen kirchlicher Arbeit wieder?

Wie sehen *theologische Gründe für Entscheidungen* in Sachen milieubewusster Arbeit aus? Das Evangelium fordert von denen, die ihm dienen wollen, sich um Kommunikation mit den Menschen zu bemühen, die nun einmal so sind, wie sie sind. Falsche Hürden, die dazu führen, dass man sich an menschlichen Zufälligkeiten stößt statt an der Herausforderung des Evangeliums (vgl. Mk 14, 27), sind abzubauen.

Das spricht dafür, sich auf den Weg zu den Milieus zu machen. Konkret bedeutet es, das, was man kommunizieren will, in der Erfahrungswelt und Sprache der jeweiligen Menschen zu sagen. So ist die Kommunikation des Evangeliums immer vonstattengegangen – man denke nur an die Gleichnisse Jesu oder an die Grundsätze des Paulus für die Mission unter den Nichtjuden. Und das gilt auch hinsichtlich der Milieus. Es spricht darum alles für *milieuspezifisches kirchliches Engagement*. Weil ein Mischmasch für alle Milieus gleichzeitig nicht geht und sich die Botschaft dennoch an alle richtet, ist der Weg, es allen gleichzeitig recht zu machen, nicht nur aus pragmatischen, sondern auch aus theologischen Gründen versperrt. Er wird dem Reichtum der Verschiedenheit nicht gerecht. Sich milieuübergreifende Arbeit als Ziel vorzunehmen, ist darum problematisch formuliert und nicht genau genug bedacht. Aber es spricht auch theologisch alles dafür, nicht bei den Grenzen eines Milieus stehen zu bleiben, die Hürden zwischen den Milieus nicht auch noch mit Erscheinungsweisen kirchlicher Arbeit zu verstärken. Wenn es darum geht, dass die Menschen sich als Menschen vor Gott sehen und schätzen lernen, dann ist damit im Gegenteil die Aufgabe mit gesetzt, konkret und im Einzelnen solche Milieu-Hürden abzubauen. Darum ist eine Arbeit wichtig und nötig, die wir *milieuverknüpfende Arbeit* nennen.

Orte der Begegnung zwischen Milieus herzustellen und zu pflegen, die Klischees voneinander abzubauen, Kontakte zu erleichtern – weil dies alles zur Umsetzung des Evangeliums gehört, das erscheint uns als eine bedeutsame Aufgabe. Darum raten wir dazu, darauf zu achten, dass eine solche Tätigkeit durch Milieuspezifizierung nicht erschwert wird. Davon, dass die Aufgabe der Milieuverknüpfung bei den Kasualien fast immer in der Luft liegt, war schon die Rede. Aber neben den Festen im Familienzyklus sind die Feste im (Kirchen-)Jahreskreis ebenso wichtig. Denn bei aller Verschiedenheit der Weihnachtsfrömmigkeit der Milieus (siehe V.3.2) gibt das Fest einen gemeinsamen Anlass und einen gemeinsamen Ort, der verbindet. Dort kann Raum geschaffen werden, die Verschiedenheit der anderen wahrzunehmen und so zu erleben, dass sie Gemeinsamkeit nicht unmöglich macht.

Im folgenden Kapitel wird an der „normalen" Sonntagspredigt vorgeführt, wie sich auch hier eine Offenheit für verschiedene Milieus herstellen lässt. In persönlichen Katastrophen wie in Katastrophen, die alle Menschen in einer Stadt oder einem Land betreffen, braucht es Ausdrucksweisen, die bei aller notwendigen Milieusensibilität eine angemessene Sprache – im weiten Sinn – für die Suche nach Sinn und die Frage nach Gott finden kann, eine Sprache, die von den verschiedenen Milieus gehört, verstanden oder gar mitgesprochen werden kann.

Milieuverknüpfende Arbeitsformen lassen sich auch an vielen konkreten Beispielen aus dem kirchlichen Leben finden. Einem Kirchbauverein kann es gelingen, Menschen aus unterschiedlichen Milieus anzusprechen: Die Hochkulturellen und Kritischen würdigen das Engagement für die kulturelle Bedeutung von historischen Bauwerken, die Bodenständigen und Geselligen schätzen das gemeinschaftliche Arbeiten für Anliegen des Ortes, selbst Mobile sind anzusprechen, wo es um die Belange ihrer Heimat geht. Eine Mixtur aus der Arbeit an einem Finanzierungskonzept, praktischen Tätigkeiten und Events kann über das Symbol des Kirchengebäudes die Interessen verschiedener Milieus miteinander verknüpfen. Ebenso haben uns Erfahrungsberichte einer milieuverknüpfenden Gestaltung des Kirchenasyl erreicht: Wo dies zunächst eine typische Aufgabe für die Kritischen war, boten sich in einer Gemeinde bald Gesellige an, um die Wohnung im Gemeindehaus herzurichten. Um die Betroffenen mit Deutschunterricht zu unterstützen, bietet sich die Zusammenarbeit mit den Hochkulturellen an.

Milieuspezifisches wie auch milieuverknüpfendes Handeln ist vom Auftrag der Kirche her grundsätzlich geboten. Auf Dauer sollte beides an keinem kirchlichen Ort und in keiner Gemeinde fehlen. Eine andere Frage ist, wie mit den *Mehrheitsverhältnissen bei den Milieus* umzugehen ist. Es ist ja der Normalfall, dass etwa in einer Parochie oder einem Kirchenkreis nicht alle Milieus dem statistischen Durchschnitt entsprechend stark vertreten sind. Wie verhält sich die Planung zum jeweiligen Mehrheitsmilieu und zu Minderheitsmilieus? Dabei ist zu klären, von welcher Mehrheit man spricht: der Mehrheit der „Kerngemeinde", der Kirchenmitglieder oder der Wohnbevölkerung? Bei der Mehrheit anzusetzen verspräche, besonders viele zu erreichen. Andererseits ist die Minderheit vielleicht die, die die Kirche am nötigsten bräuchte. (Die Doppeldeutigkeit darin, wer hier wen braucht, ist bewusst formuliert.)

Eine Entscheidung für die Orientierung an der Mehrheit oder an einer Minderheit lässt sich mit theologischen Gründen nicht treffen. Die theologische Relevanz dieser Frage liegt vielmehr darin, dass sie *ökumenische Weitsicht* fordert. Die eigene Entscheidung ist in Hinsicht auf andere Gemeinden, Kirchenkreise usw. zu treffen und darum auch am besten in konkreter Absprache mit ihnen. Wir erinnern an die Vision von der Kirche als Netz (siehe Einleitung). Die Entscheidung bedarf der Verständigung auf regionaler Ebene darüber, wo bestimmte Milieus besonders angesprochen werden sollen, welche Orte die besten Voraussetzungen für die Konzentration auf das eine oder auf einige Milieus bieten, welche Orte die Konzentration auf andere Milieus nahe legen und an welchen Orten auf eine Schwerpunktsetzung zu verzichten ist, tendenziell z.B. auf dem Land. Dabei ist zu berücksichtigen, wie sehr Menschen aus bestimmten Milieus in ihrer Lebensgestaltung auf den Wohnort hin orientiert sind (siehe II.3.4). Vor allem ist sicherzustellen, dass diejenigen Milieus, deren Lage am prekärsten ist (sozial und/oder religiös), dabei nicht übergangen werden: also die Stillen und Zurückgezogenen und die der Kirche Entfremdeten. Jesus und Paulus jedenfalls gingen immer bewusst an die Ränder!

Von der Arbeit dieser beiden lernen wir auch: Die Präsenz unterschiedlicher Milieus in einer religiösen Gemeinschaft produziert fast automatisch *Konflikte*. Solche Konflikte werden nicht selten als theologische Konflikte erfahren und diskutiert. Die Milieuperspektive nun hilft dabei, etliche Konflikte in Kirche und Gemeinde neu zu verstehen – und zu erkennen, wieviel davon auf Spannungsverhältnisse in den unterschiedlichen Dimensionen des Lebens zurückzuführen ist, auf die verschiedenen Orientierungen, Einstellungen oder auch nur stilistischen Vorlieben.

3. Auf dem Weg zu einer milieusensiblen Theologie

„Gott führt mich wie ein Vater durchs Leben" und „Der Glaube gibt mir Geborgenheit". Diese Sätze aus dem Fragebogen der jüngsten Mitgliederstudie der EKD entsprechen vor allem für Hochkulturelle, aber auch für Bodenständige, besonders gut der eigenen Überzeugung. Es ist nicht verwunderlich, dass die eigenen Werte, Weltanschauungen, Erwartungen und stilistischen oder kommunikativen Vorlieben den eigenen Glauben an Gott prägen. Oder vielleicht ist es umgekehrt: Wir können die eine Botschaft eben dann besonders gut hören und verstehen, wenn sie in Bildern und Vorstellungen daherkommt, die wir mögen, mit denen wir etwas anfangen können oder die für uns attraktiv sind.

Spätestens hier betreten wir theologisches Glatteis: Ist denn die christliche Botschaft tatsächlich ganz unabhängig von Milieuvorlieben? Gibt es einen „Kern des Glaubens", der dann „nur" in verschiedenem Gewand zu erleben wäre? In diesem Abschnitt nähern wir uns diesen Fragen von zwei Seiten: Wir gehen aus von der Botschaft und fragen nach einer zweckmäßigen Auslegung für Menschen unterschiedlicher Milieus (3.1) und verfolgen am Beispiel der Weihnachtsgeschichte, was geschieht, wenn sich Milieuinteressen in Texte und Bilder verwandeln (3.2).

3.1 Die theologischen Vorlieben der verschiedenen Milieus

Eine Predigt ist – unter anderem – eine Aufbereitung der Botschaft für Menschen unterschiedlicher Milieus, so könnte man formulieren. Letztlich sind natürlich nicht nur Predigerinnen und Prediger dafür verantwortlich, dass das Evangelium „bei den ben erzählt, wird dieser attraktiv für andere. Dass hier milieuspezifisch geredet wird, tut dem Ganzen keinen Abbruch, ganz im Gegenteil. Wo jedoch für Viele, für eine Gemeinde in der Vielfalt ihrer Milieus gesprochen wird, könnte es hilfreich sein, nicht eine Pointe eines biblischen Textes absolut zu setzen, sondern sie eher milieuverknüpfend im Kontext von Bildern zu präsentieren, die auch von ganz anderen Milieus verstanden werden. Wer in verkündigender Funktion für die Kirche als ganze spricht, steht vor der Aufgabe, den milieuspezifischen Ausdruck des Evangeliums nicht so eng zu fassen, dass die Angehörigen anderer Milieus sich darin nicht mehr wiederfinden können.

In einem Beispiel möchten wir zeigen, wie dies möglicherweise gelingen könnte: Im Berliner Dom besuchen jeden Sonntag etwa 600 Menschen den Gottesdienst, vor allem Hochkulturelle und Kritische, die selten im Gemeindegebiet wohnen, aber auch Menschen verschiedener Milieus, die zu Besuch in Berlin sind und gern den Besuch des Gebäudes mit dem Gottesdienst verbinden. Obwohl also die hochkulturellen Bedürfnisse recht stark sind, ist an jedem Sonntag die Vielfalt der Milieus zu erwarten und zu berücksichtigen – vor allem weil die absolute Zahl von Menschen, die sonst kaum einen Gottesdienst besuchen, sehr hoch ist. Die Predigerin hier leistet im folgenden Beispiel beides: Zum einen nimmt sie eine seelsorgerliche Perspektive ein und bietet eine klare, tröstende Botschaft, ohne sich zwischen einem „Gott mit starker Hand" für Traditionsorientierte und einem „individuell-verständnisvollen Gott" für Mobile oder Kritische zu entscheiden. Unmittelbar daneben steht die Botschaft für „Zufriedene": Die Kraft Gottes ist – auch für Menschen, die nicht aktuell unter einem Problem leiden – etwas Großartiges! Wer zuhört, kann sich selbst als einer der siebzig sehen (Menschen mit Ansehen), aber auch als jemand aus dem Volk oder als Mose in Not. Zum anderen gelingt ihr die Verbindung der Zentralfigur Mose zur synodal verfassten Kirche, vom Einzelnen zur Gruppe. Sie spricht von Gemeinschaft – ohne damit für eine „Kirche der Geselligkeit" zu optieren. Sie lässt offen, ob Gott eher, wie nach dem Geschmack der Bodenständigen und Geselligen, in unserer Lebenswelt und Logik handelt oder ob er der „ganz Andere" ist, der eine Gegenwelt eröffnet, wie sie fast nur für Kritische und Mobile attraktiv ist.

Die gute Nachricht – mit Sinn für viele Milieus? (Predigt)

„Liebe Gemeinde, so am Ende seiner Kräfte sein, so einsam, gottverlassen, so lebensmüde – viele teilen diese Erfahrung. (…) Ich bin froh, dass ich diese Geschichten in der Bibel finde, weil ich nur so sicher sein kann, dass die Erfahrungen von Erlösung und Hilfe, von Heilung und Trost wirklich hinab reichen bis in die Finsternis der Verzweiflung. Manchmal ist es ja ganz schön, eine Heldengeschichte zu lesen (…). Trösten und damit verwandeln tun mich die Geschichten der Väter und Mütter, die verzweifelt waren, wie ich manches mal verzweifelt bin, die Fehler machen und scheitern und nicht mehr weiter wissen – und denen dann Gott begegnet und sie aufrichtet und ihnen verzeiht und ihnen das Leben neu schenkt. Wie dieser Mose, der sich in einem letzten Aufschrei an Gott wendet und um Hilfe bittet. Und er bekommt Hilfe, vielleicht anders als erwartet. Vielleicht hat er auf ein Donnerwetter gehofft, auf eine starke Hand, die hernieder saust und dieses quengelige Volk zur Raison bringt. Stattdessen: Such dir siebzig Männer aus, Älteste, die Ansehen genießen, und stell sie neben dich.

An dieser Antwort Gottes sind mir zwei Aspekte wichtig. Zum einen: Gott sieht, dass Mose am Ende ist. Es gibt keine Durchhalteparolen: Nun reiß dich doch zusammen, Menschenskind. Keine Beschwichtigung (…) Gott sieht, die Lage ist schlimm und Mose braucht Hilfe. Der zweite Aspekt: Hier gibt es keine neue Kraftzufuhr für Mose selbst. Kein Modell einer exklusiven Kraftmeierei, bei der Mose sich aufpumpt wie ein Maikäfer auf dem Ast, um dann wieder ein Stück weiter fliegen zu können. Nein, was hier geschieht ist Teilen der Kraft, Teilen der Verantwortung. Andere werden in die Aufgaben mit hineingezogen. Mose wird Teil einer Gruppe, er bekommt Menschen an die Seite, die mithelfen, mitziehen, die ihr Ansehen in die Waagschale werfen für das gemeinsame Ziel: Das gelobte Land. (…) Der Gedanke, der dahinter steckt, hat weiter gewirkt: Dass die Schwestern und Brüder mit hinein genommen werden in dieses Kraftfeld, dass sie selbst ergriffen werden von diesem Geist (…)
Der Geist am Sinai, der Pfingstgeist in Jerusalem, das Pfingstfest hier bei uns – was sind die Schnittmengen dieser Erfahrungen? Vielleicht doch dies: Es gibt eine Kraft, die man erhoffen und herbei bitten kann, wenn wir glauben, wir wissen nicht weiter. Eine

> Gotteskraft, die einbricht wie ein helles Licht in dunkle Verzweiflung, die Menschen aus der Einsamkeit befreit und Gemeinschaft stiftet. Eine Kraft, die Gottes Anwesenheit zu allen Zeiten und allen Orten meint. Die Transparenz der Dinge. Schöpferische Wirkkraft, aufsprühende Lebendigkeit, Licht im Dunkel. Aber das Pfingstfest in Jerusalem ging noch weiter: Dieser Gottesgeist führt Menschen zusammen, über alle Grenzen hinweg. Er überwindet die Grenzen von Nationen und Sprachen und Klassen, von Geschlechtern und Kulturen. (…) Es ist der Geist selbst, der diese Kirche geschaffen hat, beseelt und erhält.
>
> Also lasst uns zukunftsgewiss und gelassen sein. Wir sind als Christen keine aussterbende Spezies, wir sind kein Museum mit angeschlossenen karitativen Betrieben. Wir sind die mit dem längeren kulturellen Gedächtnis und die mit dem Sinn für eine Dimension mehr in der Wirklichkeit. Wir sind die mit Sinn und Geschmack für das, was über den Alltag hinausgeht. Mit dem Sinn dafür, dass dieses Leben nicht alles ist, was wir erwarten können, dass es einen göttlichen Grund gibt, der das Leben trägt und hält (…) Und so lasst uns in dieser Gesellschaft wieder von dem sprechen, was uns unbedingt angeht. Von Gott sprechen, davon, wie diese Gotteskraft wirken will. Dass sie Menschen zusammen bringt, dass sie Frieden stiftet und für die Armen Gerechtigkeit einfordert. (…)" (Dompredigerin Dr. Petra Zimmermann im Berliner Dom am Pfingstsonntag 2007)

Die klassische Predigt, die meist für Hochkulturelle, Bodenständige oder Kritische geschrieben wird, so zu gestalten, dass auch andere Milieus darin das Evangelium hören können, das ist eine Möglichkeit zur Überwindung der Milieuverengung in der Verkündigung. Eine andere könnte es sein, dort, wo man andere Milieus mit einer hohen Sicherheit antrifft, so zu predigen, dass gerade diese Menschen besonders gut zuhören können. Dies setzt voraus, dass die Predigerin oder der Prediger sich nicht nur mit den Denkmustern und Lebenswelten der jeweiligen Milieus auskennt, sondern eine Haltung der Wertschätzung einnimmt. Eine weitere Voraussetzung besteht darin, nicht nur die Denkmuster und Werthaltungen eines Milieus zu berücksichtigen, sondern auch die entsprechenden Wahrnehmungs- und Kommunikationsgewohnheiten. Dann ist für so manches Milieu das Kirchengebäude nur ein möglicher Ort für die Verkündigung, das Sitzen und Zuhören nur eine von vielen möglichen Haltungen. Das folgende Beispiel haben wir ausgewählt, weil hier Verkündigung, vorrangig für Gesellige, dort stattfindet, wo das Leben spielt, nämlich im Bierzelt. Wir wagen es, diese Predigt als Anregung weiterzugeben, weil sie mitten im Gottesdienst spontanen Applaus bekam – und der Applaus in der lokalen Tageszeitung zur Überschrift des Artikels über das Fest des Sportvereins wurde. Hier hat, so könnte man resümieren, die Botschaft das gesamte Geschehen bestimmt. Wenn doch das Evangelium öfters zur Schlagzeile würde, gelesen von Menschen, die mitten im Bierzelt kein bisschen „kirchenfern" mehr waren! Aber auch andererseits: Steht hier die Botschaft noch im Vordergrund? Ist Gott hier „im Milieu verschwunden", in den Hintergrund getreten gegenüber der Unterhaltsamkeit? Hat das schöne Gefühl die Botschaft überlagert – oder ist sie doch immer wieder stark genug zu wirken, wenn sie nur gehört wird?

> ***Das Reich Gottes bricht im Festzelt des Turnvereins an (Predigt)***
>
> Liebe Brüder und Schwestern, die TSG ist heute viel mehr als Sport. Aber begonnen hat alles mit dem Turnen. Ich will darum mit Ihnen über den Wettkampf im Sport, über das Siegen und die Niederlagen nachdenken. Im Sport geht es um Bewegung, um körperliche Tätigkeiten. (…) Auch die sozialen Fähigkeiten werden eingeübt. (…)
> Der Sport ist seit alters her mit Wettstreit verbunden. (…) Darum geht es auch in der Bibel an vielen Stellen um diesen zwischenmenschlichen Wettstreit. Es fängt ganz vorne an, auf den ersten Seiten im Alten Testament (…) bei Kain und Abel. Die beiden Brüder haben vor Gott darum geeifert, wessen Dankopfer mehr Gefallen findet bei Gott, also auch, wessen Anstrengung sich mehr gelohnt hat, wer am Ende besser da steht vor dem obersten Schiedsrichter. Kain verliert. Die beiden Brüder können mit Erfolg und Niederlage nicht besonders gut umgehen. Und aus Ärger fällt er über seinen Bruder her. (…)
> Es liegen also auch Gefahren in diesem sich gegenseitig Übertreffen. Ich denke, jeder hier hat schon erlebt, wie unfair Sieger sein können gegenüber Verlierern und wie bitter es ist, eine Nie-

derlage einzustecken. Darum hat Jesus auch äußerst kritisch diese menschlichen Eitelkeiten beobachtet. Bei Jesus zählte der Erfolg wenig. Die Schattenseiten von Eigensucht, Machtgier und Überheblichkeit sah Jesus deutlich und er erteilte seinen Jüngern eine klare Absage. (...)
Der erste große Lehrer der frühen Gemeinden, der Apostel Paulus, hat sehr klug diese ureigene Lust am Wettstreit nicht einfach abgelehnt, sondern umgelenkt. Er wusste, wie viel Ansporn darin steckt, sich zu vergleichen, sich zu messen mit andern. Er schreibt in einem Brief an die Gemeinde im griechischen Korinth: „Wisst ihr nicht, dass die, die in der Kampfbahn laufen, die laufen alle, aber einer empfängt den Siegespreis? Lauft so, dass ihr ihn erlangt. Jeder aber, der kämpft, enthält sich aller Dinge, jene nun, damit sie einen vergänglichen Kranz empfangen, wir aber einen unvergänglichen. Ich aber laufe nicht wie aufs Ungewisse, (...) ich bezwinge meinen Leib und zähme ihn, damit ich nicht andern predige und selbst verwerflich werde."

Wettstreit also im Guten. Über die guten Güter. Das, was einem von Gott aufgetragen ist, also: Die Gebote zu halten, seinen Nächsten zu lieben, auch sich selbst zu lieben. Das ist das Maß, an dem Erfolg und Misserfolg gemessen werden. Diese Gebote sind knapp und deutlich. Aber sie sind nicht leicht einzuhalten. Wenn man sich anstrengen will, dann darin. Das ist eine gute Idee von Paulus, finde ich. Denn wo immer es um die Ersten geht, da entwickelt sich auch schnell ein Gespür für faire Erfolge und für zweifelhafte Siege. Im Sport wird es gerade in der Doping-Frage deutlich. (...) Und diese Regeln Gottes für einen fairen Wettstreit sind auch gut für das Zusammenarbeiten in unseren Firmen. (...) Was dagegen Bestand hat, davon haben wir eben in der Lesung gehört. „Lasst uns lieben, denn er hat uns zuerst geliebt."

Darum habe ich Ihnen heute eine ganz besondere Medaille mitgebracht. Diese Medaille wird unser Küster gleich herumgeben. Diese Medaille wird Ihnen nicht verliehen. Sie ist sogar überhaupt nicht für Sie bestimmt. Sie können – und sollen – sich trotzdem eine nehmen. Denn diese Medaille ist für jemanden, den Sie auszeichnen wollen für seine Liebe. Der liebste Trainer könnte so eine Medaille umgehängt bekommen. Oder der liebste Papa, der die halbe Mannschaft wieder einmal zum Turnier kutschiert hat. Oder die liebste Mama. Oder die liebste Verkäuferin in der Bäckerei. Zeichnen sie heute oder morgen Ihre Meister der Herzen aus, so werden doch seit 2001 die Fußballer von Schalke 04 genannt, weil sie so toll gekämpft hatten, schon fast den Meistertitel gewannen und schließlich doch nicht gewonnen haben. Also: Wer ist Ihr Meister der Herzen? Vielleicht fällt jemandem schon gleich ein, wer diese Medaille der Liebe verdient hat? (...)

Die eine Seite ist rot wie die Liebe, die andere Seite ist weiß, damit Sie etwas drauf schreiben können. Wenn Sie jetzt denken, o je, das Herz, das sollte doch mein Mann bekommen, aber auch meine Schwiegermutter, weil sie immer so toll mit den Kindern aushilft, und auch mein Kollege, weil der mir schon wieder geholfen hat, dann sind wir auf dem richtigen Weg, finde ich. Das Tolle ist doch, dass Sie gerade ganz viele Gedanken voller Liebe entwickelt haben. Sie denken positiv über das viele Gute, das Ihnen widerfahren ist. Und Sie haben überlegt, sich dafür einmal zu bedanken.

Liebe Gemeinde, wenn wir hier in Wixhausen so eine Meisterschaft der Herzen starten könnten, das wäre eine super Sache. Lauft so, dass ihr ihn erlangt, den Siegespreis bei Gott, von dem Paulus schreibt. Jeder, der kämpft, enthält sich aller Dinge, damit wir einen unvergänglichen Kranz empfangen. Das Reich Gottes, liebe Gemeinde, das ist nichts in ferner Zukunft. Das Reich Gottes bricht an, wenn wir daran glauben und darin wetteifern, es zu erreichen. Je früher desto besser. Auf die Plätze, fertig, los! Und der Friede Gottes, der höher ist als unsere Vernunft, bewahre unsere Herzen und Sinne in Christus Jesus. Amen. (Pfarrerin Ksenija Auksutat beim Gottesdienst im Festzelt, anlässlich des 125-jährigen Bestehens der Turn- und Sportgemeinde Wixhausen 1882 e.V. in Darmstadt, 2007)

Wir denken, im Grunde ist der Gegensatz zwischen Menschen, die Religion schätzen, weil sie stabilisiert, und Menschen, die eher mögen, dass sich dadurch Neues oder sogar eine Gegenwelt eröffnet, nur zu verstehen, aber nicht zu überwinden. Ebenso lassen sich milieuspezifische Unterschiede nach den Dimensionen (siehe II.3 und IV.2) unmittelbar auf Vorlieben auch in geistlichen Dingen hin übersetzen.

Im folgenden Abschnitt zeigen wir, wie sich die eine Weihnachtsbotschaft mit der Zeit in verschiedene Wahrnehmungstraditionen aufgefächert hat. Was wir in der Vierzahl der Evangelien angelegt finden, wird hier in der Vielfalt milieuspezifischer

Wahrnehmungen weitergeführt. Die Frage nach der Einheit stellt sich dabei als Frage danach, in wie weit es gelingt, zu einer wechselseitigen Anerkennung der unterschiedlichen Wahrnehmungstraditionen als legitime Varianten der einen Botschaft zu kommen. Die Milieuperspektive bietet dafür einen hilfreichen Rahmen: Sie entdramatisiert die Wahrheitsfrage, indem sie die in den theologischen Positionen auch enthaltenen ästhetischen Vorlieben und milieuspezifischen Wahrnehmungsmuster offen legt. Wie der christliche Glaube der Inkarnation Gottes in dem zu einer bestimmten Zeit und in einer bestimmten Kultur lebenden Menschen Jesus vertraut, so sehr darf er auch in der milieuspezifischen Variante der frohen Botschaft die eine Wahrheit Gottes erkennen. Diese „inkarnatorische" Verbindung von allgemeiner Wahrheit und individueller – milieuspezifischer – Ausgestaltung erscheint uns nicht als Schwäche, sondern als Stärke des Christentums. Ohne sie ist die Botschaft vom Reich Gottes nicht zu haben.

3.2 Die Weihnachtsbotschaft – der Reiz des Glaubens für die Milieus

Für die meisten *Hochkulturellen* ist Weihnachten der religiöse Höhepunkt des Jahres, es bedeutet den Glanz dessen, was sowieso schon glänzt. Sie feiern ein Kirchenfest, das Fest der Familie und der Gemeinschaft, sie durchdenken mit Vorliebe das Reine, Vollkommene, Erhabene. Weihnachten ist nicht unbedingt ein Fest der Großbürger, aber wohl der Bürger: Land und Stadt geraten in den Bann des einziehenden Königs, der seinen Platz einnimmt. Er tut das in der Bibel nicht mit den Statussymbolen, die ihn in Israel als König ausgewiesen hätten – das ist unproblematisch, denn er ist nicht der König der Israeliten, sondern ein König der Christen in Deutschland, die über ein Hintergrundwissen verfügen, die die Zeichen Gottes deuten können. Man selbst nimmt selbstverständlich Anteil daran, gestaltet den Einzug mit und öffnet innere Tore, bereitet sich vor, schreibt Weihnachtspost. Die gesamte Feier ist oft zugleich eine Feier des Bestehenden: der Familie, des Zusammenhalts, der nach Möglichkeit heilen Verhältnisse.

> **_Hochkulturelle Zugänge: Gottes Königreich und Bürgerpflicht_**
>
> Macht hoch die Tür, die Tor macht weit,
> es kommt der Herr der Herrlichkeit,
> ein König aller Königreich, ein Heiland aller Welt zugleich,
> der Heil und Leben mit sich bringt,
> derhalben jauchzt, mit Freuden singt:
> Gelobet sei mein Gott, mein Schöpfer reich von Rat. (…)
> O wohl dem Land, o wohl der Stadt,
> so diesen König bei sich hat.
> (EG 1, Text: G. Weissel)

Die *Bodenständigen* begehen dagegen eher das Fest des noch nicht Bestehenden, des Erträumten oder Ersehnten. Hier steht nicht eine „gute Herrschaft" im Mittelpunkt, sondern die Weltordnung an sich, in der die einen oben sind und die anderen unten, in der die einen gestalten und die anderen erleiden. Die Bodenständigen träumen nicht von der realen Revolution, aber vom wirksamen Zuspruch, dass Oben und Unten nicht die bestimmenden Kategorien bleiben. So gefällt hier besonders der Stil eines „Fests der kleinen Leute": Gott stößt die Mächtigen vom Thron und erhebt die Niedrigen, nicht als Dauerzustand, aber gewissermaßen als Erholung von der harten Realität des ganzen zurückliegenden Jahres. Die einfache Magd bringt den Heiland zur Welt. Maria und Josef gehören zu denen, die Gesetzen und Bestimmungen „von oben" ausgeliefert sind, auf deren Befindlichkeiten man keine Rücksicht nimmt. So regieren beim Fest Assoziationen zum Paradies mit Frieden und Eintracht. Hier werden die Gebeugten aufgerichtet. Die einfachen Hirten auf dem Feld erfahren die gute Nachricht als erste. Erst danach kommen die Könige zum Zug.

Das Christkind ist ein unauffälliges, zurückgezogenes. Es ist kein Wunderkind und wird auch nicht im Nachhinein als König der Welt präsentiert. Es nimmt Vorlieb mit dem, was da ist, mit der einfachsten Umgebung. Die Anbetung ist ebenfalls eine stille, ruhige Angelegenheit. Und auch Maria erlebt in der Stille und „bewahrt die Worte in ihrem Herzen". Erst danach strömen Hirten herbei, laden Könige ihre Gaben ab. Dem unendlich

Harmonischen dieser Geschichte entsprechen weihnachtliche Süßigkeiten, Engelfiguren, Glitzerzeug und Licht. Sie verkünden: Fürchtet euch nicht, eure Rettung ist da. Sie durchdringen die trostlose Welt. In jedem Fensterrahmen stehen Lichterbögen, schaffen eine optische Harmonie und bewahren die Traditionen. Das Wunder wird gezielt als ein vorübergehendes gefeiert. Es lebt jedoch von seiner Regelmäßigkeit, es ist die verlässliche Gegenseite zum Alltag, eine alljährliche Erquickung.

> *Bodenständige Zugänge: Das alljährliche kleine Glück*
>
> Alle Jahre wieder kommt das Christuskind
> auf die Erde nieder, wo wir Menschen sind.
> Kehrt mit seinem Segen ein in jedes Haus,
> geht auf allen Wegen mit uns ein und aus.
> Ist auch mir zur Seite still und unerkannt,
> dass es treu mich leite an der lieben Hand.
> (Text: W. Hey)

Die *Mobilen* feiern Weihnachten zwischen Kitsch und Kult, zwischen Sehnsucht und Distanz, zwischen Kindheitsromantik und dem Verlust der Illusionen. Wo Mobile einen Zugang zum Fest haben, aus Erlebnissen in der Familie oder einem Interesse an Inhalten, finden sie reichlich Motive, die ihrer Lebenssituation entsprechen: Maria und Josef als Nomaden zwischen Wohnsitz und Heimat, die scharfen Kontraste zwischen Oben und Unten, zwischen Bedürfnissen und Regeln, zwischen bösem Wirt und lieblichem Jesuskind, zwischen dem Normalen und dem Besonderen. Kein Wunder, dass für einige Mobile das Krippenspiel am Heiligabend einen Kultstatus erreicht hat. Wenn sich dies vereinbaren lässt mit einem Treffen mit alten Freunden vor oder nach dem „Familienteil", zum Beispiel zum Gottesdienst um 23 Uhr, können sich Inhalte und Form in angemessener Weise begegnen.

Weihnachten ist in diesem Sinn ein Ort der Pflege alter Sehnsüchte, der Auseinandersetzung mit Nähe und Distanz zum Elternhaus, begleitet von ambivalenten Gefühlen zwischen Freiheit und Familienidyll. Viele Mobile mögen darum, trotz einer gewissen inneren Distanz, Kirche hier als Rückbezug aufs Frühere: Man will mal wieder Kind sein, mal wieder mit allen zusammen sein. Gegensätze werden bewusst ausgeblendet, zumindest für einen Tag. Angesagt ist das Echte, das Besondere, das Highlight von Genuss und guter Laune. So kommen in der Weihnachtsgeschichte Schafe und Hirten, Engel, Könige und unterschiedliche Tiere alle in den Stall, es wird eng, es passt nicht wirklich zusammen, was der Sache aber keinen Abbruch tut, denn einmal im Jahr muss das wirklich sein.

Mobile Zugänge: Weihnachten im Chat-Forum

Jill: Ob mit Schnee oder ohne. Weihnachten ist cool. Und ohne Familie gehts gar net! Auch Krippenspiel gehört einfach dazu, Fondue, echte Kerzen, das ganze Drum und Dran eben.

Jérôme: Meiner Meinung nach macht der Schnee magisch Weihnachten. Es ist der mysteriöse Geist des Vaters Weihnachten, der vom Himmel kommt ! :)

Felix: Für mich braucht es zu Weihnachten auf jeden Fall meine Familie! Ohne sie kann ich es mir nicht vorstellen. Die Vorfreude und dieses vorweihnachtliche „Betritt nur mit meiner Erlaubnis mein Zimmer!" ist jedes Jahr aufs Neue aufregend. Dabei zählen nicht unbedingt die Traditionen – das Wichtigste ist das Zusammensein!

Effi: All das ist für mich Weihnachten, diese kitschigen alten Bräuche – wie wunderbar.

Kevin: Dass Weihnachten eigentlich ein christliches Fest ist, vergisst man oft – eigentlich schade finde ich. Früher war ich auch oft mit meiner Familie in der Kirche, aber wir haben es uns abgewöhnt. Vielleicht mache ich das später aber mit meinen Kindern wieder ;-) Schade, dass dieses Jahr kein Schnee fallen will – aber Weihnachten kann auch ohne Schnee toll sein! Genießt dieses Fest einfach! Frohe Weihnachten an alle fleißigen Blogger vom Jugend-Team der Morgenpost! (Berliner Morgenpost (www.morgenpost.de) am 23.12.2006 http://www.morgenpost.de/z/plog/ blog.php/schools_out/chat-forum)

Die *Kritischen* haben wie die Hochkulturellen eine gewisse Affinität zur kulturellen und sogar traditionellen Seite des Festes. Viele Kritische lesen die Weihnachtsgeschichte institutions- und hierarchiekritisch, was sich häufig in den Predigten zahlreicher Pfarrerinnen und Pfarrer niederschlägt: Jesus kommt nicht als König, sondern als Kind, grundsätzlich unspektakulär und darin in gewisser Weise provokativ. Er enttäuscht ebenso die Erwartungen von Menschen, die sich eine simple Machtübernahme Gottes gewünscht hätten, einen glorreichen Messias, der dreinfährt und die Verhältnisse zurechtrückt. Der alternative König ist zugleich der Friedefürst, ein Anti-König, der das Unerwartete und darin das Besondere bietet. Dies macht das Weihnachtsfest zu einem einfachen Fest, das man nicht zu stark mit Erwartungen aufladen sollte. Interessant sind ja vor allem die Hintergründe, zum Beispiel die historischen: soziale Spannungen, Angst des Herodes vor Machtverlust, der Kindermord, die (Sinn-) Suche der weisen Männer.

Wenn die Kritischen besonders an Feiertagen wie zu anderen besonderen Gelegenheiten in Kontakt mit der Kirche kommen, betrachten sie die Kirche vor allem mit zwei Deutungsmustern. Das eine erscheint als moderne Variante der hochkulturellen Haltung: Kirche ist gerade zu Weihnachten ein Symbol für unvergängliche Werte und Positionen, Kirche beweist im guten Sinn eine gewisse Dickfelligkeit gegenüber dem Wandel der Weltanschauungen, sie bietet Teilhabe am Beständigen und Verlässlichen: „So sei es, Herr, die Reiche fallen, dein Thron allein wird nicht vergehen."

Die andere Haltung ist stärker erkennbar in Konsumkritik und Sinnsuche: Kirche wohnt hier eben nicht in dicken Mauern, sondern im leichten Zelt. Christen haben eine dünne Haut, sie sind empfindsam gegen Ungerechtigkeiten, sehnen sich nach einer besseren Welt. Weihnachten ist der Anfang der besseren Welt. Uns sind blühende Landschaften verheißen (Jesaja 35), wo Lahme springen und Blinde sehen. Die Vorweihnachtszeit ist als Zeit des Verzichts und der inneren Vorbereitung sinnvoll: Man spürt den eigenen Bedürfnissen nach, nimmt sich Zeit, zum Beispiel mit dem Kalender „Der andere Advent".

> **Kritische Zugänge: Der Anbruch des Gottesreichs**
>
> Und es wird ein Reis hervorgehen aus dem Stamm Isais und ein Zweig aus seiner Wurzel Frucht bringen. Auf ihm wird ruhen der Geist Gottes, der Geist der Weisheit und des Verstandes, der Geist des Rates und der Stärke, der Geist der Erkenntnis und der Furcht Gottes. (…) Er wird nicht richten nach dem, was seine Augen sehen, noch Urteil sprechen nach dem, was seine Ohren hören, sondern wird mit Gerechtigkeit richten die Armen und rechtes Urteil sprechen den Elenden im Lande, und er wird mit dem Stabe seines Mundes den Gewalttätigen schlagen und mit dem Odem seiner Lippen den Gottlosen töten. Gerechtigkeit wird der Gurt seiner Lenden sein und die Treue der Gurt seiner Hüften. Da werden die Wölfe bei den Lämmern wohnen und die Panther bei den Böcken lagern. Ein kleiner Knabe wird Kälber und junge Löwen und Mastvieh miteinander treiben. Kühe und Bären werden zusammen weiden, dass ihre Jungen beieinander liegen, und Löwen werden Stroh fressen wie die Rinder. (Jesaja 11,1–7)

Die *Geselligen* hingegen bevorzugen eine stärker immanente Form des Weihnachtsfestes: Im Erleben des Feierlichen, Besonderen und Bewegenden ist zwischen dem Fest und dem christlichen Heilsgeschehen nicht mehr zu unterscheiden. Dass alle da sind und Friede herrscht, symbolisiert eine Sinnhaftigkeit, der sich niemand entziehen kann. Das Christkind der Geselligen ist integrativ, es rüttelt nicht auf, sondern beruhigt und verheißt Frieden auf Erden, an dem alle ihren Anteil bekommen.

> **Gesellige Zugänge: „Gott mag es, wenn alle da sind"**
>
> Ein Kinderbilderbuch erzählt die Weihnachtsgeschichte für Gesellige: Im verschlafenen kleinen Dorf Bethlehem klopft mitten in der Nacht jemand an die Tür: Maria und Joseph. Der Wirt schickt sie in den Stall und geht wieder schlafen. Es klopft nochmals: Die beiden erbitten noch eine Decke. Wieder wird der Wirt wach: Ein heller Stern steht über dem Haus und macht die Nacht zum Tag. Dann klopft es wieder: Hirten fragen nach Maria und Joseph. Es klopft wieder: Drei Könige. Als der Wirt dann noch vom Chorge-

sang der himmlischen Heerscharen aus dem Schlaf geholt wird, stürmt er mit rotem Kopf in den Stall – aber sein Schimpfen bleibt ihm im Hals stecken, der Anblick des Babys berührt ihn. Dann möchte er seine Begeisterung teilen: Er läuft los und weckt alle seine Gäste. Alle zusammen freuen sich über das Kind, ob im Schlafanzug oder im Engelsgewand. Das letzte Bild zeigt einen zufrieden lächelnden Jesus in der Krippe: So hatte er es sich vorgestellt! (Nach: Nicholas Allan, Stille Nacht, eilige Nacht, Hildesheim 1994)

Die *Zurückgezogenen* schließlich misstrauen dem Weihnachtsfest wie allen gesellschaftlichen Ansagen. Sie wissen genau, dass die Gussformen für Weihnachtsmänner und Osterhasen identisch sind. Sie haben keine Illusionen. Sie sind jedoch zutiefst der Tradition verhaftet, dem, was unbedingt sein muss. So erfordert auch das Weihnachtsfest bestimmte Verhaltensweisen, die dann wiederum das Fest und seine große Bedeutung spürbar machen: Als sich am 26. Dezember 2004 in Asien ein Tsunami ereignet, während man in Deutschland weihnachtsfroh beisammen sitzt, reagiert man mit tiefster Betroffenheit – und größter Spendenbereitschaft.

Weihnachten für die Zurückgezogenen

Ihr Kinderlein, kommet, o kommet doch all,
zur Krippe her kommet, in Bethlehems Stall,
und seht, was in dieser hochheiligen Nacht
der Vater im Himmel für Freude uns macht.
Da liegt es, das Kindlein, auf Heu und auf Stroh,
Maria und Joseph betrachten es froh,
die redlichen Hirten knien betend davor,
hoch oben schwebt jubelnd der Engelein Chor.
(EG 45, Text: F.H. Ranke)

Schließlich sind die Zurückgezogenen voll und ganz für den Zauber des Besonderen zu haben, für die einmalige Gelegenheit, für die allgemeine Gutherzigkeit. Das Christkind in der Krippe, die Welt, die zwar unwirklich, aber auf wunderbare Weise in

Ordnung ist, all das macht das Fest dann doch zum einem der Höhepunkte im Jahr. Und inmitten der Ruhe der Feiertage finden die Zurückgezogenen dann jedes Mal zum stillen Genuss des Augenblicks – weit weg von der Umgebung des historischen Bethlehem.

4. Jenseits der Milieus

Die Kirche stellt den Anspruch: Die Botschaft des Evangeliums ist da für alle Menschen – also auch für alle Milieus. Und diese Botschaft ist nicht anders da als in milieugeprägter Ausdrucksweise. Das sind die beiden theologischen Gründe dafür, dass es für uns keinen Weg vorbei an den Einsichten der Milieuperspektive gibt. Milieubewusstsein in der Kirche hilft dazu, übersehene Milieus – also übersehene Menschengruppen in ihrer Eigenart – wahrzunehmen, die Unterschiede zwischen den Milieus zu erkennen und ihre jeweiligen Stärken zu schätzen. Dies trägt dazu bei, dass nicht mehr aus Unkenntnis und Unachtsamkeit die Vorlieben bestimmter Milieus die Erwartungen und Entfaltungsmöglichkeiten anderer Menschen an den Rand drängen. Wer so denkt, rechnet damit, dass es auch Milieukonflikte gibt, die einer sorgfältigen Bearbeitung bedürfen, und beteiligt sich an der Entfaltung einer milieuspezifischen Theologie.

Wir werten aber ebenso die Anstrengungen hoch, Erfahrungen von Milieus miteinander zu verknüpfen, menschliche Begegnungen zwischen Angehörigen verschiedenster Milieus zu fördern. Diese Wertung hängt zusammen mit der *Vision einer milieuübergreifenden Gemeinschaft*: Zur Kirche gehört der Glaube an eine neue Kreatur in Christus (Gal 3,28), bei der die sozialen Unterschiede von Herrschaft, Herkunft, Geschlecht und also selbstverständlich auch der Milieus aufgehoben sind.

Die Lage der Kirche und in den Gemeinden ist anders. Die Milieuunterschiede, was das Erleben miteinander angeht, sind definitiv durch unser Handeln nicht zu überwinden und werden sich vermutlich mit der weiteren gesellschaftlichen Entwicklung noch verstärken. Also sind auch Milieudistanzen und Milieuhürden da, sie werden mit Hilfe der Milieuperspektive erst recht sichtbar. Die Bemühungen, solche Erschwerungen der Gemeinschaft abzubauen, dürften immer nur graduellen Erfolg haben. *Milieuverknüpfende Arbeit auf Zeit* ist das, was realistisch ist. Wer meint, ein andauerndes und umfassendes Jenseits der Milieus schon jetzt schaffen zu können, übernimmt sich. Es ist ein Kennzeichen der Kirchen der Reformation, nicht enthusiastisch zu sein im Verständnis dessen, was das soziale Miteinander in der Kirche betrifft. Die Einheitsansprüche und Einheitlichkeitsansprüche an die eigene Kirche sind vielmehr begrenzt. Gott schafft dieses Jenseits der Milieus, nicht die Menschen. Das macht das menschliche Handeln gelassener und realitätsnäher und damit auch menschlicher. Aber das Handeln kippt nicht um in Resignation und Faulheit. Denn die Vision vom Jenseits der Milieus bleibt. Sie gibt dem menschlichen Handeln in der Kirche die Richtung.

Und da sind Punkte in der sozialen Erfahrung von Kirche, wo sich etwas vom *Jenseits der Milieus im Hier und Heute* fassen lässt. Wohl der wichtigste darunter ist das Abendmahl. Zwar erleben die Milieus natürlich auch das Abendmahl unterschiedlich, haben auch auseinandergehende Vorlieben für die ideale Abendmahlsfeier, aber die Form des Rituals setzt die Botschaft von Gal 3,28 in Szene: Jeder und jede tut das Gleiche, jeder und jede bekommt das Gleiche. Hier stehst du vor Gott, bei dem die Unterschiede der Milieus aufgehoben sind. Und da kommen dann auch tatsächlich nicht selten der coole Konfirmand, die schicke Abteilungsleiterin und die schlichte Rentnerin nebeneinander zu stehen. Zu sagen haben sie sich nicht so viel, in gemeinsamen Gruppen und Kreisen wird man sie nicht finden. Aber sie tun alle das Gleiche nebeneinander und miteinander – hören die gleichen Worte, essen vom gleichen Brot und trinken vom gleichen Wein. Das Abendmahl begeht und bekräftigt so das Jenseits der Milieus. Es spricht die Botschaft des Evangeliums vom Jenseits der Milieus.

Mit Milieudifferenzen konfrontiert sind alle in der Gesellschaft. Die Milieugrenzen gehen überein mit oder stehen quer zu den Familien, Vereinen, Bildungseinrichtungen und all den anderen Institutionen und Organisationen in der Gesellschaft – inklusive der Kirche. Milieukonflikte finden statt und werden bearbeitet oder ignoriert, verschärft oder gelöst. Die Kirche steht nun aber in der Gesellschaft und für jede(n) Einzelne(n) dafür, dass es dieses Jenseits der Milieus benennbar gibt. Die *Kirche symbolisiert die Transzendierung der Milieuordnung*. Ihr symbolisches Handeln im Abendmahl und in vielen anderen liturgischen Handlungen macht ihre Botschaft vom Jenseits der Milieus anschaulich. So wird die Kirche insgesamt zu einem Symbol: Mit ihrer Existenz ist sie sichtbares Zeichen mit Verweis auf eine dahinterliegende Bedeutung. Es wird so bei ihr die Milieuwirklichkeit und das ganz Andere Gottes zusammengebracht (ohne dass beides miteinander identifiziert würde). Dieses Zusammentreffen macht das Leben der Menschen miteinander erträglicher, lehrt den Reichtum in der Verschiedenheit schätzen und gibt dem Handeln Richtung und Hoffnung.

Tabellen

Milieu	Gottesdienst-Schema	Was das Milieu erfreut
Die Hochkulturellen	Traditionelle Kulthandlung	komplexe Ästhetik, nichtsubjektive Elemente (Liturgie, Textlesungen), Perfektion, Elemente mit Lehrinhalt (Predigt, einführende Bemerkungen zum Kirchenjahr), hierarchische Elemente (Pastor gestaltet, Kirchenvorsteherin liest, Küster sichert den Rahmen), hochwertige Sprache, klassische Kirchenmusik, Abendmahl
Die Bodenständigen	Vergewisserung der heilen Welt	traditionelle, einfache Ästhetik, Alltagsbezug, Traditionsmusik, „leichte" Kirchenmusik, verständliche, „handfeste" Predigt, emotionale Ansprache, Zuspruch, Geborgenheit, familiäre Stimmung, Bezug zu Ort und Familie, Kirchenkaffee
Die Mobilen	Religiöses Event	interessante Musik (Gospel, Rock), originelle Statements, authentische Persönlichkeiten, Erlebnisse, Spontanes, mitreißende, kurze Predigt, Bilder, Filme, auch: Taizé-Gesänge
Die Kritischen	Eine Stunde zum Nachdenken oder Meditieren	originelle Ästhetik, experimentelle Musik, „Weltmusik" oder klassische Kirchenmusik, anregende Inhalte, Visionen, Alternativen zur herkömmlichen Predigt, Gesellschaftsbezug, individuell gestaltete Kasualien, Beteiligungsmöglichkeiten, manchmal: meditative Elemente, Taizé-Lieder
Die Geselligen	Soziales Erlebnis	populäre Ästhetik, ansprechende Musik, (Gospel, einfache Lieder, Pop), Bilder, Symbole, Bewegungselemente (Theater, Pantomime), Bezug zu Ort und Familie, lockere Atmosphäre, Beteiligungsmöglichkeiten
Die Zurückgezogenen	Traditionelle Vorführung	traditionelle, aber einfache Ästhetik, vertraute Abläufe, klare Struktur und Leitung, verständliche Rede, Zuspruch, wenig Beteiligung der Gemeinde, Möglichkeit einer Beobachterposition (letzte Bankreihe)

Was das Milieu verärgert oder erschreckt	Die ideale Gottesdienst-Form	„Versuchung"
ungeordneter Verlauf, „Experimente", Triviales, Einbeziehen des Körperlichen, starkes Einbeziehen der Besucher/innen, Ruhestörung, zu große Vereinfachung	Agendarischer Gottesdienst, Gottesdienste der Michaels-Bruderschaft	Gottesdienst als hochwertige Aufführung
unübersichtlicher Verlauf, intellektueller Anspruch, offene Fragen, moderne Musik, politische Predigt, Gesellschaftskritik, Latein	vereinfachter agendarischer Gottesdienst	Gottesdienst aus Gewohnheit/ Nostalgie
klassische Kirchenmusik, steife Atmosphäre, dogmatische Rede, Ideologie	Jugendgottesdienst, Weihnachtsgottesdienst als „Kult"	Gottesdienst als Unterhaltung
einfache Ästhetik, dogmatische Rede, Formalismus und Traditionalismus, Oberflächlichkeit, Triviales, Harmonisierung	Meditativer, politischer, musikalischer oder thematisch orientierter Gottesdienst	Gottesdienst als intellektueller Reiz
traditioneller Ablauf, unverständliches liturgisches Geschehen, Strenge, dogmatische Rede	Familien-, Einschulungs- oder Motorrad-Gottesdienst, Erntedank, Kasualien	Gottesdienst als soziales Erlebnis
intellektueller Anspruch, hohe Anforderungen an „Vorkenntnisse" in Sachen Liturgie oder Theologie	vereinfachter agendarischer Gottesdienst, Kasualien	„Besuch" einer Veranstaltung

Tabelle 1: Vorlieben und Abneigungen der Milieus gegenüber dem Gottesdienst

Milieu	Was ist die Bibel?	Was ist die Theologie?
Die Hochkulturellen	Lebensweisheit, Kulturgut, Zeugnis von Geschichte und Theologie, auch: Gegenstand des Glaubens	Auseinandersetzung der Gelehrten mit der Tradition und den Quellen des christlichen Glaubens; ist (gut aufbereitet) auch für Laien interessant
Die Bodenständigen	Volksbibel – gehört in jeden Haushalt, ist oft unverständlich, aber heilig, gibt Trost, Halt und Kraft	Jemand muss sich mit dem Glauben wirklich auskennen, den Menschen erklären, was die Aussagen der Bibel bedeuten. Dafür braucht man Fachleute.
Die Mobilen	Kulturgut, Märchenbuch, dogmatisches Werk	für Freaks, die sich dafür interessieren: eine intensive Auseinandersetzung mit weltanschaulichen und ethisch-moralischen Fragen und der Suche nach Wahrheit
Die Kritischen	Weltliteratur, Sammlung von Glaubens- und Erfahrungsberichten	eine mutige und offene Reflexion der religiösen Fragen und weltanschaulichen Zusammenhänge, idealerweise zusammen mit anderen Disziplinen
Die Geselligen	Buch voller Geschichten, oft wenig verständlich („hinter Kain und Abel kamen so komische Listen, da hab ich aufgehört zu lesen")	der Versuch, das Christentum so darzustellen, dass es verständlich und glaubwürdig ist und als stabiles Werte-Fundament für das Leben der Menschen funktioniert, die sich mit so etwas nicht so gut auskennen – und sich damit auch gar nicht beschäftigen mögen
Die Zurückgezogenen	Ein Buch mit sieben Siegeln, das aufgeschlossen werden muss	Diskussion der Gelehrten über religiöse Fragen, die keinen direkten Nutzwert haben; unter Umständen indirekt nützliche Arbeit, damit es „Profis" gibt, die Glauben und Hoffnung repräsentieren können

Was ist die Predigt?	Was ist der Glaube?
selbstverständlicher (protestantischer) Bestandteil des Gottesdienstes: Reflexion des Glaubens in Geschichte und gegenwärtiger Gesellschaft	persönliches Übereinstimmen mit den Wahrheiten des christlichen Glaubens; entsprechend tut man etwas für seinen Glauben: Kirchenmitgliedschaft, Spenden, Reflexion, Gottesdienstbesuch
wenn sie gut ist: eine handfeste Rede von Gott mit alltagspraktischer Bedeutung; wenn sie schlecht ist: ein unverständliches Räsonieren über abgehobene Themen	Vertrauen auf Gott: Er hat die Welt in der Hand, er weiß den Sinn hinter den Dingen und wird es richten. Er fordert rechtes Verhalten.
wenn sie gut ist: spannende, authentische Auseinandersetzung mit einem existenziellen Thema; wenn sie schlecht ist: Rede ohne Bezug zu den Hörenden	individuelle Einstellung, dafür nötig: individuelle Entscheidung darüber, worauf sich der Glaube bezieht: auf Ethik, Moral, Weltsichten, persönliche Entscheidungen, Krisensituationen, Alltag
stellt Zusammenhänge zwischen Bibel und aktuellen/persönlichen Fragen her – keine Belehrung! Zentral: Persönlichkeit der Predigerin	Gegenwelt zum Leben, um die man sich bemühen muss: Sie kontrastiert die „Wirklichkeit", ergänzt sie um das Geglaubte ganz Andere, entgrenzt die eigene Person.
wenn sie gut ist: rührt das Herz an, zeigt das Gute und Schöne, gibt nützliche Hinweise und Hilfen; wenn sie schlecht ist: zweckfreie Besinnung auf uninteressante Themen	Hilfe zur Lebensbewältigung, zum Verstehen des Lebens und zur Feier des Schönen und Gelingenden; Orientierung an Werten, an Ethik und Moral; das Bemühen um ein sozial verträgliches Leben und ein „reines Gewissen"
wenn sie gut ist: Bestätigung/Stabilisierung des eigenen Lebens, macht Mut und gibt Hoffnung; wenn sie schlecht ist: unklare, weltfremde Rede	Vertrauen auf einen tieferen Sinn und ein gutes Ende der eigenen Existenz; kann auch stellvertretend durch andere Menschen repräsentiert werden

Tabelle 2: Vorstellungen der Milieus über Bibel, Theologie, Predigt und Glauben

Milieu	Ehrenamts-Typ	Anteil Aktive	typische Motivation
Die Hochkulturellen	verantwortliche Bürger	60%	stark altruistisch, oft christliche Motive, Bildung, Spaß eher nachrangig
Die Bodenständigen	Engel für die Gemeinschaft	33%	altruistisch, oft christliche Motive, Spaß und Entwicklung eigener Fähigkeiten nachrangig
Die Mobilen	Event-Helfer	47%	Spaß, Einbringen und Entwickeln von Fähigkeiten. Altruismus nachrangig, nicht unwichtig
Die Kritischen	Experten und Berater	63%	stark altruistisch, Einbringen und Weiterentwickeln eigener Fähigkeiten
Die Geselligen	gute Nachbarn	59%	stark altruistisch, Spaß ebenso wie Einbringen und Weiterentwickeln eigener Fähigkeiten
Die Zurückgezogenen	zögerliche Helfer	38%	kaum Selbstbezug-Motive (Spaß, Weiterbildung), wenig Altruismus

Tabelle 3: Ehrenamt und Spendenbereitschaft in den Milieus
Der „Anteil Aktive" meint den Anteil ehrenamtlich/freiwillig Engagierter unter Kirchenmitgliedern (unabhängig vom Bereich des Engagements), berechnet nach der EKD-Studie von 2002.

typisches ehrenamtliches Engagement	Anteil Spender	typisches Spenderverhalten
Nachbarschaftshilfe, oft Einsatz auf Vereins- und Verbandsebene: Wohlfahrtsverbände, Heimat- oder Gesangsvereine, Frauengruppen	58%	Spenden aus Verpflichtung, langfristige Spender-Bindung, heimatverbundenes Spenden, Interesse an Nachhaltigkeit: Spenden für Stiftungen, teilweise: Interesse an Veröffentlichung der eigenen Spende
Geringeres Engagement in der Nachbarschaftshilfe, für Zwecke in der Lebensumgebung, im Rahmen vertrauter Gemeinschaften	30%	Spenden durch persönliche Kontakte und Heimatverbundenheit, Orientierung am praktischen Nutzen, Misstrauen gegenüber großen, überregionalen Organisationen, allzu schickem Design
Aktivitäten mit Bezug zum eigenen Leben, bewegungs- und erlebnisintensiv: Sportvereine, lokale oder internationale Hilfsorganisationen	15%	Spenden-Aktionen, gern aufregend: Wetten, Prämien etc., Interesse an speziellen Themen und teilweise auch persönlicher Beteiligung (Patenschaft Kind in Afrika, Teilnahme bei Youth for Understanding)
Einsatzbereiche mit überregionalen, gern auch politischen Zielen: Parteien, NGOs, Menschenrechts- und Umweltschutzorganisationen	46%	Spenden aus inhaltlicher Überzeugung, Interesse am konzeptionellen Mitdenken, an Mitverantwortlichkeit und Nachhaltigkeit. Langfristige Spender-Bindungen: Fördermitgliedschaften, Stiftungen etc.
Aktivitäten mit Bezug zur Lebensumgebung: Nachbarschaftshilfe, freiwillige Feuerwehr, Sportverein, Berufsverbände	31%	Spenden für lokale oder persönliche Belange, durch persönliche Kontakte; Spenden aus Heimatverbundenheit, Sinn für praktischen Nutzen; leichte Vorliebe für Einzelaktionen mit konkretem Zweck und Möglichkeit zur Beteiligung: Kuchen verkaufen, etwas bauen
Etwas Engagement im eigenen Lebensbereich: Sportverein, innerhalb von Familie und Nachbarschaft	20%	Gewisse Bereitschaft zu Spenden in geringem Umfang; Ambivalenz gegenüber Hilfeleistungen („uns hilft auch keiner"); Misstrauen gegenüber großen Organisationen, überregionalen Projekten

(Fortsetzung Legende *Tabelle 3*) Der „Anteil Spender" meint den Anteil der Kirchenmitglieder, der in der EKD-Studie von 2002 angibt, in den vergangenen zwölf Monaten einen größeren Betrag für einen wohltätigen bzw. gemeinnützigen Zweck gespendet zu haben.

Milieu	„Gute" Kunst
Die Hoch-kulturellen	klassische Ausstellungen in prominenter Umgebung wie Museen oder Schlössern, Ölgemälde, historische Arbeiten, berühmte Künstler
Die Boden-ständigen	Kunsthandwerk, Vorführungen volkstümlicher Musik, Tanzgruppen aus der Region mit Tracht, Naturfotografien
Die Mobilen	Erlebnis-Kunst, schrille und überraschende Performance, Kunst für die Massen, Kitsch, Musik in großer Lautstärke
Die Kritischen	Alternative oder klassische Stile, ungewöhnliche und internationale Kunst: Reichstag verpacken/Theater im alten Güterbahnhof/Videokunst, Ethno- Musik, mittelalterliche Instrumente
Die Geselligen	„Verständliche" Kunst: Realistische Malerei, Foto-Ausstellungen, Kunst für den Stadtteil, in Zusammenarbeit mit Schulen und Kindergärten
Die Zu-rück-gezogenen	Nützliche Kunst im öffentlichen Raum: neu gestalteter Marktplatz; man „versteht nichts von moderner Kunst", darum ist Kunst für Andere da, die sich dafür interessieren.
Über Milieugrenzen hinaus	Kunst zum Mitmachen, Vorführungen von Kindern, Umzüge, Straßenkünstler, Kleinkunst auf Festen

Typische Lieder (Nummer EG)
Wie schön leuchtet der Morgenstern (70) Jesus Christus herrscht als König (123) Sonne der Gerechtigkeit (263) Bis hierher hat mich Gott gebracht (329) Ein feste Burg ist unser Gott (362) In dir ist Freude (398)
Danke für diesen guten Morgen (334) Wie lieblich ist der Maien (501) Jesu geh voran auf der Lebensbahn (391) Herz und Herz vereint zusammen (251) Wer nur den lieben Gott lässt walten (369) Gib dich zufrieden und sei stille (371)
Taizé-Lieder Ich lobe meinen Gott, der aus der Tiefe mich holt (EG-RWL 673) Lieder mit stärkerem Pop-Anteil (außerhalb des EG)
Das sollt ihr, Jesu Jünger, nie vergessen (221) Korn, das in die Erde, in den Tod versinkt (98) Fürchte dich nicht (EG-RWL 656) Strahlen brechen viele aus einem Licht (268) Vertraut den neuen Wegen (395) Taizé-Lieder Mirjam-Lied (Im Lande der Knechtschaft) (EG-RWL 680)
Ich möcht, dass einer mit mir geht (209) Der Gottesdienst soll fröhlich sein (169) Morgenlicht leuchtet, rein wie am Anfang (455) Meinem Gott gehört die Welt (408) Laudato si (515) Bewahre uns, Gott (171)
Befiehl du deine Wege (361) So nimm denn meine Hände (376)
O du fröhliche (44) Lobet den Herren (317) Der Mond ist aufgegangen (482)

Tabelle 4: Vorlieben der Milieus für Kunst und religiöses Liedgut
Diese Tabelle führt den Vorlieben der einzelnen Milieus entsprechende
Kunstformen und Lieder auf; sie basiert nicht auf empirischen Daten

Milieu	Gelungene Kirche	Kirche in der Kritik
Die Hochkulturellen	Kirche, die Glaube, Werte und Kultur sichert	niveaulose, kumpelhafte Kirche, mangelnde fachliche Kompetenz
Die Bodenständigen	Kirche als Heimat: stabilisiert und sichert das (Zusammen-)Leben	ungeordnete Verhältnisse, Verfall der Tradition, Experimente
Die Mobilen	Kirche als Option, Kirche als weltanschauliches Expertensystem	moralische, abwertende Kirche, unprofessionelle und statische Institution
Die Kritischen	Kompetente, aufgeklärte und engagierte Kirche auf dem Weg	verknöcherte, hierarchische Institution, die in Floskeln redet
Die Geselligen	Kirche für den Ort und die Menschen/Familien, die dort leben	verkrampftes, lebensfernes Grüppchen
Die Zurückgezogenen	Kirche als Institution der praktischen Nächstenliebe	Kirche als Teil der Obrigkeit, reich und verlogen

Die Welt ohne Kirche	Einladende kirchliche Orte	Pfarrer/innen als ...
Unordnung, Verrohung, Oberflächlichkeit	Vortrag mit Diskussion, Kultur, Konzerte, Lesungen	theologische Experten, ebenbürtige Dialogpartner
Chaos, Maßlosigkeit, Spaßgesellschaft	Frauenhilfe, Senioren-Nachmittag, Feste, Basar	zugewandte Vertrauens- und Respektspersonen
Fehlen einer Instanz für Ethik, einer interessanten weltanschaulichen Position	feierliche Inszenierungen, reizvolle Architektur, Events (Lange Nacht der Kirchen)	zuverlässige Ansprechpartner „für den Fall der Fälle", Repräsentanten
Egoismus, Weniger Ethik und Arbeit an Sinnfragen	Aktionskreis, Netzwerk, Projekte, Gesprächsgruppe, reizvolle Architektur, Kloster	engagierte Manager, Vorbilder in der persönlichen Spiritualität
Weniger Menschlichkeit, weniger Orte zur Zusammenkunft	Gemeindefest, Basar, Erntedank, Familiengottesdienst	vertrauenswürdige, engagierte Mitmenschen
Menschen noch stärker auf sich selbst gestellt, weniger soziale Verantwortung	Zeremonien im Familienkreis, Gottesdienst im Freien	Repräsentanten der fernen Institution Kirche

Tabelle 5: Was ist Kirche für die Milieus?

Milieu	ansprechende kirchliche Räume	ansprechende Angebote einer Citykirche
Die Hochkulturellen	Baudenkmäler, architektonisch reizvolle Gebäude, historische Instrumente	Kunstführungen, Ausstellungen, liturgisch geprägte, eindrückliche Gottesdienste, Repräsentationshandeln der Kirche in der Öffentlichkeit: Predigt des Bischofs, Eintrittsstellen
Die Bodenständigen	vertraute Orte, Orte der Zuflucht, v.a. ältere Kirchen	offene Kirchen, meditative Angebote: Kerzen, Gebetsanregungen, Musik, diakonische Citykirchenarbeit
Die Mobilen	alte, „kultige" Gebäude, experimentelle Gebäude: moderne Architektur, Freiluft-Räume etc.	offene Kirchen, Erlebnis-Elemente (Führungen bei Nacht, Suchspiele, erlebbares Kloster etc.), experimentelle Musik, Theater, Jugendkirchen und Jugendgottesdienste, evtl. Thomasmesse
Die Kritischen	architektonisch reizvolle Gebäude, „Kunst am Bau", Kirche in Alltagsnähe: in Fußgängerzonen etc.	Kunst, Musik, Theater, Themengottesdienste, Thomasmesse, Café, Diskussionen, flexibler Umgang mit Bestuhlung/Beleuchtung, diakonische Citykirchenarbeit, Eintrittsstellen
Die Geselligen	freundliche Räume, mit offenen Türen, erreichbare Kirche in Fußgängerzonen und im Stadtteil	offene Kirchen, meditative Angebote: Kerzen, Musik, Gebetsanregungen, Erlebnisse für weniger Kirchenverbundene, Eintrittsstellen, Thomasmesse, diakonische Citykirchenarbeit, Café, Beratungsangebote
Die Zurückgezogenen	vertraute Orte, bescheidene Kirche in bewährter Form	Repräsentationshandeln der Kirche in der Öffentlichkeit, meditative Angebote: Kerzen, Bilder und Musik, Beratungsangebote

Tabelle 6: Was die Milieus an der Citykirche anspricht
Diese Tabelle führt kirchliche Räume und Angebote von Citykirchen auf, die den Vorlieben der einzelnen Milieus entsprechen; sie basiert nicht auf empirischen Daten.

Übersicht: Sechs Milieus evangelischer Kirchenmitglieder

Milieu	Alter (besondere Geschlechterverteilung)	Bildung/Berufsstatus	Wichtig im Leben	Freizeit und Musik
Die Hochkulturellen	ab Mitte 50, Durchschnitt bei 63 Jahren (2/3 Frauen)	eher hoch	für andere da sein, Leben in gleichmäßigen Bahnen, gesellschaftliches Ansehen, gehobener Lebensstandard	klassische Musik, Theater, Literatur
Die Bodenständigen	ab Ende 50, Durchschnitt bei 63 Jahren (2/3 Frauen)	eher niedrig	für andere da sein, Leben in gleichmäßigen Bahnen, Sparsamkeit, naturverbundene Lebensweise	Geselligkeit, Nachbarschaftskontakte, Volksmusik
Die Mobilen	14-40, selten älter, Durchschnitt um 30 Jahre	eher höher	Lebensgenuss, gutes, attraktives Aussehen, Unabhängigkeit	Rock- und Popmusik, Kino, Disko, Computer, Aktivsport, stark unterdurchschnittliche Nachbarschaftskontakte
Die Kritischen	breit gestreut von 25 bis 65, Durchschnitt Mitte 40 (2/3 Frauen)	eher hoch	Engagement für andere, Reflexion, Lebensgenuss	Breiter Musikgeschmack: Klassik, Rock- und Pop, keine Volksmusik, Theater, Kino, Aktivsport, Bücher, Weiterbildung, Kunst und Musik
Die Geselligen	30-50 Jahre, Durchschnitt Anfang 40 Jahre (Männer überrepräsentiert)	durchschnittlich oder höher	Lebensgenuss, Leben in gleichmäßigen Bahnen, Familie	Kontakte mit Nachbarn/Freunden/Familie, Do-it-yourself, Gartenarbeit, Aktivsport, Kino, Rock- und Popmusik
Die Zurückgezogenen	40 Jahre, breite Streuung, Durchschnitt um 55 Jahre	gering	Leben in gleichmäßigen Bahnen, Lebensgenuss, Sparsamkeit	Interesse an Volksmusik, Distanz zu Hoch- und Jugendkultur und geselligem Freizeitverhalten, wenige Nachbarschaftskontakte

Autoren und Autorin

Eberhard Hauschildt

Jg. 1958, Prof. Dr. theol., Professor für Praktische Theologie an der Universität Bonn. Er lebt in Bonn und ist geschäftsführender Direktor des Instituts für Hermeneutik, angesiedelt an der Evangelisch-Theologischen Fakultät der Universität Bonn, sowie geschäftsführender Redakteur der Zeitschrift *Pastoraltheologie*. Im Institut für interdisziplinäre und angewandte Diakoniewissenschaften an der Universität Bonn ist er von Seiten der Evangelisch-Theologischen Fakultät für den berufsbegleitenden Masterstudiengang Sozialmanagement verantwortlich.

Forschungsbereiche:
Seelsorge, Diakonie, Hermeneutik, Kirchenentwicklung und Gemeindeaufbau.

Veröffentlichungen (in Auswahl):
Praktische Theologie und Mission, in: Christian Grethlein/ Helmut Schwier (Hg.), Praktische Theologie. Eine Theorie und Problemgeschichte, Leipzig 2007, 457–509.
Praktische Theologie für das 21. Jahrhundert, Stuttgart 2002 (hg. zusammen mit Ulrich Schwab).
Alltagsseelsorge. Eine sozio-linguistische Analyse des pastoralen Geburtstagsbesuchs, Göttingen 1996.

Eike Kohler

Jg. 1966, Dr. theol., Praktischer Theologe und ordinierter Pfarrer i.E., lebt in Alfter bei Bonn und hat als Wissenschaftlicher Assistent am Lehrstuhl von Eberhard Hauschildt an der Bonner Umfrage zu Milieus und Kirche mitgearbeitet. Neben der Tätigkeit in praktisch-theologischer Forschung und Lehre ist er im Studiendekanat der Evangelisch-Theologischen Fakultät der Universität Bonn unter anderem mit der Konzeption und Organisation neuer theologischer Studiengänge befasst.

Forschungsbereiche:
Seelsorge und Gemeinde, Kirchentheorie, milieuspezifische Differenzen in der Darstellung von Gesundheit und Krankheit, Rhetorik in der Seelsorge.

Veröffentlichungen (in Auswahl):
Gemeinde als Ort der Begegnung und des Gesprächs. Gottesdienste – Besuche – Gesprächskreise, in: Wifried Engemann (Hg.), Handbuch der Seelsorge. Grundlagen und Profile, Leipzig 2007, 474–492.

Mit Absicht rhetorisch. Seelsorge in der Gemeinschaft der Kirche, Göttingen 2006.

Gesundheit, in: Kristian Fechtner/Gotthard Fermor/Uta Pohl-Patalong/Harald Schroeter-Wittke (Hg.), Handbuch Religion und Populäre Kultur, Stuttgart 2005, 105–111.

Claudia Schulz

Jg. 1968, Dr. phil., Religionswissenschaftlerin, Soziologin und Theologin, Pastorin i.E., lebt in Bremen und hat an der vierten Untersuchung zur Kirchenmitgliedschaft der Evangelischen Kirche in Deutschland (EKD) mitgearbeitet. Sie ist bundesweit in der empirischen Forschung und Beratung für Kirche und andere Non-Profit-Organisationen tätig.

Forschungsbereiche:
Empirische Sozialforschung, Religions- und Kirchensoziologie, Gemeindeentwicklung, Soziale Milieus, Diakonie und Beratung, Soziale Ungleichheit, Armut.

Veröffentlichungen (in Auswahl):
Ausgegrenzt und abgefunden? Innenansichten der Armut. Eine empirische Studie, Berlin 2007.

Kirche in Veränderung: Wahrnehmungen einer sich wandelnden Organisation, in: Jan Hermelink/Ingrid Lukatis/Monika Wohlrab-Sahr (Hg.), Kirche in der Vielfalt der Lebensbezüge. Die vierte EKD-Erhebung über Kirchenmitgliedschaft, Bd. 2, Gütersloh 2006, 195–228.

Hilfe – Hoffnung – Hindernis. Die Bedeutung des Religiösen in der Lebensgeschichte von Alkoholabhängigen, Marburg 2002.